本书为"中国工程科技发展战略山东研究院重点咨询研究项目：山东省智急交通及展战略及实施路径研究""山东省交通运输科技项目：基于高速公路优势资源和客户需求的综合服务体系构建研究"阶段性研究成果

交通影响评价实践案例

高 超 著

中国建筑工业出版社

图书在版编目（CIP）数据

交通影响评价实践案例 / 高超著. —北京：中国
建筑工业出版社，2021.5
ISBN 978-7-112-26171-0

Ⅰ．①交… Ⅱ．①高… Ⅲ．①交通运输—影响因素—
评价—案例 Ⅳ．①U491.1

中国版本图书馆 CIP 数据核字（2021）第 093394 号

责任编辑：李玲洁
责任校对：李美娜

交通影响评价实践案例
高 超 著

*

中国建筑工业出版社出版、发行(北京海淀三里河路 9 号)
各地新华书店、建筑书店经销
北京红光制版公司制版
北京建筑工业印刷厂印刷

*

开本：787 毫米×1092 毫米 1/16 印张：15¾ 字数：392 千字
2021 年 8 月第一版 2021 年 8 月第一次印刷
定价：**60.00** 元
ISBN 978-7-112-26171-0
(37751)

前　言

近年来，随着社会经济的持续发展和城市化进程的不断加快，每年都有大量新建或改建的建设项目投入使用，这些建设项目必然会产生新的交通出行。随着交通出行量的不断增加，交通需求持续增长，交通需求和道路供给之间的矛盾日益突出，交通拥堵日趋严重。如果在城市规划过程中未充分考虑建设项目对交通的影响，将有可能导致交通需求超过路网的承载能力，进而带来持续而严重的交通问题，增加了城市交通管理的难度。交通影响评价将从科学的角度对建设项目的交通影响进行系统的分析，对于缓解城市交通拥堵具有重要的意义。

本专著参考了《建设项目交通影响评价技术标准》CJJ/T 141—2010 中的相关技术标准指标，并对日常工作和科研实践中好的案例和方法进行创新、总结和凝练，希望能让广大读者更好地掌握交通影响评价相关理论、方法、技术标准以及实践方法。

本书共分 10 章。其中，第 1~8 章为理论部分，对交通影响评价的相关理论进行了综述，对项目实施过程中用到的计算方法配备了案例并进行实例讲解；第 9、10 章为交通影响评价具体案例分析，案例尽量做到符合规范和标准要求、实用简便、完善，并尽量减少遗漏。

本书由山东交通学院高超撰写，纪英参与了第 2、3、4、6 章的撰写，鲁东大学的姚琛老师、山东建筑大学的牟振华老师、山东交通学院的代洪娜、张勇老师对本书的撰写提供了宝贵的指导意见，另外石晶、左倩倩、李斌、方正邦、徐长舜、李太吉、赵桂国、孙永昌、郭春敏、张威等同学先后参与了本专著撰写过程中的资料收集和图表整理工作，在此一并表示感谢。

在本书的研究与撰写过程中，著作者参考了大量的国内外文献和书籍，在此向原著作者表示崇高的敬意与衷心的感谢！

由于作者水平有限，书中难免有错漏或不妥之处，恳请读者批评指正。

目　　录

第1章 绪 论

1.1 概述

近年来，随着社会经济的持续发展和城市化进程的不断加快，机动车保有量和交通出行量在不断增加，交通需求持续激增。一般而言，现有城市交通建设的速度很难适应交通需求快速增长的需要，尤其是在发展较为完善的建成区，道路交通基础设施基本定型，很难增加道路供给，导致城市交通供需不平衡的矛盾日趋严重，而且在短期内很难从根本上解决，随之而来的是城市交通拥堵日趋严重、交通事故日趋增多、交通环境不断恶化等一系列问题。这些问题不仅影响了城市居民的日常生活和生命财产安全，而且严重制约了城市的可持续发展。

随着城市化建设进程的逐步深入与发展，每年有大量新建或改建的建设项目投入使用。这些新建并使用的建设项目，会产生新的交通发生和吸引量，带来了新的交通需求，给原有城市道路、停车场等交通基础设施造成了一定的压力。特别是城市内大型建设项目，其投入使用会带来大量的交通需求，导致路网局部乃至全局的交通供求关系失衡。这种交通影响不但影响程度较深，而且波及范围较广，往往波及项目周围的多重路网。另外，对于城市中一些过度开发的片区或地块，涉及规划、新建大型建设项目，如果不考虑路网的承载能力和供给能力，将带来更加严重的交通问题，给周边路网的交通管理造成更大的压力，治理难度会更大。

交通影响评价通过以科学合理的手段降低城市局部的开发所引起的交通需求与交通供给之间的不平衡矛盾为目标，运用定性和定量分析相结合的方法，对土地开发项目与交通需求增长之间的关系进行研究，分析开发项目对周边一定范围内的道路交通设施造成的影响。根据交通影响评价与分析结果，确定相应的对策或改进方案，最大程度上降低新的开发方案对交通产生的影响。

从本质上讲，交通影响评价不仅是对局部土地利用与交通管理的综合性分析与评价，也是交通规划与交通管理在局部范围的具体化分析与评价。在项目建设之前，通过交通影响评价不但可以分析现状交通问题，对土地利用规划进行及时的比较论证和信息反馈，也可以通过预测未来的交通状况，提出近期或局部的交通设施改善建议，满足道路交通管理的需求，从而实现道路交通资源的有效利用和道路交通管理的最优配置。

交通影响评价工作在国外是一项非常重要的工作，已普遍开展，一般都有强制性规定，我国的交通影响评价工作也经历了从无到有，从不断探索到不断成熟的过程。

2004年5月起实施的《中华人民共和国道路交通安全法实施条例》第三条明确规定："县级以上地方各级人民政府应当建立、健全道路交通安全工作协调机制，组织有关部门对城市建设项目进行交通影响评价。"该法律的颁布实施为科学合理地对建设项目进行规划建设，通过交通举措维护道路交通秩序，提高道路通行效率提供了依据。由公安部和住房和城乡建设部共同开展的"畅通工程"行动也对交通影响评价工作提出了很高的要求，要求所有参加"畅通工程"建设的城市都应当建立城市建设项目交通影响评价的工作机制。

2010年3月，住房和城乡建设部批准了《建设项目交通影响评价技术标准》CJJ/T 141—2010，该标准的颁布为全国交通影响评价工作提供了理论依据。

1.2 国内外交通影响评价概况

1.2.1 国外交通影响评价概况

交通影响评价的工作最早始于美国，之后在英国、加拿大、澳大利亚、日本等国家逐步开展与普及，并逐渐走向成熟。

（1）美国交通影响评价研究概况

20世纪20年代，美国商务部颁布了《城市规划和区划的标准法案》，该法案限制了开发的地点和类型。基础设施建设不充分的地方不允许开发。

20世纪80年代中期以后，美国对交通影响评价的理论体系、基本内容、分析方法与步骤、交通影响费用的确定标准等进行了广泛而系统的研究。

美国的交通影响评价一般由地方政府首先设定，并作为政策对象的开发工程项目条件，若符合该条件则可以进行开发，且开发者必须向咨询公司招标，由咨询公司进行交通影响评价，然后向地方政府提出交通影响评价报告书。但是其步骤和方法从一开始就没有标准，各地方政府要求不一，即便在同一地方政府的辖区内，交通影响评价的步骤和方法也有很大差异。

（2）其他国家交通影响评价概况

西方国家在早期进行交通影响评价时，由于没有统一的规范，其研究的深度与广度有很大的不同。

1994年，英国经过系统的研究之后，由交通运输协会公布了全英国统一的交通影响评价指南。

其交通影响评价过程与美国基本相似，而英国进行交通影响评价一般采用网络分析软件，在交通预测与分析方面体现了自己的特色。其核心内容包括交通生成、交通分布和交通评估等部分，这需要大量的交通基础数据和模型的支持。

而澳大利亚和日本分别于1987年和1990年开始对建设项目的交通影响评价方法进行研究。

1.2.2 国内交通影响评价概况

随着人们对建设项目交通影响评价工作的重要性认识的加深，国家有关部门以及许多城市逐步开展交通影响评价相关理论、制度和法规的研究。

随着公安部和住房和城乡建设部"畅通工程"的实施，各地方对建设项目的交通影响评价较为重视，并逐步制定了科学化和规范化的交通影响评价政策和法规。部分城市的城建部门和规划部门已经出台了试行的交通影响评价编制办法及其相关规定，要求土地开发项目实施前必须进行交通影响评价审批，并规定了交通影响评价的启动阈值。

住房和城乡建设部批准的《建设项目交通影响评价技术标准》CJJ/T 141—2010 为进行交通影响评价工作提供了科学的指导。该标准发布后，在部分省、市及地区积极响应，先后对建设项目交通影响分析工作的技术标准、审查要求进行了地方性细化，部分省市以及地市也根据自身实际情况制定了相应的地方标准。

北京市自 2002 年 1 月开始实施《北京市建设项目交通影响评价准则和要求》。2007 年，由北京市交通委员会出台了《北京市建设项目交通影响评价报告编制指南（试行）》，在全国率先推广建设交通影响评价工作，对控制建设规模、促进城市开发建设与交通基础设施建设，缓解城市交通供求矛盾、缓解交通拥堵、改善道路交通秩序具有重要的作用。2011 年北京市质量技术监督局发布了北京市地方标准《建设项目交通影响评价报告编制规范》，规定了北京市建设项目交通影响评价报告编制的基本要求。

上海市于 2006 年 7 月下发了《上海市建设项目交通影响评价规划管理暂行规定》。2015 年 8 月，上海市城乡建设和交通委员会依据住房和城乡建设部《建设项目交通影响评价技术标准》CJJ/T 141—2010，认真总结了上海的实践经验，并在广泛征求意见基础上制定了《上海市建设项目交通影响评价技术标准》。

2011 年，重庆市依据《建设项目交通影响评价技术标准》CJJ/T 141—2010，经深入调查研究和总结重庆的实践经验，制定了《重庆市建设项目交通影响评价技术导则》。

广东省珠海市、佛山市、中山市等也根据当地交通实际制定了地市级的建设项目交通影响评价管理办法，用于指导该市的交通影响评价工作。2013 年 5 月，深圳市交通运输委员会出台了《深圳市建设项目交通影响评价工作指引（试行）》，为深圳市行政区域内的建设项目交通影响评价工作提供了编制和审查的技术性依据。

2010 年，浙江省颁布了《浙江建设工程交通影响评价技术导则》，用于指导浙江的交通影响评价工作。

2012 年 10 月，江苏省住房和城乡建设厅、江苏省公安厅联合发布了《关于加强城市规划交通影响评价工作的通知》和《建设项目交通影响评价编制要点》，明确了江苏省交通影响评价编制的技术要求和审查工作要求。之后，苏州、常州、昆山等市也相继根据《编制要点》的要求，各自制定了交通影响评价编制的管理办法。

2020 年 11 月，济南市市场监督管理局发布了《建设项目交通影响评价技术导则》DB 3701/T 12—2020，文件给出了建设项目交通影响评价的基本规定，用于指导济南市的交通影响评价工作。

但总的来说，国内交通影响评价研究当属起步阶段，很多涉及交通影响评价的基本问题需要解决并进行深入研究，同时也应将理论和实践相结合，其交通影响评价工作需要进一步规范。应该说交通影响评价工作是改善我国城市建设和道路交通问题的有效手段之一，目前已经引起各部门的普遍重视。

1.3　交通影响评价的作用和意义

1.3.1　交通影响评价的作用

在城市建设发展过程中，当开发商申请使用某一地块或改变某一用地的性质和红线时，特别是当这一土地开发项目将明显改变局部地区的用地强度时，土地管理部门应对此进行评估和审核。在土地管理部门对有关土地使用开发进行评估、审核和协调的过程中，交通影响评价能够提供重要依据。具体说来，交通影响评价有助于解决以下一些问题：

1) 在争取获准改变某一用地的使用性质时，如由居住用地改为商业用地，开发商可通过交通影响评价论证这种改变的可行性。

2) 市政部门在道路改建过程中常常需要调整道路红线，其变更有时会给沿线的商业经营带来直接影响。例如，道路拓宽会改变已建物业的出入通道，并占用其配套的部分停车空间，业主认为这会影响其经营效益，并会据此提出经济补偿的要求。此时，交通影响评价不仅被业主用作提出经济补偿要求的技术依据，也会被市政部门用作进行交涉的技术手段。

3) 当针对同一用地出现两种不同性质的开发意向时，如作为居住用地还是商业用地开发，可借助交通影响评价来进行相关问题的比较研究。因为不同性质的土地使用会产生不同的交通需求，交通设施能否适应土地开发产生的交通压力，是决定土地开发效益的重要因素之一。

4) 许多开发商在评估项目开发的潜在效益时，越来越注重运用交通影响评价技术进行土地开发的成本效益分析。交通影响评价不仅提供了项目必需的交通配套设施和对周边道路设施进行改善的成本预测，也提供了直接反映项目潜在市场规模的交通量预测成果。在这里，由项目开发引发的交通量被看作是预测项目潜在市场的指标。

5) 越来越多的开发商认识到良好的交通环境是获取项目开发高额回报的重要条件之一。通过交通影响评价，开发商能了解到哪些潜在的开发地点具有良好的周边交通条件。针对某一具体选址，开发商更关心出入交通的优化组织、停车设施的合理配套，力争为顾客提供极大的交通便利和优良的交通环境。

6) 交通影响评价通常是针对确定的用地开发规模以评估开发后对道路交通设施所带来的影响；相反，对于已有相当开发程度的地区，当道路设施的改建拓宽受到限制时，交通影响评价则可以用来针对现有的交通条件，分析进一步用地开发的可能性和规模。

1.3.2 交通影响评价的意义

建立城市交通影响评价制度并开展交通影响评价工作，不但具有重要的现实意义，还对城市发展有着更为深远的影响。通过开展交通影响评价能够促进城市开发建设的合理化，土地开发利用与交通的协调发展等。

（1）促进城市开发与交通系统的协调发展

我国从计划经济进入市场经济后，城市土地使用机制特别是经营类土地从按计划拨地转变为土地储备上市交易，开发商由于受价值规律的影响，往往从获取自身的最大利益出发，尽可能增加土地开发强度，无疑给城市交通等基础设施带来巨大压力，引发路网容量、交通组织和停车设施等方面的问题从城市规划和交通发展的角度对建设项目进行交通影响评价，充分发挥政府和规划部门对城市发展的导向作用，使土地开发强度与交通承受能力相匹配。避免土地开发强度过大使得城市机能和交通需求集中，从而促进城市功能布局和交通系统的协调发展。

（2）促进社会资源分配的公平性

交通基础设施建设往往没有直接的经济效益或经济效益很低，难以从经济角度激发市场、吸引投资，我国城市基础设施尤其是交通基础设施是由国家投资建设的。事实上，城市交通发展促进了相关土地的增值，开发商在交通设施完备的地区开发，获得了高额的开发效益。而这些效益中的很大部分是由于公共投资产生的，这部分效益应该还给社会。从另一个角度来说，建设项目的开发使得开发区域的交通需求增加，这些新增交通需求加重了周围路网的压力，降低了交通设施的服务水平，而开发商又希望开发项目与周围保持便利的交通联系。所以，开发商也应该采取一定的改善措施，负责解决新增的交通需求，维持一定的道路交通服务水平，进而保证社会资源分配的公平性。

（3）促进交通设施建设资金的多源化

目前，我国政府是交通设施主要的投资主体，渠道相对单一，而我国又是一个发展中国家，交通基础设施建设投资巨大。由于财力有限，政府尚无力拿出足够的资金进行交通基础设施建设，由此导致的资金长期投入不足是我国加快交通发展的最大障碍之一。本着"谁使用谁承担费用"的公平原则，开发商也应该负担解决新增的交通负荷，保持交通服务水平不低于《建设项目交通影响评价技术标准》CJJ/T 141—2010 规定的服务水平。通过交通影响评价研究，能够定量地确定开发商所应负的交通责任，从而多方面筹集资金，加速交通基础设施建设。

（4）促进现行规划模式的整合

土地利用与交通存在着深刻的内在联系和互动作用。土地利用是产生交通需求的源泉，不同的城市结构、土地功能和土地使用强度产生不同的交通需求，并涉及交通分布、交通方式选择等变化。城市土地利用与开发以便利的交通为前提，交通设施的建设和改善促进地区土地的开发和利用，在进行交通系统规划时，必须考虑这种相互影响关系的存在。

当前国内通常的规划模式是"先用地规划，后交通规划"，这样的交通规划往往处于从属和被动地位，只是分析现状交通问题和提出近期或局部的交通设施调整改善措施，难以对土地利用规划进行及时的比较论证和信息反馈，进行交通影响评价能从微观角度分析建设项目土地利用与周边交通系统的协调关系，及时反馈用地规划和交通规划方面的不足，是整合城市规划、土地利用和交通规划，协调土地利用和交通的重要手段。

1.4 交通影响评价的发展趋势

随着城市化、机动化进程的加速，目前交通影响评价主要以两大发展方向为主：一个方向以空间为轴线，将交通影响评价划分为单体交通影响评价和区域交通影响评价，以此实现空间上的广泛覆盖；另一个方向以时间为轴线，将交通影响评价划分为交通影响前分析（即目前统称的交通影响评价）和交通影响后评价，以实现在时间上的广泛覆盖。

1.4.1 交通影响评价

现行的交通影响评价均为单体建设项目的交通影响评价，个别采用了以地块为整体的进行交通影响评价的方式。为了改进单体交通影响评价的弊端，综合考虑区域土地开发所呈现的叠加效应，有学者把区域内外部道路瓶颈点作为未来土地开发规模的约束条件，提出了在城市区域范围内对土地开发进行区域交通影响评价的方法。

区域交通影响评价的研究主体是用地，它通过限制需求的手段达到交通与用地的平衡。同时，区域交通影响评价也是一种先评价的行为，重在合理控制土地开发，从总体高度的角度提出在一定的道路设施条件下，目标年内区域土地开发的宏观控制意见，包括目标年内区域的允许土地开发量、土地开发组合、区域内不同地块的可开发程度等定量、定性指标。区域交通影响评价通过解决新增交通需求与道路交通供给之间的矛盾，为区域土地开发提供指导。

1.4.2 交通影响后评价

交通影响后评价是指对已经完成的建设项目给交通运行实际造成和将来可能进一步造成的影响进行系统、客观的评价，是通过调查、分析、评估等对原交通影响评价结论的客观性以及所采取建议措施的有效性的验证性评价，在评价时间点重新对今后项目的交通影响进行预测的预测性评价，在必要时提出补救、完善或调整的对策和措施。最后，通过分析评价找出成败的原因，总结经验教训，并及时反馈给未来的新项目。

传统的交通影响评价可归类为前评价范畴，对于任何前分析的质量提升都需要后分析的不断反馈和总结。交通影响后评价能对交通影响评价报告的编制质量进行管控，对编制单位的违规进行惩戒，对主管部门制定专门的法规进行支持。同时，交通影响后评价也有助于政府主管部门制定权威的交通生成率数据标准，有助于需求预测等评价模型的进一步深化，有助于交通改善措施的范围和作用进一步加强。

第 2 章　交通影响评价的基本问题

2.1　交通影响评价相关概念

2.1.1　建设项目相关规划指标

1. 城市交通

城市交通包括解决城市居民为了从事正常的生产、生活、教育、文化等活动而产生的人流、物流等一切输送活动。它既指车辆、行人在道路上的往来，飞机、船舶的航行（动态交通），也有交通工具及行人停住（静态交通）的内涵。

广义的城市交通可划分为三个层次：一是对外交通体系，承担一个城市与国内外其他同等级或更高等级中心城市的运输联系；二是区域交通体系，承担中心城市与其基本腹地的运输联系；三是市内交通体系，负责城市内部交通联系。

城市交通设施由四个部分构成：①车辆；②附有交通管制设施的交通线路，包括城市道路、城市铁路、其他的轨道交通线、市内航道等，有些城市还可能因其职能、规模、自然地理等条件的差异而设有高架路、地下或水下隧道、索道等；③为保证①和②项的正常运作而设立的服务设施，如汽车库、加油站、修理站等；④具有交通集散功能的交通枢纽，如车站、机场、港口、停车场、广场等。

2. 土地利用

（1）城市土地利用

城市土地利用就是对城市的土地进行不同层次及功能的配置。从其表象而言，城市土地利用包括城市土地利用规模、城市土地利用的空间形态和城市土地利用的结构与比例三个方面。

（2）城市土地利用强度和土地利用效率

城市土地利用强度是对城市土地配置结果的一种描述，反映了城市用地配置的差异。这种差异既可以存在于不同类型的城市用地之间，也存在于某一特定类型的用地方式之中。通常一块土地的使用频率越高、吸收的投资量越大，则这块土地的利用强度越大。正如城市中住宅用地的利用强度大于公共绿地，中心商务区大于小区级商业中心等。

（3）土地利用与交通的耦合关系

交通与土地利用之间有若干个不可分割的关系。通常，交通设施的建设使得两地间或区域的机动性提高，人们愿意在交通设施附近或沿线购买房屋、建立公司或厂房，从而拉动土地利用的发展；相反，某种用途的土地利用又会要求和促进交通设施的规划与建设。交通与土地利用研究土地利用的变化及其产生的交通量，同时研究交通设施的建设对土地利用的作用。

由于土地利用和交通系统各自都是复杂的系统，故而各自都有从宏观到微观的层次性。土地利用从宏观上讲包括整个城市的空间结构的演变、城市发展轴的延伸；中观上包含城市片区的土地开发；微观上指城市的各类单体及组合建设项目的开发等。交通系统的建设从宏观层次、城市交通发展战略层面上看，包括确定城市的主导交通方式、确定城市主导交通方式下的关键交通设施的配置（城市轨道网、干道网、重大内外交通枢纽的位置及规模等）、确定合理可行的交通发展政策和管理政策等；中观上应协调好城市局部地区的交通供需平衡，提供良好的交通运行环境；微观上考虑土地使用和交通微观系统的规划与交通组织设计，符合以人为本的要求，力图创造一个良好的交通出行空间。城市交通影响评价、城市局部用地的开发则是针对城市开发建设和实施的微观层面上的措施。

3. 建设项目

具有交通生成的永久性或临时性拟建设（新建、改建和扩建）项目。

4. 交通影响评价

建设项目交通影响评价是指对建设项目投入使用后，新生成交通需求对周围交通系统运行的影响程度进行评价，并制定相应的对策，消减建设项目负面交通影响的技术方法。

5. 建设项目分类

根据建设项目用地类型、建设项目使用功能和项目生成的交通需求特征对建设项目进行的分类。

2.1.2 建设项目相关交通指标

1. 背景交通量

用地项目开发之前，周边道路网络上已经存在的交通量及其分布特性。除建设工程自身和研究区域内计划审批的其他建设工程生成的交通量会影响目标年的交通系统状况外，研究区域外的变化同样会产生影响。包含两部分：①过境交通，即所有通过研究区域且起止点均在研究区域外的交通出行；②其他项目交通，即研究区域内其他项目产生的交通，起点或终点在研究区域内。

2. 背景交通需求

交通影响评价范围内除去被评价建设项目新生成交通需求外的其他交通需求，包括起讫点均在评价范围外的通过性交通和评价范围内其他建设项目生成的交通需求。

3. 项目交通量

也称项目生成交通量，是建设工程生成或吸引的交通负荷增量。

4. 新生成交通需求

建设项目投入使用所生成（包括产生和吸引）的新增交通需求。新建项目、新生成交通需求包括建设项目生成的全部交通需求；改、扩建项目，新生成交通需求是指由项目改、扩建部分引起的新增交通需求。

5. 出行率

建设项目单位指标（建设项目面积、住宅户数、座位数等）在单位时间内所生成的交通需求，包括产生量和吸引量。

6. 出行相关概念

1）内部出行。在用地内部范围完成的出行。

2）外部出行。由起点出发或到达终点，在用地范围之外的出行。

3）新增出行。以到达建设项目为目的的出行为新增出行。

4）顺便出行。出行者在完成其他目的的出行时，途经某一场所而临时决定顺便光顾该场所的出行。

5）顺道出行。顺便出行中不经过任何绕道而完成的出行。

6）绕道出行。顺便出行中必须经过绕道而完成的出行。

7）区内出行。发生在两个或更多区内土地利用点间的建设项目发生出行，并且出行的两个端点都在同一地区内。

8）出行方式划分。确定总的建设项目产生出行中以各种不同方式到达建设项目的出行百分比，出行方式包括小汽车、公共汽车、地铁、步行、自行车等，人们对各种设施的使用程度取决于该设施服务的便利度。

9）出行。起点、终点或两者均在研究区域内的一次或单向车辆出行。

10）出行分配。先确定各建设项目之间在高峰小时所发生的出行总量后，再把两个建设项目间的交通量分配到连接两建设项目的道路网上。这个步骤要在每两个分区间重复进行。

11）出行链。包含中途短暂停留的一次单向车辆出行。例如在上午高峰小时从住宅类建设项目出发的车辆可能会在零售商店前短暂停留，然后再到办公区工作。同样，在下午高峰小时的返回出行也会有短暂停留。各种不同的出行链综合后，有可能使出行目的和出行起点复杂化。

12）出行分布。按出行的端点不同所进行的出行地理分布。通常是以两个建设项目之间的主要通道的出行量所占总出行量的百分比的形式显示。

13）出行端点数。在一定时间段内，总的入境出行数加上总的出境出行数的总和。

14）出行发生率。在某一特定时间内，每个一确定的相关土地使用面积上总的出行比例数或出行端点数。

7. 可达性

可达性的一般定义是对到达某一特定地点的远近的度量，具体指一定交通服务设施及服务赋予用地的可通达机会和能力。可达性水平通常以某一空间范围和一定的时间限度内，能够到达特定地点的人数占总人数的比例为评价标准，它主要与人口密度以及到达该地点的交通设施的速度、容量、线路网络特征有关，这里只考虑交通设施对可达性的影响。可达性也可以指用地相对各种交通方式的远近度量。城市用地的开发组织都必须建立在一定的可达性水平基础上，可达性高低直接关系地块吸引力以及地块在空间与数量结构上的特征。

各种用地的使用与开发对可达性的要求不同，而不同的交通设施所形成的可达性水平也有很大差别，由此产生交通设施网络、出行方式结构与用地开发特征之间的某些规律性的联系。交通设施的变化能够改变不同用地的可达性程度，诱导用地开发的地点选择和租金分布，进而影响城市地区和正在城市化地区的土地开发活动。

可达性是土地开发的必要条件，然而土地开发影响因素的复杂性使可达性与用地开发量化指标之间难以建立简单的定量关系，而用地可达性水平本身也具有不稳定性。交通设施改善随可达性的积极作用会因迅速膨胀的交通需求和交通拥挤的消极作用而减小，尤其是机动交通方式；甚至交通设施不变时，人口分布的变化也会导致用地可达性的变化。因此，需要动态地考察可达性的作用。如果一味依靠交通建设或提高可塑性来改善区位条件、刺激土地开发，而忽视其他支持性条件的准备，以及各种交通设施和区位设施的整体优化组织，无疑会导致粗放型的开发模式。因此，在进行交通影响评价时为了更好地发挥可达性对土地开发的引导和促进作用，应根据不同地区、不同交通方式的可达性现状和要求，有选择地提供交通设施。

8. 长路段

长度超过 1.5km 且交通几乎不受交叉口影响的道路区段，这里的长路段概念主要用于交通影响程度评价。建设项目邻近长路段时，不仅要评价其上下游交叉口的交通影响，还需要评价长路段的交通受到的影响。

2.1.3 交通影响评价相关指标

1. 交通影响评价的启动阈值

建设项目需要进行交通影响评价的门槛条件。

2. R 值

建设项目规模指标与启动阈值之比。

3. 项目阶段

一个时间阶段（年），在该期间内应当选择的土地使用密度实现时将产生建设项目出行。阶段年可能根据所研究的路网进行选择，而不是根据土地使用密度进行选择。

4. 正常使用初年

建设项目建成后基本实现其使用功能的年份，一般以入住率达到或超过 70％ 为评判标准，应根据建设项目的分类和区位，在项目投入使用后的 2～5 年内，将某一年确定为正常使用的初年。

5. 交通预测

根据各种出行特征数据预测研究年限的交通出行需求，并估计未来年影响范围内路网和关键交叉口的高峰小时交通量。

6. 交通量预测四阶段法

包括出行产生、出行分布、出行方式划分、交通分配四个阶段。

7. 自然增长率。

通过建设项目周边主要道路的交通量的年变化率，它可运用 24 小时日平均交通量的历史记录加以确定

8. 交通影响程度评价指标

衡量建设项目新生成交通需求对评价范围内交通系统影响的指标。

9. 通行能力

在一定的道路和交通条件下，单位时间内道路上某一路段通过某一断面的最大交通流率。

10. 服务水平

描述交叉口、道路、交织区或匝道对高峰小时或日交通量的服务效率的一系列标准。服务水平是交通影响评价最重要的度量指标。

11. 延误

延误指车辆在行驶中，由于受到驾驶人无法控制的、意外的其他车辆的干扰或交通控制设施等的阻碍所损失的时间。主要有以下几种延误：

1）基本延误（固定延误）：由交通控制装置所引起的延误，与道路交通量的多少或其他车辆干扰无关的延误。

2）运行延误：由各种交通组成间相互干扰而产生的延误。一般它包含纵向、横向与外部和内部的干扰，如停车等待横穿、交通拥挤、连续停车以及由于行人和转弯车辆影响而损失的时间。

3）行车时间延误：指车辆在实际交通流条件下由于该车本身的加速、减速或停车而引起的时间延误，即与外部干扰无关的延误。

4）停车延误：由于某些原因使车辆实际停止不动而引起的时间延误。

12. 公共交通线路剩余载客容量

在一定的服务水平下，建设项目周围的公共交通设施可以为建设项目提供服务的剩余运力。

13. 改善措施

即新的道路或交通运营改善措施，对其而言，规划已经或正在制定，但是没有建设的确切日期，而该项目的完成要在研究期内实现。

14. 接入管理技术

接入管理技术通过对道路出入口通道、中央分隔带设置形式、中央分隔带开口、立交和地面道路平面交叉口等设施进行布局、间距、设计和管理与控制进行系统性优化。接入管理技术大致上可以分为布局和设计两个方面：

1）布局方法是用于确定最基本的出入口选择方针，包括如何确定出入口的数量和位置。许多建设项目在规划过程中缺乏交通规划，导致出入口数量、位置、中央分隔带设置等布局不合理，一旦项目建成，往往出现建设项目内部交通组织不畅、外部与城市道路交织冲突严重的情况，因此在交通规划阶段，就应将出入口的合理布置纳入重点考虑范围内。

2）设计方法指对出入口区域采取各种交通优化措施保证出入口与毗邻路段和交叉口交通安全和运行效率，通常用交通工程设施设计方法和交通组织方法。

2.2　交通影响评价基本问题

2.2.1　交通影响评价的目的

交通影响评价的目的是从土地利用与交通规划学科相互的关系角度出发，运用交通供需分析预测建设项目吸引的交通流量，提出交通组织方案，最大程度上减轻建设项目对城市交通的压力。

在我国进行交通影响评价，建立交通影响评价的制度，不但具有重要的现实意义，还对城市的发展具有深远的影响，能够促进城市开发建设的合理化，促进土地开发利用与交通的协调发展等。

经济的发展促进了城市土地的开发，但因土地开发所引起的交通压力也随之而来，例如，新建的商业中心将会吸引大量的交通量，造成局部道路的交通拥塞和停车问题，使途经该地的出行者承受额外的延误损失。由于这部分损失是因土地开发产生的，故而土地开发商应对其所开发项目给道路交通设施带来的影响负部分或全部责任。因此，进行用地开发之前，应对开发项目进行交通影响评价，用以确定土地开发商在随后的交通改善项目中所应承担的责任范围。

从开发商的角度看，为了在场所开发过程中尽量维护自己的利益，同时也为确保项目开发后能够获取更多的回报，开发商在项目选址过程中，会考虑那些具有良好的交通可达性的地址。于是，开发商会通过场所开发的交通影响评价权衡承担交通改善责任的得失。另一方面，在大型联合项目开发过程中，参与项目联合体的所有开发商均会提出各自物业在道路交通方面的不同要求。例如，如何开设出入口、配建多少停车泊位等。同时，开发商也希望能在事先商定各自在交通改善方面的投资份额。这些问题均可通过交通影响评价加以解决。

2.2.2　交通影响评价的一般准则

1）建设工程区域内部交通设施（如内部道路、停车设施、缘石半径、视距条件等）和交通组织设计是否合理，是否能够满足交通容量需求、交通安全及使用功能要求。

2）建设工程各类出入口通行能力是否能够满足高峰小时进出车辆的需求，交通组织与交通安全是否合理。

3）建设工程生成或吸引的交通量在其周边路网上是否会造成显著影响，外部路网是否能够承担这样的负荷增量。

对于上述要素，如果设施不能满足需求，应要求建设单位增加内部交通设施、调整内部设施设计或提高交通设施标准；如果出入口不能满足需求，应要求建设单位调整出入口或采取工程或管理措施提高出入口的通行能力，并合理组织交通出入以及保证交通安全；如果交通需求不能被满足，应提出合理可行的改善建议及措施，并由建设单位承担相应的改善义务。

2.2.3　建设项目分类

1. 建设项目分类目的

建设项目类型划分，是界定其与交通相关技术参数的前提，而这些技术参数提供了定量需求预测的基础。从这个角度而言，没有任何一个建设项目能够在不指明类型的背景下进行科学而精确的交通需求分析。建设项目的类型划分是交通影响评价工作开展的前提，它在整个交通影响评价中的关键作用，体现在以下几个方面。

（1）根据类型判定建设项目的交通影响范围

建设项目的交通影响范围首先受到其类型的影响，相同地点、相同规模但土地开发性质不同的建设项目，其交通出行端点的分布具有显著差别。其次，建设项目的区位及其与城市其他区域的地理关系显著地影响着与该建设项目相关的交通出行端点的分布。除此之外，建设项目的规模还与它的交通影响所能波及的范围有关。综合这些因素可以看出，建设项目影响范围的界定将基于建设项目的类型而进行。

（2）根据类型选择建设项目的交通出行参数

国内外研究成果表明，某一交通源点的交通出行特征与其土地开发性质以及所处城市的区位密切相关。除此之外，根据我国的实际情况，建设项目的规模往往与公共交通设施的配套程度相关联，这就会影响该项目的交通出行特性。因此，确切地说，在中国城市所进行的交通影响评价中，建设项目的性质、区位以及规模直接决定了它的单位规模所对应的交通出行参数。

（3）根据类型确定建设项目的交通方式划分

建设项目的类型决定了用户群体的社会经济特征，而用户群体的特征又决定了其对公共交通的依赖程度，从而最终决定了这个交通源点的交通出行方式的划分模式。

居住型建设项目总是面向特定收入水平的用户群体而开发的，其交通影响方面的后果是不同的居住区形成了明显的公共交通依赖型社区、明显的私人交通型社区，以及综合交通型社区，而这些社区的交通方式构成是截然不同的。判别交通源点的交通方式划分是预测其诸多交通出行指标的基础，也是预测公共交通需求的基础。

（4）根据建设项目类型选择交通影响评价的判别标准

建设项目交通影响评价标准的把握，可以针对所有项目采取均一的标准，但这是一种粗放的做法，更为科学的方法是针对不同类型的建设项目设置不同的标准。

2. 建设项目分类原则

不同用地类型的建设项目将产生不同的交通出行量，另外由于建设项目周边的土地利用类型和强度不同，也导致了该建设项目交通发生与吸引强度的不同。因此，交通影响评价需要根据建设项目用地类型、建设项目使用性质和功能、建设项目的规模、建设项目区位、建设项目交通出行特征和生成交通特征对建设项目进行分类。

1）建设项目的土地用地性质直接影响它的交通生成规律，其中包括交通产生以及交通吸引率。例如，商业与办公用地有完全不同的交通产生率，办公用地的高峰期一般和上下班的高峰期相同，而商业用地的高峰期则一般在周末或者夜间。另外，两者的出行率也有很大的不同，办公用地的停车吸引率与商业用地是不同的，其对顾客的吸引率和停车周转率明显低于商业用地。

2）建设项目的规模不但影响交通出行的总规模，还影响着相对的交通出行比率。规模较大的居住区往往拥有较高的建筑密度，容积率比较高，有较高的出行率。另外，规模较大的建设项目往往拥有较为发达的配套设施和公共交通设施，其对顾客的吸引率和交通出行模式也是不一样的。因此，建设项目的规模在分析其交通特性分类时是一个不可忽视的因素。

3）不同城市以及不同区位的交通出行率存在很大的差异，这些因素综合作用之后的影响模式，需要根据不同的城市进行具体分析。

3. 建设项目各类型的特点分析

通常来讲，对于周边路网产生较强影响的大型建设项目主要有大型的商业、住宅、交通枢纽、停车场等。

（1）住宅类建设项目

住宅类建设项目的功能主要以提供居住、生活、休憩为主，是居民出行的重要起讫点。不同规模、不同类型的住宅小区所服务的群体不同，对交通产生的影响也不同，如高级别墅区、普通住宅区、经济适用房等类型住户的私家车拥有率不同，导致出行方式不同，故而交通产生和吸引的强度存在明显的差异。由于住宅出行的特点，其发生和吸引交通量具有明显的高峰时间特征，上班和上学时间是交通发生量的高峰期，下班和放学时间是交通吸引量的高峰期。对住宅类建设项目的交通影响评价应主要考虑住宅出行的高峰期对路网的影响。

（2）商业类建设项目

商业类建设项目包括商业购物，行政办公、商住或集多种功能于一体的建设项目，尤其是综合性商业类建设项目，集合了购物、休闲、饮食和社会活动等多种功能。这一类建设项目的开发强度大、土地利用强度较高、人流周转率高，往往带来较高的交通出行需求，单位用地面积上的车流、人流吸引量高。

该类建设项目产生的交通量一般为夜间或者周末，具有与背景交通量不重合的特点，因此在进行交通影响评价时应考虑最不利情况下的交通影响。

（3）娱乐服务类建设项目

娱乐服务类建设项目往往位于城市的中心区，是人们进行休闲、娱乐和交往等社会活动中最活跃的场所之一，主要包括餐饮、宾馆酒店、娱乐城、综合性医院、大型体育场馆等。该类建设项目逐渐与住宅类、商业类建设项目合并靠拢，并最终以综合体的形式出现。该类建设项目能够吸引和产生很大的交通量，影响范围大而广，所以产生的影响具有瞬时性，例如活动、会议或比赛举办的几天之内会产生大量的人员聚集，导致产生大量的临时性停车需求。另外，活动或比赛开始前和结束后，大量的人流和车流短时间内陆续到达和散场，其瞬时交通量会对周边路网产生非常大的压力。

（4）旅游类建设项目

旅游类建设项目的交通出行特点与旅游景区是息息相关，分为旅游淡季和旺季，一天当中呈现明显的高峰期和平峰期。景区的大部分时间游客是数量比较少的，交通高峰期只在几个特定的时段集中出现，之后会快速消散。

旅游交通的季节和时间特性需要我们在进行旅游项目的交通影响评价时针对不同的时段采取不同的评价准则。旅游平峰季节需要确保项目的修建不会降低周边路网的服务水平；旅游高峰季节交通量激增，旅游项目交通影响评价应当允许适当降低道路服务水平，但不应允许出现较为严重的交通拥堵。另外，除了周边道路路网服务水平评价以外，还应对旅游设施、公共交通设施、停车设施等进行评价。

（5）学校类建设项目

学校类建设项目的交通影响一直被忽视，由于过去规划过程中缺少学校对周边路网交通影响的意识，导致很多已经建成投入使用的学校出现了上学和放学的学生流量、接送人流车流流量需求过大，给周边道路造成了严重的交通拥堵。学校类建设项目交通流量具有上学和放学高度集中、大量集散的特点，因此应重点考虑这一时段内的交通情况对周边路网尤其是紧邻路网的影响。

（6）医院类建设项目

医院类建设项目的交通需求主要是接送病人的停车需求，其具有停车需求持续、周转率低，停车时间长的特点，因此医院类建设项目最为突出的问题是停车难的问题。医院类建设项目交通影响评价应重点考虑医院配建停车位的配备情况。

（7）交通枢纽建设项目

交通枢纽建设项目主要是指火车站、汽车客运站、大型地铁站（轻轨站）、码头等，其中又可以分为城市对外枢纽和城市对内交通枢纽，二者都存在旅客在不同交通方式间的换乘，是大量车流、人流的集散场所。交通枢纽建设项目具有很强的集聚效应，其站前广场进出口附近的车辆和人流相对密集，发生时间特点呈波浪线起伏状，对周边路网甚至整个城市的交通都产生了很大的影响。

交通枢纽建设项目对道路交通的影响一般表现在两个方面。一方面产生的大量交通量增加了周边道路的交通压力，甚至有可能超过紧邻路段和交叉口的通行能力；另一方面交通枢纽停车场车辆持续、频繁的进出直接对路段交通产生干扰，影响车流的顺畅通行。因此对交通枢纽建设项目进行交通影响评价时主要考虑场站区位条件、路段交通条件，尤其是要对出入口的形式以及出入口与道路的接入位置等几个方面进行详细的分析。

（8）停车设施类建设项目

目前城市里大型公共停车设施交通产生量比较大，如果设置不合理将会对其周边的道路网络产生较大的影响，甚至导致路网服务水平下降，并造成持续的拥堵。对于停车需求较大、停车位不足的大型停车场，车辆在停车场入口处的等待将严重干扰道路路段的交通通行。另外，停车场进出闸机的设置形式也影响着出入口处的通行效率，出入口处的车辆进出效率同时影响着周边道路的通行情况。

进行交通影响评价时，需要对该类项目周边的土地利用规划和道路交通网络的承载能力进行研究，进一步确定该停车场实施建设的可行性、停车场规模、出入口位置及相应的交通组织方案。

4. 建设项目分类标准

依据《建设项目交通影响评价技术标准》CJJ/T 141—2010 中对用地类型和建设项目物的使用功能的规定，可以将其划分为 11 个大类，大类划分的名称和代码如表 2-1 所示。

建设项目大类划分　　　　　　　　　　　　　　　　　表 2-1

大类名称	住宅	商业	服务	办公	场馆与园林	医疗	学校	交通	工业	混合	其他
大类代码	T01	T02	T03	T04	T05	T06	T07	T08	T09	T10	T11

针对每一大类的建设项目，可以根据该类建设项目的类型、规模、特点进行进一步的细分。对于交通影响评价，可以在大类的基础上按照本地建设项目交通出行特征进行中类划分。一般中类划分应符合如表 2-2 所示的规定。

建设项目中类划分　　　　　　　　　　　　　　　　　表 2-2

大类		中类		说明
名称	代码	名称	代码	
住宅	T01	宿舍	T011	集体宿舍、集体公寓等
		保障性住宅	T012	廉租房、经济适用房等
		普通住宅	T013	普通商品房、居民楼等
		高级公寓	T014	—
		别墅	T015	—

续表

大类		中类		说明
名称	代码	名称	代码	
商业	T02	专营店	T021	专卖店、小型连锁店等
		综合型商业	T022	综合型超市、百货商场、购物中心等
		市场	T023	批发或零售市场、农集贸市场、菜市场等
服务	T03	娱乐	T031	娱乐中心、俱乐部、休闲会所、活动中心、迪厅等
		餐饮	T032	餐馆、饭店、饮食店等
		旅馆	T033	招待所、旅馆、酒店、宾馆度假中心等
		服务网点	T034	邮局、电信银行、证券、保险等对外服务的分理处或营业网点
办公	T04	行政办公	T041	党政机关、社会团体的办公楼等
		科研与企事业办公	T042	—
		商务写字楼	T043	—
场馆与园林	T05	影剧院	T051	电影、剧场、音乐厅等
		文化场馆	T052	图书馆、博物馆、美术馆、科技馆、纪念馆等
		会展场馆	T053	展览馆、会展中心等
		体育场馆	T054	比赛性体育场馆、训练性体育场馆、综合性场馆、健身中心等
		园林与广场	T055	城市公园、休憩广场、游乐场、旅游景区等
医疗	T06	社区医院	T061	诊所、社区医疗中心、体检中心等
		综合医院	T062	各级各类综合医院、急救中心等
		专科医院	T063	—
		疗养院	T064	疗养院、养老院、康复中心等
学校	T07	高等院校	T071	—
		中专及成教学校	T072	中专、职高、特殊学校及各类成人与业余学校
		中学	T073	高中、初中
		幼儿园和小学	T074	小学、幼儿园
交通	T08	客运场站	T081	交通客运站、客运枢纽等
		货运场站	T082	货运站、货运码头、物流中心、仓储设施等
		加油站	T083	—
		停车设施	T084	社会停车场（库）、公共汽电车停车场（库）等
工业	T09	工业	T091	
混合	T10	混合	T101	使用功能包含了两种或两种以上建设项目大类的建设项目，如多功能综合楼、商住楼等
其他	T11	市政	T111	非交通类的市政设施，如水厂、变电站等
		其他	T112	农业建设项目、军事建设项目等特殊建设项目

2.2.4　交通影响评价启动阈值

由于部分开发项目对城市或区域的交通产生的影响不大，如果对所有的用地开发项目都进行交通影响评价，势必会增加不必要的成本。因此，一般情况下应选择部分对交通影响比较大的建设项目进行交通影响，有区别地开展交通影响评价工作，而且对于阈值以下的开发项目不开展交通影响评价工作。

启动阈值的确定不仅与项目本身的功能、规模有关，还与项目在城市中所处的区位有关。相同功能和规模的开发项目，在不同区域会产生不同的影响，因此适用的阈值也应不同。

1. 确定启动阈值的原则

国内外对交通影响评价的阈值确定标准是不一样的，但是总体思路相同，通常按照一般与特殊、定性与定量相结合的原则，依据本地区的实际情况进行确定。确定启动阈值的原则是：

1）一般与特殊相结合的原则。根据建设项目的出行特点，可以将建设项目划分为三类：特定建设项目、交通敏感地区建设项目和一般建设项目。特定建设项目是指产生较大交通影响的建设项目，主要包括交通枢纽、交通场站、大型交通基础设施、大型停车场、部分大型公共设施、特大开发项目、较大规模土地利用变更等。交通敏感地区是指对城市政治、经济、文化起到重要作用的地区、交通状况紧张地区以及重要的交通走廊沿线地区。除以上两类建设项目外的其他建设项目为一般建设项目。

2）定量和定性相结合的原则。对于一般建设项目建议采用定量的方法确定启动阈值；而对于其他两类建设项目，尽量采用定量的方法来确定，对于复合类建设项目可采用定量与定性分析相结合的方法加以确定。

2. 确定启动阈值的具体标准

《建设项目交通影响评价技术标准》CJJ/T 141—2010 对各大类建设项目交通影响评价启动阈值规定了取值范围。并规定对城市和镇应根据本地交通系统状况以及建设项目的分类、规模和区位，确定本地建设项目交通影响评价启动阈值。建设项目的规模或指标达到或超过规定的交通影响评价启动阈值时，应进行交通影响评价。建设项目报建阶段交通影响评价启动阈值应符合下列规定：

1）住宅（T01）、商业（T02）、服务（T03）、办公（T04）类建设项目，交通影响评价启动阈值的取值范围应符合如表 2-3 所示的规定。

住宅、商业、服务、办公类建设项目交通影响评价启动阈值取值范围　　表 2-3

城市和镇人口规模（万人）	项目位置	建设项目新增建设项目面积（万 m²）	
		住宅类项目	商业、服务、办公类项目
≥200	城市中心区	3～8	1～3
	中心城市除中心区外的其他地区/卫星城中心区	5～10	2～5
	其他地区	10～20	4～10
100～200	城市中心区	2～5	1～2
	其他地区	3～8	2～5
<100	—	2～8	1～5

注：人口规模是指正在执行的城市和镇总体规划所确定的规划末期成长人口规模；建设项目的建设项目面积，有建设项目设计方案时按总建设项目面积计算，否则按容积率建设项目面积计算；在同一栏中，人口规模越大、交通问题越复杂的城市和镇，其阈值选取宜越低。

2）场馆与园林（T05）和医疗（T06）类建设项目的启动阈值应为：配建机动车停车泊位100个。

3）符合下列条件之一的建设项目，应在报建阶段进行交通影响评价：

① 单独报建的学校（T07）类建设项目。

② 交通生成量大的交通（T08）类建设项目。

③ 混合（T10）类的建设项目，其总建设项目面积或指标达到项目所含建设项目分类（T01～T09、T011）中任一类的启动阈值。

④ 主管部门认为应当进行交通影响评价的工业（T09）类、其他（T11）类和其他建设项目项目。

4）符合下列条件之一的建设项目，应在建设项目选址阶段进行交通影响评价：

① 特大城市的建设项目规模达到报建阶段启动阈值的5倍及以上，其他城市和镇达到3倍及以上。

② 重要的交通类项目。

③ 主管部门认为需要在选址阶段也进行交通影响评价的建设项目。

5）规划人口规模超过1000万人的城市和国家历史文化名城可在本标准基础上确定更为严格的阈值标准。

6）当相邻建设项目开发建成时间接近，出入口相近或者共用时，可对多个相邻建设项目合并进行交通影响评价。

另外，各个地市根据实际也建立了适用于本地市的交通影响评价启动阈值标准。

北京市规划委员会于2001年10月颁布的《关于对部分建设项目进行交通影响评价的通知》中，对于需要进行交通影响评价的项目做了如下界定：

1）规划市区内，建设项目规模超过2万m²的大型公建项目以及超过5万m²的居住类项目。

2）边缘集团、卫星城市及重点地区，建设项目规模超过5万m²的大型公建项目以及超过10万m²的居住类项目。

3）其他地区，建设项目规模超过10万m²的大型公建项目以及超过20万m²的居住类项目。

4）交通枢纽、大型停车场等城市交通设施项目。

5）上述公建和城市交通设施项目的改建扩建。

6）其他需要进行交通影响评价的项目。

上海市规定，上海市的建设项目交通影响评价的启动阈值应根据上海市交通系统的运行状况，建设项目的分类、规模和区位进行确定。建设项目的规模或指标达到或超过规定的交通影响评价启动阈值时，应进行交通影响评价。凡是满足如表2-4所示的任一款要求的建设项目均应开展上海市建设项目的交通影响评价工作。

重庆市规定，重庆市的建设项目交通影响评价的启动阈值应根据重庆市交通系统的运行状况，建设项目的分类、规模和区位进行确定。建设项目的规模或指标达到或超过规定的交通影响评价启动阈值时，应进行交通影响评价。凡是满足如表2-5所示的任一款要求的建设项目均应开展建设项目的交通影响评价工作。

上海市建设项目交通影响评价启动阈值　　　　　　　　表 2-4

区位	启动阈值	
	建设项目面积（万 m²）	
	商业、服务、办公等公建类	居住类
一类地区：市级公共中心（市级中心、城市副中心）	≥1	≥2
二类地区：内环内除一类以外地区	≥2	≥3
三类地区：内外环间除一类以外地区、新城建成区	≥3	≥5
四类地区：外环外除一类、三类以外地区	≥5	≥8
停车泊位数超过 200 个的所有新建项目		
所有大型交通设施类项目（T08）		
所有单独报建的学校（T07）		
所有二级及以上医院的新建、改建和扩建项目		
用地面积超过 10hm² 的所有工业项目		
其他政府管理部门认为需要进行交通影响评价的项目		

重庆市建设项目交通影响评价启动阈值　　　　　　　　表 2-5

类别	新建项目		涉及控规调整的项目	
	居住类	公建类	居住类	公建类
新增建设项目面积（万 m²）	≥15	≥5	≥3	≥1
场馆与园林（T05），配建机动车停车泊位超过 100 个				
医疗（T06）类建设项目，所有市级医院的新建、改建和扩建项目				
所有单独报建的学校（T07）				
所有大型交通设施类项目（T08）				
混合（T10）类的建设项目，其总建设项目面积或指标达到项目所含建设项目分类（T01～T09、T11）中任一类的启动阈值				
城乡规划主管部门认为需要进行交通影响评价的项目				

　　符合下列条件之一的建设项目，应在建设项目选址阶段进行交通影响评价：建设项目规模达到报建阶段启动阈值的 5 倍及以上；重要的交通类项目；主管部门认为需要在选址阶段也进行交通影响评价的建设项目。

　　浙江省规定符合以下任意条件的建设工程需要进行交通影响评价：①火车站、长途汽车客运站、停车场、公交枢纽、机场、客运码头、轨道交通换乘枢纽站等交通设施建设项目；②体育场馆、展览馆、图书馆、博物馆、行政中心、会议中心、影剧院、仓储式购物中心、大中型超市、物流仓储中心、大中型医院、学校、幼儿园、青少年活动中心、游乐场等人流集中的公共设施；③城市核心区、交通敏感区和主干路两侧的酒店、商厦、写字楼、劳动密集型的大型企业或物流量较大的企业等；④城市其他符合条件的居住类项目和公建类项目；⑤城乡规划部门和公安机关交通管理部门认为建设工程所处地块属于交通敏感区或根据建设工程生成交通量被认为会对其周边道路交通系统产生较大影响的建设工程。具体数值如表 2-6 所示。

浙江省规定的各类城市需要进行交通影响评价的建设工程范围　　　　　表 2-6

城市类型	区位	用地类型	范围控制标准
大城市	中心城区	居住类项目	建设项目面积超过 5 万 m² 或机动车停车泊位超过 300 个
		公建类项目	建设项目面积超过 2 万 m² 或机动车停车泊位超过 150 个
	中心城区以外	居住类项目	建设项目面积超过 8 万 m² 或机动车停车泊位超过 350 个
		公建类项目	建设项目面积超过 3 万 m² 或机动车停车泊位超过 250 个
中小城市	中心城区	居住类项目	建设项目面积超过 3 万 m² 或机动车停车泊位超过 220 个
		公建类项目	建设项目面积超过 1.5 万 m² 或机动车停车泊位超过 80 个
	中心城区以外	居住类项目	建设项目面积超过 5 万 m² 或机动车停车泊位超过 300 个
		公建类项目	建设项目面积超过 2.5 万 m² 或机动车停车泊位超过 150 个

深圳市规定，对于新建、改建、扩建的建设项目，符合下列条件的，应当进行交通影响评价：

1）功能类型、规模等指标符合如表 2-7 所列条件的建设项目。

2）新建直接通道连接城市主干道及以上等级道路的所有建设项目。

深圳市规定的建设项目交通影响评价启动阈值　　　　　表 2-7

序号	建设项目类型	建设项目规模/指标
1	住宅类	中心城区：新增建筑面积 ≥3 万 m² 其他地区：新增建筑面积 ≥5 万 m²
2	办公、商业、服务类	中心城区：新增建筑面积 ≥1 万 m² 其他地区：新增建筑面积 ≥2 万 m²
3	学校、医疗类	所有单独报建的学校、医院
4	交通设施类	客货运场站、交通枢纽、大型公共停车场
5	其他各种类型	新增配建机动车停车位 ≥200 个

启动阈值的确定体现了城市建设和管理的基本导向。首先，以项目交通强度为基础考虑项目对交通的影响，从而引导项目的合理规模建设。其次，分类控制性原则，对特定项目和交通敏感地区的所有项目进行影响评价，对一般的建设项目确定启动阈值，进行选择性交通影响评价。另外，对于产生严重交通影响的建设项目，除对建设项目进行必要的控制外，还应采取必要的改善交通设施和交通组织措施保障对道路的交通影响降到合理范围以内。

2.2.5 交通影响范围确定

一般来说，建设项目的交通生成量越大，其交通影响所波及的范围就越广。此外，对于交通生成量相近的建设项目，其与城市道路网络接驳的对外通道越多，则产生和吸引的交通流有更多的分流道路，因此它在单个方向上的影响距离也就越小。同样地，当周边道路网络密度越大，平行道路越多，则建设项目的交通量得到越多的分流，则它能够辐射到的范围也就会相对较小。

交通影响范围的大小关系着交通影响评价的覆盖区域，进而决定着交通影响工作的工作量，确定合理的范围可以避免工作量过大、投入过多，防止人力物力投入的浪费，而且预测、分析与评价的针对性更强。

1. 交通影响评价范围的确定

根据对交通影响评价范围的研究角度和深度的不同进行分类，确定研究范围的方法主要有定性分析法和定量分析法。

（1）定性分析法

在对拟开发项目进行交通影响评价过程中，可以使用定性分析法确定交通影响评价范围。在实际中可以以建设项目为中心，向周边各方向延伸至最近的干路，也可以将周边地区乃至更大范围作为交通影响评价的区域，例如第二重干路合围的范围。定性分析直接迅速，但是主观性较强，缺少必要的理论根据，不同的分析者可能确定出不同的交通影响评价范围，对交通影响评价的结果可能产生影响。

（2）定量分析法

相对于定性分析法，定量分析方法则具有较高的客观性、科学性，从已有的研究看主要有烟羽模型法、最长时间法、类别吸引率法等。

1）烟羽模型法是运用协同学理论导出的，可确定开发项目对周围路网不同影响程度下的最大距离。它将开发项目产生和吸引的交通量对路网的影响比作气源将气体扩散到大气的过程，在稳定、开放的系统中，每个单元在各个方向紊动状况相同的紊流场中受开发项目的影响力推动扩散，与拟开发项目的开发强度成正比。开发项目产生和吸引的交通量对路网的影响虽然与气体扩散原理相似，但存在一定的区别；气体的扩散受气源推力的直接影响，外界环境比较均匀；而项目对周边地区产生的影响是相互的、双向作用的，不仅与项目本身的性质特征有关，还与项目外围的土地利用特征相关，因此在实际中不但要考虑新增交通量对道路交通设施的影响，同时还要考虑新增交通量的来源范围，并且项目对外围的影响不是均匀扩散的。

2）最长时间法是利用最长出行时间来确定最大影响区域的方法。居民在短距离和长距离出行时选择交通方式也是有很大差别的。短距离出行时通常偏向于选择步行和自行车等非机动方式；而长距离出行时步行和自行车必然无法满足出行要求，这时常会选择公共交通和小汽车等机动方式出行。最长时间法通过调查获得与开发项目性质相同的设施所使用交通工具的比例，再确定各种交通工具的疲劳使用距离，通过类比法求得开发项目的平均影响距离，平均距离等于所有的交通工具使用比例乘以其疲劳使用距离之和。利用最长出行时间确定最大影响区域的方法简单易行，但其考虑的因素较少，结果较为粗略。出行距离相关数据如图 2-1 所示。

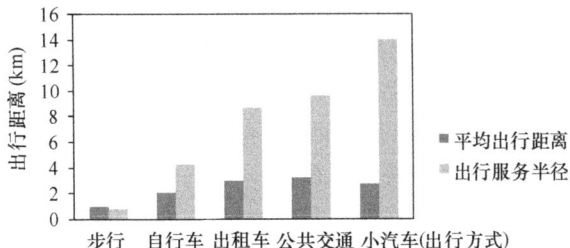

图 2-1　不同出行方式下出行距离和服务半径

3）类别吸引率法是依据开发项目的日吸引客流量与外围居民出行至该项目的日出行次数相等的平衡原理，按不同功能对开发项目外围进行分区，并求得不同功能分区的交通影响评价范围的方法。前提假设是将开发项目整体作为一个质点，此质点的功能是复合的；将开发项目外围地区分成若干区域，分区由功能性质相同的质点组成，功能单一，各质点均匀分布且稳定存在；交通影响评价范围近似为最大吸引距离。

确定 k 分区的交通影响评价范围的推导过程如下。

① 拟开发项目吸引 k 分区的日吸引量：

$$A = \sum_{i=1}^{n}(S_i \cdot a_i)\frac{A_k}{\sum\limits_{j=1}^{m}A_j} \tag{2-1}$$

② k 分区至拟开发项目的日客流出行次数：

$$B = \pi R_k^2 \cdot \frac{a_k}{360} \cdot D_k \cdot T_k \cdot \frac{a}{\sum\limits_{j=1}^{m}A_j + a - A_k} \tag{2-2}$$

③ 根据平衡原理 $A=B$，故：

$$\sum_{i=1}^{n}(S_i \cdot a_i)\frac{A_k}{\sum\limits_{j=1}^{m}A_j} = \pi R_k^2 \cdot \frac{a_k}{360} \cdot D_k \cdot T_k \cdot \frac{a}{\sum\limits_{j=1}^{m}A_j + a - A_k} \tag{2-3}$$

④ 由上式推导出：

$$R_k = \left[\frac{1}{\pi} \cdot \frac{360}{a_k} \cdot \frac{A_k}{a} \cdot \frac{\sum\limits_{j=1}^{m}A_j + a - A_k}{\sum\limits_{j=1}^{m}A_j} \cdot \frac{\sum\limits_{i=1}^{n}(S_i \cdot a_i)}{D_k T_k}\right]^{\frac{1}{2}} \tag{2-4}$$

其中，$a = \dfrac{\sum\limits_{i=1}^{n}(S_i \cdot a_i)}{\sum\limits_{i=1}^{n}S_i}$

式中　n——拟开发项目具有的功能数；

m——拟开发项目外围地区的分区个数；

i——拟开发项目具有的功能编号，$i=1，2，3，\cdots$；

j——分区编号，$j=1，2，3，\cdots$；

S_i——拟开发项目 i 功能的面积（m^2）；

a_i——拟开发项目 i 功能的吸引率［人次/（日·m^2）］；

a——拟开发项目综合吸引率［人次/（日·m^2）］；

A_j——j 分区平均吸引率［人次/（日·m^2）］；

R_k——拟开发项目对 k 分区的最大影响范围（km）；

A_k——k 分区中心角；

T_k——k 平均日出行次数［次/（日·人）］；

D_k——k 分区人口密度（人/km²）。

确定交通影响评价范围和影响范围的步骤如下：

① 以开发项目为中心，利用已有道路网，以土地利用功能相似（交通特征相似）为标准，将项目所在城市划分若干区域。根据城市的主要功能，一般可分为商业区、工业区、住宅区、文化区、行政区、其他区（针对规模小且功能混杂的区域）等类型区分。

② 利用类别吸引率法计算出拟开发项目对每个分区的最大可能影响的距离。

③ 进行出行距离检验，将 80% 以上居民可承受的出行距离作为检验数，有些城市的检验数可以定为 4.5km，交通影响评价范围的确定应取检验数和吸引距离中的最小值。以开发项目所在位置为圆心，以二者中的最小值为半径做弧。

④ 选择既有道路，使其均匀分布在弧线两侧，形成一个封闭的曲线，曲线内部即为交通影响评价的交通影响评价范围。

⑤ 在交通影响评价范围内进行交通影响评价，预测目标年的交通运行状况，确定交通影响评价范围内路网上的高峰小时交通量，并做出期望线图。

⑥ 当项目对路网中某些路段或交叉口产生的影响达到了交通影响范围判断指标时，由这些路段和交叉口围合或基本涵盖的区域即为影响范围。

⑦ 以整个城市的交通网络为背景，以交通影响评价范围内预测的交通状况为依据，系统地采取措施，解决目标年的交通问题。对于解决路网中存在的问题，切忌"头痛医头，脚痛医脚"，交通影响评价措施不仅要解决局部的交通问题，也要保证交通系统的服务水平和提高交通系统的服务能力。

通过上述两类方法的比较可以看出，定量分析法更加符合实际情况，但考虑到基础数据缺乏的问题，须经特定的简化以使推荐的方法具有较强的可操作性。而无论采取哪种方法，都必须遵循如下原则。

（1）实效性原则

针对各个城市的具体情况，必须在完整的交通需求预测（通常采用"四阶段法"）之前，或仅运行部分进程即确定建设项目交通影响的研究范围，而不能在整个交通需求预测之后又重新确定研究范围，这样循环反复会使得确定交通影响研究范围的成本过高。

（2）先决性原则

交通影响的研究范围不但决定了交通需求预测的路网模型，还决定了交通调查的范围，因此在整个交通影响评价过程中不能反复地调整，必须在完整的交通需求预测工作开展之前就决定项目交通影响的研究范围，以确保研究范围这一工作步骤的先决性。

（3）不变性原则

除分阶段实施的建设项目外，均采用静态分析的方法确定交通影响研究范围。即在同一个规划期内，一旦研究范围确定，就不再变动。

（4）定量化原则

目前我国大多数城市交通影响评价中采用的是凭经验确定研究范围，一般将建设项目周边的城市主干道或城市快速干道围合而成的区域作为研究范围。这种方法产生了许多问题，对于大型建设项目，其范围显得过小，从而无法涵盖交通影响的辐射范畴；对于较小的建设项目，其范围又显得过大，带来大量不必要的分析成本。因此，定量分析必须成为交通影响研究范围界定中不可或缺的环节。

（5）限制性原则

除定量计算外，还需要界定交通影响的极限最小和极限最大范围，当定量计算的结果小于交通影响的极限最小范围时，则取极限最小范围为项目的影响区域；当定量计算的结果大于极限最大范围时，则取极限最大范围为项目的影响区域。

根据交通影响评价研究范围确定的基本原则，并结合以上各个方法的优缺点，可最终得到交通影响评价研究范围的确定方法。

2. 交通影响评价范围技术标准

通常来说，交通影响评价的范围可以用一个以建设项目为圆心，以某一尺寸为半径的同心圆来表示。但是这种表示方法实施性较差，往往与实际情况不是很符合，不容易进行交通小区的划分。城市干路，作为城市的动脉，具有大容量、快速集散的特点，干路很容易将绝大部分建设项目的交通流吸引过来。因此，交通影响评价范围往往采取几条道路合围区域确定交通影响评价的范围。

《建设项目交通影响评价技术标准》CJJ/T 141—2010 规定，建设项目交通影响评价范围应根据城市和镇的规模、新生成的交通需求以及周边交通状况加以确定。

1）报建阶段进行的建设项目交通影响评价，其评价范围应符合下列规定：

① 有明确定量启动阈值的建设项目，其评价范围应按照如表 2-8 所示的规定进行划分。

表 2-8

建设项目交通影响评价范围

建设项目规模指标与启动阈值之比（R）	交通影响评价范围
R<2	建设项目邻近的城市干路围合的范围
特大城市 2≤R<5，其他城市和镇 2≤R<3	建设项目邻近的城市主干路或快速路围合的范围
特大城市 R≥5，其他城市和镇 R≥3	建设项目邻近的第二条主干路或快速路围合的范围

② 单独报建的学校（T07）类建设项目、交通生成量大的交通（T08）类建设项目，其评价范围应为：建设项目邻近的第二条主干路或快速路围合的范围。

③ 主管部门认为应当进行交通影响评价的工业（T09）、其他（T11）类和其他建设项目，其评价范围应为：建设项目邻近的城市主干路或快速路围合的范围。

2）建设项目选址阶段的交通影响评价，应在上述规定的基础上，根据建设项目的实际情况和周边交通状况，适当扩大评价范围。

3）位于下列地区的建设项目，宜根据建设项目的具体情况和周边交通状况，适当调整评价范围：

① 城市中心区、历史文化保护区、风景名胜区、快速路出入口附近和交通枢纽周边等交通敏感地区，宜适当扩大评价范围。

② 城市和镇边缘地区，宜根据交通网络实际情况，调整评价范围。

③ 当按照上述 2）划定的交通影响评价范围后，若其附近存在比较明显的交通瓶颈，应适当扩大评价范围，把交通瓶颈纳入影响评价范围。

另外，各个地市应参考《建设项目交通影响评价技术标准》CJJ/T 141—2010，并结合自身实际，确定各自相应的标准。上海市规定建设项目交通影响评价范围应根据建设项目新生成的交通需求的影响程度，以及评价年建设项目周边交通系统的运行状况确定。上海市的建设项目交通影响评价的最小评价范围应参照如表 2-9 所示进行划定。

表 2-9

上海市建设项目交通影响评价范围

建设项目规模指标与启动阈值之比（R）	交通影响评价范围
R<5	建设项目邻近的城市次干路（若为项目边界则顺移至下一条）或主干路、黄浦江、苏州河、其他四级以上内河航道、地面铁路干线等天然屏障围合的范围
R≥5	建设项目邻近的城市主干路（若为项目边界则顺移至下一条）或快速路、黄浦江、苏州河、其他四级以上内河航道、地面铁路干线等天然屏障围合的范围

对于启动阈值不应以建设项目规模度量其他必做项目，最小评价范围可参照上表中 R 小于 5 的要求执行。对于交通类建设项目和其他政府管理部门认为需要进行交通影响评价的建设项目，其最小评价范围应参照上表中 R 不小于 5 的要求执行。位于交通复杂地区或交通影响比较大的建设项目，应根据建设项目的具体情况和周边交通状况，适当扩大评价范围，评价范围的形状宜规整，长距与短距之比宜小于 2。

重庆市规定建设项目交通影响评价范围应根据建设项目新生成的交通需求的影响程度以及评价年建设项目周边交通系统的运行状况确定。报建阶段进行的建设项目交通影响评价，有明确定量启动阈值的项目，其最小评价范围应按照表 2-10 划定。

重庆市建设项目交通影响评价范围　　　　　　　　表 2-10

建设项目规模指标与启动阈值之比（R）	交通影响评价范围
$R<2$	建设项目邻近的城市干路（若为项目边界则顺移至下一条）或长江、嘉陵江、地面铁路干线等天然屏障围合的范围
$2 \leqslant R<5$	建设项目邻近的城市主干路、快速路（若为项目边界则顺移至下一条）或长江、嘉陵江、地面铁路干线等天然屏障围合的范围
$R \geqslant 5$	建设项目邻近的第二条主干路、快速路（若为项目边界则顺移至下一条）或长江、嘉陵江、地面铁路干线等天然屏障围合的范围

对于单独报建的学校类建设项目、交通生成量大的交通类建设项目，其最小评价范围应参照上表中 R 不小于 5 的要求执行；主管部门认为应当进行交通影响评价的工业、其他类和其他建设项目，最小评价范围可参照表 2-10 中 R 小于 5 且不小于 2 的要求执行。建设项目选址阶段的交通影响评价，应在上表规定的基础上，根据建设项目的实际情况和周边交通状况，适当扩大评价范围。位于交通复杂地区或交通影响比较大的建设项目，应根据建设项目的具体情况和周边交通状况，适当扩大评价范围。

浙江省将交通影响评价范围分成了关联影响区和直接影响区两个部分。在关联影响区，由建设工程所在地块周边快速路、主次干路围合的区域作为交通影响评价的范围。关联影响区应在评价的过程中根据实际情况进行定量或定性的界定。在直接影响区，由建设工程紧邻的周边道路、河流或其他不可逾越的障碍所围合的区域作为交通影响评价的范围。

深圳市的规定主要根据实际情况确定道路合围的范围作为交通影响评价范围：

1）建设项目交通影响评价范围应根据建设项目新生成的交通需求、周边道路功能等级及交通运行状况等因素确定，将可能受到显著影响的道路或交叉口均纳入评价范围。

2）一般情况下，评价范围至少应包括建设项目邻近的城市主干路、快速路围合的区域，若项目地块周边即为主干路，则评价范围至少应包括建设项目邻近的次干路或交通性支路围合的区域。

3）市交通运输管理部门可根据特定建设项目的具体情况，要求扩大评价范围。

2.2.6　交通影响评价年限

建设项目投入使用之后，有一个从逐步投入运营到完全正常运营的过程。因此，对于大型建设项目，应当在项目投入使用后制定一定的年限对完全正常运营的情况进行评价。《建设项目交通影响评价技术标准》CJJ/T 141—2010 规定，建设项目交通影响评价年限应根据城市和镇的规模、建设项目的规模和分类确定。

1) 报建阶段进行的建设项目交通影响评价，评价年限应符合下列规定：

① 有明确定量启动阈值的建设项目，其评价年限应符合如表 2-11 所示的规定。

建设项目交通影响评价年限 表 2-11

序号	建设项目规模指标与启动阈值之比（R）	交通影响评价年限
1	特大城市 R＜5，其他城市和镇 R＜3	正常使用初年
2	特大城市 R≥5，其他城市和镇 R≥3	正常使用初年； 正常使用第 5 年

注：当建设项目正常使用第 5 年超出了正在执行的城市和镇总体规划的目标年限时，宜用规划目标年限作为交通影响评价年限。

② 单独报建的学校类建设项目、交通生成量大的交通类建设项目，以及主管部门认为应当进行交通影响评价的工业、其他类建设项目，其评价年限应为正常使用初年以及正常使用第 5 年。

2) 建设项目选址阶段进行的交通影响评价，评价年限应为建设项目正常使用初年以及城市和镇总体规划的目标年限。

3) 分期开发的建设项目，项目整体的评价年限除应符合上述规定外，还应该评价各分期投入正常使用的初年。

上海市和重庆市的交通影响评价年限与《建设项目交通影响评价技术标准》CJJ/T 141—2010 保持一致。浙江规定评价目标年可分为近、远期，近期为项目建成并投入使用后 2~5 年，远期为路网规划目标年。分期建设项目需要根据各分期时间分别确定评价目标年。

深圳市对评价年限进行了较为详细的规定。具体规定如下：

1) 交通影响评价的评价年限应综合考虑建设项目性质和规模、投入使用的年限、周边地区交通发展情况、相关交通设施规划建设年限等因素综合确定。

2) 启动阈值以建筑规模界定的建设项目，其评价年限应符合如表 2-12 所示的规定，其他应当进行交通影响评价的建设项目的评价年限，应为正常使用初年以及正常使用第 5 年。

建设项目交通影响评价年限 表 2-12

序号	建设项目规模指标与启动阈值之比（R）	交通影响评价年限
1	R＜5	正常使用初年
2	R≥5	① 正常使用初年； ② 正常使用第 5 年

3) 分期开发的建设项目，除评价整体项目的评价年限外，还应评价各分期工程投入正常使用初年。

2.2.7 交通影响评价时段与评价日

不同的建设项目类型具有不同的交通出行特点。其中住宅、办公等类建设项目具有明显的高峰期，其影响时段与背景交通量的早晚高峰基本重合。商业类建设项目具有周末和夜间交通出行量大的特点，其出行高峰期与背景交通量并不重合。旅游类建设项目分为明显的淡季与旺季，且交通量季节变化特性比较大。因此，应当针对不同的用地类型选择不同的时段进行交通影响评价。交通影响评价时段的选择应符合下列规定：

1）当建设项目新生成交通需求的高峰时段与背景交通高峰时段基本重合时，建设项目新生成交通需求高峰时段应为交通影响评价时段。

2）当建设项目新生成交通需求的高峰时段与背景交通高峰时段不重合时，建设项目新生成交通需求高峰时段与背景交通高峰时段均应为交通影响评价时段。

用地类型的不同对应的高峰出行日也是不同的，交通影响评价日的选择应符合下列规定：

1）按工作日、非工作日分别叠加评价时段的建设项目新生成交通需求和背景交通需求，对交通系统最不利日应作为交通影响评价日。

2）当难以判断时，应分别对工作日和非工作日进行评价。

由此可见，对于通勤类出行为主的用地类型，可以选择工作日作为评价时段，对于商业类、旅游类等以休闲娱乐为主的用地类型，无法判断最不利日的情况下，应分别对工作日和非工作日进行评价。

2.3 交通影响评价内容和流程

2.3.1 交通影响评价的内容

交通影响评价内容应包括评价范围、评价年限、现状分析、需求预测、交通影响程度评价以及改善措施等，具体内容如下：

（1）建设项目概况

对项目的用地指标、区位情况进行综合分析。建设项目概况应包括开发项目的用地性质、用地位置、用地面积、总建设项目面积、建设项目层数、建设项目密度、容积率、停车设施、建设项目总平面图、建设项目出入口情况、建设项目位置以及其他一些建设项目指标和建设项目规划图纸。交通影响分析应先从土地利用调查开始，对开发设施所在建设项目的基本情况和影响范围的土地开发进行全面分析。

（2）评价范围与评价年限

1）确定交通影响评价目标年。交通影响评价属于近期交通规划范畴，城市建设项目交通影响评价目标年的确定与区域规划目标年限、开发工程的建设阶段以及交通系统的变化情况有关，其取决于项目实施的年限和道路交通系统改善的期限。通常研究目标年应为项目建成或全部使用的年份，或是城市总体规划的目标年，对于分阶段建设的城市建设项目应考虑各阶段完成时期及全部建成后一定时期的情况。

2）确定交通影响评价范围。交通影响评价的研究区域不能局限于建设项目本身。应根据项目对周围地区交通影响的程度，将周边地区乃至更大范围作为一个整体来考察，主要考察土地使用与交通的关系，以及交通需求与供给能力是否平衡。

（3）评价范围内现状与规划情况分析

1）调查建设项目影响范围现状的土地使用性质、密度和开发，摸清建设项目周边现状的土地使用功能，主要类型包括：住宅、商业办公、工业、教育、寓所、医院等；拟开发地点周边土地的建设项目指标；现状的区划和土地使用分级。

2）参考土地使用专业规划资料。城市土地使用规划需要确定各项用地的种类、使用性质、功能分区、数量比例、空间布局、开发强度和时序等。

3）已经审批同意的开发项目和规划以及其他未开发地块的开发设想。

4）地域范围内的区划。

5）不同类型用地开发的出行吸引率。

6）已完成的数据资料。

（4）现状交通特征分析

区域现状交通量的获得应建立在区域土地利用及区域交通系统现状实地调查的基础上，重点应调查区域内出行结构、建设项目周围路口和路段的高峰小时交通量与交通特征以及周边建设项目的机动车、非机动车及行人的产生量、吸引量。

（5）交通需求预测

交通需求预测分为背景交通量预测和建设项目交通量预测两个部分。

1）背景交通量预测是指在不考虑建设项目建设的前提下，目标年区域内道路交通流量预测值，预测背景交通量的主要方法有以下三种：

① 累加法，即通过估计区域内其他审批和所有可能的项目产生的交通量，再加上区域内的现状交通量，从而得出背景交通量。这种方法最适用于交通增长适中、预测年限不长（小于 10 年）、区域内的开发建设项目比较确定的情况。

② 增长率法，根据近几年建设项目附近地区的交通历史数据确定平均增长率，也可以使用区域交通规划模型预测的增长率。这种方法主要适用于建设项目周边基本为建成区，交通模式、居民出行方式基本固定的情况。

③ 交通模型法，若建设项目所在地区进行过系统的交通分析已经建立了交通规划模型，可以较为准确地反映区域内的土地利用和交通网络的变化情况，还可选用交通模型法预测背景交通量。其前提是掌握未来年各区域的产生量、吸引量，了解居民的出行结构，该方法适用于建设项目规模较大，或者预测年限较长（超过 10 年）的情况。在对背景交通量进行预测的过程中，应根据建设项目的具体情况选择预测方法，以便取得较好的预测效果。

2）建设项目交通量预测采用系统分析方法，根据有关数据定量分析各种土地使用及开发强度与交通量产生或吸引的关系，预测目标年建设项目引发的新增交通量。预测方法有回归分析法、类别生成率法等。

（6）交通影响程度评价

对建设项目交通影响范围内的各类交通设施的供应与需求进行分析，分析交通需求与路网容纳能力是否匹配，通过交通模型计算出各建设阶段拟建项目对影响范围内交通的影响程度，包括建设项目产生的交通量对各相关交通系统设施（如道路、安全、停车等）的影响。

（7）交通系统改善措施与评价

依据分析评价结果，提出减小建设项目对周边交通影响的改进方案和措施，处理好建设项目内部交通与外部交通的衔接，提出相应的交通管理对策，并对改进的措施和方案进行评估。

（8）结论与建议

提出对建设项目建设规模及交通安全方面的建议，以及可接受的交通设施改进措施建议。重点要求说明项目的规模是否合适，改进措施是否有效，以及对项目布局的评价等。交通影响评价的侧重点应放在制定切合实际的改善措施，以使建设项目对道路交通所产生的影响尽可能地减小；明确界定开发商对此影响所应承担的市政设施建设义务。为使城市建设与交通协调发展，一方面应使新建或改建项目在路网交通流量自然增长的情况下，不能对现有道路造成较大影响，保障道路交通的运行通畅，提高道路交通的安全性；另一方面，又应具体分析这种影响在未来路网交通流量中所占的比例，使项目控制在合理的规模内，做到既能使交通设施承受这种影响，又不妨碍城市的发展和经济的增长。

2.3.2　交通影响评价的流程

交通影响评价一般可按下述步骤进行：

1）首先是收集资料，进行必要的交通量调查。在掌握了周边道路背景（现状）交通量与通行能力的基础上，分析现状交通设施的服务水平。

2）根据背景交通量和研究范围内已经规划确定的新交通增长源的分布情况，进行未来交通量的预测，并分析其相应的交通设施的服务水平。

3）专门针对拟开发场所进行交通量的分析预测，包括出行产生、出行分布、出行方式划分和交通分配等过程，这是交通影响评价中技术最为集中的步骤之一。

4）考虑在项目建成并充分投入使用的情况下，估计周边道路的高峰小时交通量，并分析交通设施的服务水平，同时进行服务水平的灵敏度分析，比较上述 2）和 4）的服务水平分析结果，以确定项目开发对周边路网的影响程度。

5）如果在项目建成后，周边道路交通设施的服务水平有显著降低，则应寻求通过道路交通条件的改善来提高服务水平。

6）通过与有关政府部门协商，确定可行的道路交通改善方案。在协商阶段，有时需要对改善方案进行较大调整，有时需要考虑新的方案以解决新提出的问题。比如需要考虑在公众听证会上形成的新方案等。因此在协商阶段，进一步的技术分析往往是不可避免的。

7）在道路交通改善方案最终确定之后，发展商往往需要继续与有关政府机构协商，以落实改善道路交通设施所需的经费，也就是确定发展商在该投资中所应承担的份额。这一份额原则上应在步骤 2）中交通预测所考虑的所有交通增长源之间进行分摊。

交通影响评价流程，如图 2-2 所示。

```
                              ┌─────────────────┐
                              │  建设项目资料搜集  │
                              └────────┬────────┘
                                       │
┌─────────────────────┐      ┌────────▼────────┐
│ 周边土地利用现状调查与分析 │      │  交通影响评价范围  │
├─────────────────────┤      │  和评价时间的确定  │
│  现状道路交通设施调查分析 │      └────────┬────────┘
├─────────────────────┤               │
│现状道路/交叉口交通运行数据采集分析│      │
├─────────────────────┤      ┌────────▼────────┐
│现状公共交通设施及运行数据采集分析│◄─────┤  基础资料收集与调查分析 │
├─────────────────────┤      │  (现状和规划)    │
│ 现状停车设施及运行数据采集分析 │      └────────┬────────┘
├─────────────────────┤               │
│现状慢行交通设施及运行数据采集分析│      │
└─────────────────────┘               │
┌─────────────────────┐      ┌────────▼────────┐   ┌──交通生成预测──┐
│  区域总体规划情况及交通发展战略 │      │   交通需求分析   ├──┤  交通方式划分  ├┐
├─────────────────────┤      └─────────────────┘  ├──交通分布────┤├─建设项目交通
│  土地利用规划及评价年实施情况 │◄─                  └──交通分配────┘└─背景交通
├─────────────────────┤
│  道路交通设施规划及评价年实施情况 │
├─────────────────────┤
│  公共交通设施规划及评价年实施情况 │
├─────────────────────┤
│  停车设施规划及评价年实施情况 │
├─────────────────────┤
│  慢行交通设施规划及评价年实施情况 │
└─────────────────────┘
```

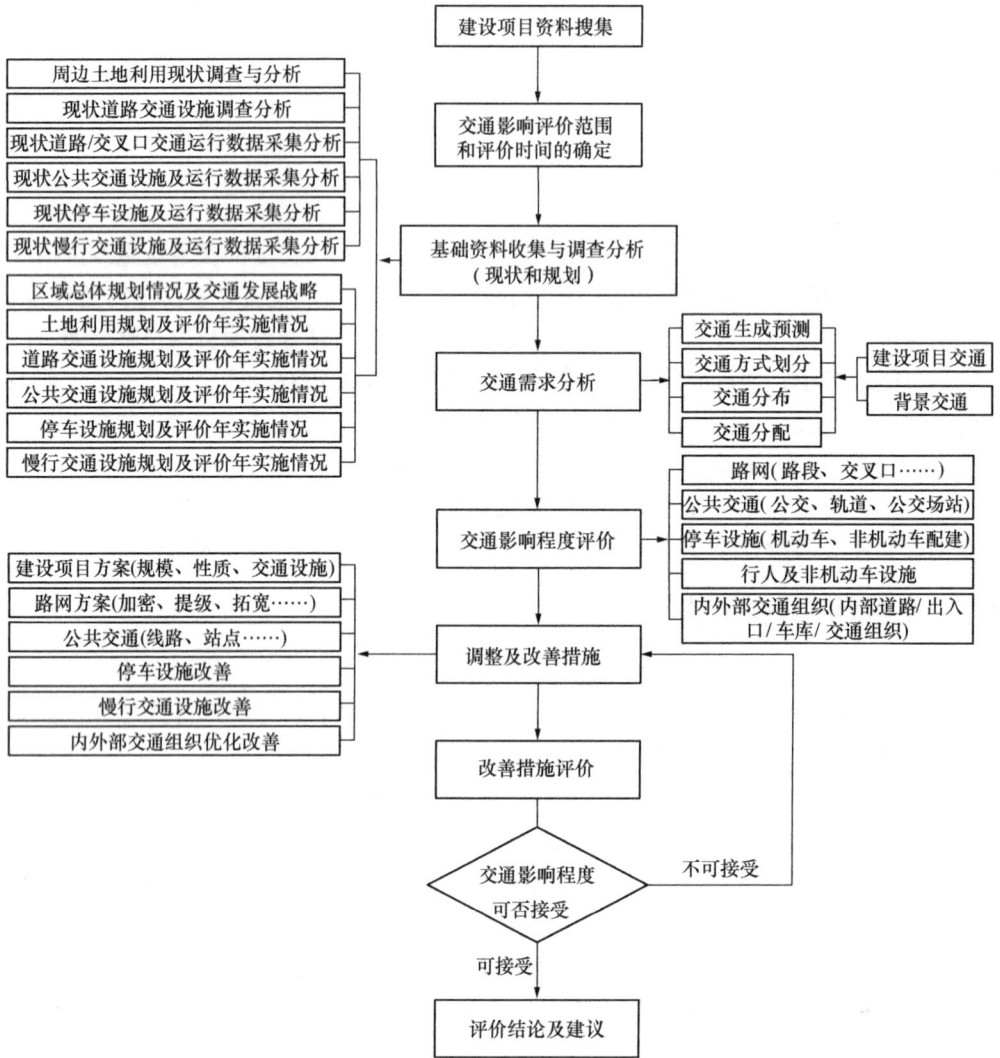

图 2-2 交通影响评价流程图

第3章　基于交通影响评价的交通调查

3.1　项目基础信息收集

项目基础信息调查主要调查和收集拟建项目相关经济指标、项目周边土地利用现状和规划、周边在建或待建建设项目情况等。对于所属项目，主要分析建设项目的区位、社会经济现状及未来发展情况、人口分布、建设项目附近土地利用特征，如土地开发性质、规模、强度以及未来土地利用规划情况，同时包括建设项目的初步设计情况，例如建设项目类型和建设项目面积等表征其使用规模的数据等。

（1）土地利用调查

土地利用和交通有着密切的联系，不同性质的土地利用（如居住、商业、工业等），可发生或吸引不同性质的交通。拟建项目土地利用调查主要用于拟建项目的交通需求预测、内部交通组织分析、出入口交通分析等，具体调查内容包括：

1）拟建项目的总体指标。包括：项目总建设项目面积、不同性质用地（如办公、居住、商业等）的建设项目面积、容积率、户数、规划人口、现状用地状况与规划的土地开发计划等，主要用于拟建项目交通需求预测。

2）评价项目的设计总图。包括：总平面布置图、各分层平面布置图。

上述资料一般可从规划部门、建设部门、土地管理部门等政府机构获得。项目调查表格如表 3-1 所示。

项目基本信息表　　　　　　　　　　　　　　　　　　　　　　　表 3-1

项目		单位	数值
规划总用地		亩	
居住户（套）数		户	
居住人口数		人	
总建筑面积		m²	
地上建筑面积		m²	
其中	住宅建筑面积	m²	
	公建建筑面积	m²	
地下建筑面积		m²	
住宅平均层数		层	
停车位		辆	
其中	地上停车位	辆	
	地下停车位	辆	
容积率			
建筑密度		%	
绿地率		%	

（2）项目周边土地利用现状和规划调查

项目周边土地利用现状和规划调查主要用于背景交通预测，调查范围一般涵盖拟建项目的交通影响范围、周边在建或待建项目的调查，主要调查周边在建或待建项目的用地性质、建设项目规模、出入口设置情况等。具体调查内容包括：

1）土地利用性质与面积。各交通区主要土地利用类别的土地面积，如工业、商业、居住、科教文卫等土地利用类别的面积。一般应根据《城市用地分类与规划建设用地标准》GB 50137—2011 中规定的 8 大类城市用地性质分别进行。

2）就业岗位数。全部交通区或典型交通区的就业岗位数。

3）就学岗位数。全部交通区或典型交通区的就学岗位数。

（3）经济资料调查

社会经济状况对交通有直接的影响，一定的社会经济状况对应一定的交通状况。对未来城市社会经济状况进行预测，建立交通与社会经济的关系需要历史及现状的社会经济基础资料。经济资料的调查主要包括以下内容：

1）经济水平。经济水平是经济发展的总体规模和发展程度的总体体现，目前我国反映经济水平的指标主要有国民（地区）经济市场总值、社会总产值、国民收入、社会消费总额、居民（职工）收入、人均消费等。

2）经济结构。社会经济各个组成部分、国民经济各个部门和社会再生产各个方面的构成和相互关系，比较直观的指标是国民经济各个部门的各产业的总产品或总劳务的价值量和各自在总值中所占有的比重。国民经济各部门按五大类分为农业、工业、建设项目业、运输业和商业；也可按三大产业分为第一产业、第二产业和第三产业。

3）经济布局。从根本上决定了交通流的发售点和汇集点的分布。调查的主要内容是规划地区重要生产和流通部门在空间上的分布和规模，以及对交通的需求程度。

（4）人口资料调查

进行交通影响评价时，一般需要人口的各方面资料。各指标主要有：城市人口总量及各交通区人口分布量、就业人口和年龄段人口、城市人口年龄结构、性别结构、职业结构、交通分区的就业岗位和就学数量、出生率、死亡率、人口密度、机械增长率、人口增长速度、人口自然增长速度等指标。

上述资料一般可从规划部门、建设部门、土地管理部门等政府机构获得，或者通过对研究区域的踏勘和各项调查所得到。

3.2 道路基础设施调查

通过实地踏勘，主要调查评价范围内的道路、交叉口等基础信息，为交通组织提供基础资料，具体调查内容如下。

（1）道路路段

包括道路等级、横断面形式、规划红线、机动车道、非机动车道、公交专用道及公交港湾、人行横道和人行道路面宽度、机非分隔方式、长度、车道数等，如表 3-2 所示。

道路路段通行能力调查表		表 3-2

调查日期：_____ 年_____ 月_____ 日　星期：_____

道路名称：位于_____ 路上（在_____ 路与___ 路之间的路段）

调查员：_____

调查指标	数值
道路类型	1. 快速路　　2. 主干路 3. 次干路　　4. 支　路
道路断面宽度	_____m
双向车道数量	_____车道
每条车道宽度	_____m
机非分离形式	1. 分隔带　2. 栅栏　3. 机非分隔标线　4. 无
非机动车道宽度	_____m
人行道宽度	_____m

（2）道路交叉口

各交叉口类型、位置、相交路段的几何线形、进口转向车道类型以及各种构造物、人行天桥、地道等设施等，如表 3-3 所示。

交叉口车道基本信息表		表 3-3

调查日期：_____ 年_____ 月_____ 日　星期：_____

调查地点：_____ 路与_____ 路交叉口　调查员：_____

交叉口进口	车道类型	车道条数
东进口	直行与左转共用车道	
	左转专用车道	
	直行车道	
	直行与右转共用车道	
	右转专用车道	
南进口	直行与左转共用车道	
	左转专用车道	
	直行车道	
	直行与右转共用车道	
	右转专用车道	
西进口	直行与左转共用车道	
	左转专用车道	
	直行车道	
	直行与右转共用车道	
	右转专用车道	
北进口	直行与左转共用车道	
	左转专用车道	
	直行车道	
	直行与右转共用车道	
	右转专用车道	

3.3 交通管控措施与设施调查

交通管理调查内容包括研究范围内道路交通管理措施（禁左、单行等）、信号灯配时方案及车道转向方案、其他控制方案：如停车、让行、限速等警告标志等内容。

交通控制调查主要包括信号相位、绿灯时间、红灯时间、黄灯时间、周期长度、线控措施等信号控制手段，如表 3-4 所示。

交叉口信号相位及配时调查记录表　　　　　　　　　　　　　　　　表 3-4

调查日期：_____ 年_____ 月_____ 日　星期：_____

调查地点：_____ 路与_____ 路交叉口

调查员：_____

相位序号	放行方式	绿灯	黄灯	红灯	信号周期时间
1					
2					
3					
4					
5					
6					
7					
8					

3.4 交通运行状况调查

3.4.1 调查内容

主要路段和交叉口的交通量调查，对重要路段和交叉口还应进行车速和延误进行调查，此外还需对通行能力进行调查，用于计算道路交通饱和度，并评价道路交通运行状况。

（1）项目影响范围交通量调查

1）机动车流量调查：应调查研究范围内所有道路分车型、分时段交通量。

2）交叉口机动车流量调查：应调查主要交叉口分车型、分时段、分流向交通量。

3）道路非机动车流量调查：应调查主要道路分时段交通量。

4）交叉口的非机动车流量调查：主要交叉口分时段、分流向流量。

5）行人流量调查：主要调查研究区域内行人交通量大的地区，分时段的行人流量调查。

6）公交和停车情况调查。

（2）速度与延误调查

常见的速度调查分为地点速度调查和区间速度调查两种，一般调查最常选用的时间是机动车上午高峰及下午高峰时间。

行车延误调查包括路段行车延误调查和交叉口延误调查两个部分。

（3）通行能力调查

通行能力是交通设施的一项重要指标，是评价相关交通设施服务水平的重要指标。在交通影响评价中，结合项目周边交通环境可能需要调查或计算路段通行能力、交叉口通行能力、常规公交线路的通行能力、城市轨道交通运输能力、非机动车道通行能力和行人交通设施通行能力等。

3.4.2　交通量调查与分析

建设项目周边道路流量调查是项目交通影响评价的主要内容之一，它是了解项目所在区域现状背景交通情况的重要手段，同时也是进行项目交通影响评价、决定项目可行与否的前提和基础。

道路交通流量调查主要调查研究范围内所有道路不同类型的机动车流量和慢行交通量。调查道路应为建设项目影响区域的所有快速路、主干路、次干路及支路以及相交的交叉口。

调查时间原则上应选择在交通需求的高峰期进行，对于背景交通量与项目交通量高峰时段重合的建设项目调查时间为正常工作日的早高峰时段或晚高峰时段。一般选择调查的早高峰时段为 7：00～9：00，晚高峰时段为 17：00～19：00。对于一些休闲娱乐性建设项目或者特殊类的建设项目，调查时间及高峰时段需要与项目本身的出行高峰保持一致。

交通量调查方法比较多，面向交通影响评价的交通量调查常用的调查方法有人工观测法、试验车移动调查法、录像法、视频检测法等。目前人工观测法以其调查手段方便的特点仍然是调查方法的主流，随着智能化设备的应用，卡口检测法也正在成为未来交通数据获取的主要手段。道路机动车流量调查应分车型进行，记录通过调查断面的所有双向车流量。车辆类型包括：大货车、小货车、摩托车、出租车、小汽车、大客车、公交车和小公共汽车。记录方法原则上是一个调查员负责一条车道，以 15min 为一时间段，详细记录通过调查断面的所有各种车型的车流量。

另外，考虑到人力有限，如果有些项目影响区域内的调查道路较多，调查可以分批实施，但高峰时段必须保持一致。

在实施调查之前，需要到现场进行实地踏勘，选定各路段上的具体调查地点，并进行拍照，以方便工作。调查地点的选取须能够清楚观测到调查路段的交通流量，并且充分考虑调查人员的交通安全。

调查人员应选择有一定文化水平、素质较高，同时又有认真负责、吃苦耐劳精神的学生、干部或专业人员，调查员培训工作应于调查前一周进行。调查员培训前应该设计好完整的调查方案。

（1）人工观测法

这是我国目前应用最广泛的一种交通量调查方法，只要有一个或几个调查人员即能在指定的路段或交叉口引道一侧进行调查，组织工作简单，调配人员和变动地点灵活，使用的工具除必备的计时器（手表或秒表）外，一般只需手动（机械或电子）计数器和其他记录用的记录板（夹）、纸和笔。常用的机动车交通量观测记录如表 3-5 所示，非机动车交通量观测如表 3-6 所示，交通量汇总如表 3-7 所示。

交叉口机动车交通量观测表　　　　　　　　　　表 3-5

日期：＿＿年＿＿月＿＿日　星期＿＿　时间：＿：＿—＿：＿　天气：＿＿

地点：进口：1 东（　），2 南（　），3 西（　），4 北（　）

方向：1 左转（　），2 调头（　），3 直行（　），4 右转（　）　调查人员：＿＿＿＿＿＿＿

注：在对应选项划√

调查时段	小客车	大型客车	大型货车	铰接车	小计
7：00～7：15					
7：15～7：30					
7：30～7：45					
7：45～8：00					
……					
合计					

交叉口非机动车交通量观测表　　　　　　　　　　表 3-6

日期：＿＿年＿＿月＿＿日　星期＿＿　时间：＿：＿—＿：＿　天气：＿＿

地点：进口：1 东（　），2 南（　），3 西（　），4 北（　）

方向：1 左转（　），2 调头（　），3 直行（　），4 右转（　）　调查人员：＿＿＿＿＿＿＿

注：在对应选项划√

时段	左转	直行	右转	小计
7：00～7：15				
7：15～7：30				
7：30～7：45				
7：45～8：00				
……				
合计				

交叉口交通流量汇总表　　　　　　　　　　表 3-7

调查日期：＿＿＿＿年＿＿＿＿月＿＿＿＿日　星期：＿＿＿＿＿

交叉口名称：＿＿＿＿路与＿＿＿＿路交叉口

进口方向：（□东　□西　□南　□北）

注：请在对应的进口方向划√

时段	方向	小型车	中型车	大型车	铰接车	非机动车	行人
7：00～7：15	左转						
	直行						
	右转						
7：15～7：30	左转						
	直行						
	右转						
7：30～7：45	左转						
	直行						
	右转						
7：45～8：00	左转						
	直行						
	右转						

（2）试验车移动调查法（浮动车法）

浮动车法由英国道路研究试验所的华德鲁勃和查尔斯沃思于 1954 年提出，可同时获得某一路段的交通量、行驶时间和行驶车速，是一种较好的交通综合调查方法。

具体做法：驾驶试验车在区间 AB 内以与区间内大部分车辆均衡的速度反复行驶测定，如图 3-1 所示。试验车内坐调查人员 3～4 人，在试验车行驶过程中分别记录如下数据：①M——与试验车行驶方向相反的来车数；②Q——超越试验车行驶的车辆数；③P——被试验车超越的车辆数；④T——试验车通过区间 AB 所需的时间（min）。

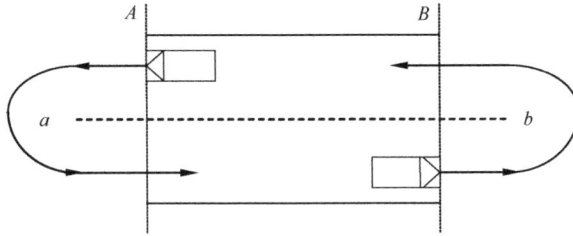

图 3-1　试验车移动调查法

以上数据在调查过程中可以使用表 3-8 进行辅助调查。

试验车移动调查法数据观测表　　　　　　　　　　　　　表 3-8

调查地点：＿＿＿＿＿＿＿＿＿＿　　调查日期：＿＿＿ 年＿＿＿ 月＿＿＿＿＿日

路段方向：＿＿＿＿＿＿＿＿＿＿　　调查人员：＿＿＿＿＿＿＿＿＿＿＿

方向 （$a-b$）	对向来车数 M_{b-a}	超越观测车的 车辆数 O_{a-b}	被观测车超越的 车辆数 P_{a-b}	行程时间 T_{a-b}
1				
2				
3				
4				
合计				
平均				

取得上述数据后，可由式 3-1 计算单向交通量 Q_{a-b}：

$$Q_{a-b} = \frac{60(M_{b-a} + O_{a-b} - P_{a-b})}{T_{a-b} + T_{b-a}} \quad （辆/h） \tag{3-1}$$

式中　Q_{a-b}——由 a 到 b 方向上的交通量；

使用该法测定时，要求反复进行 8～12 次，然后求取平均值作为测量值。这种方法对于不便进行道路现场调查的路段比较适用。但是由于调查方法比较繁琐，且受限条件比较多，在交通影响评价当中的应用比较少。

（3）录像法

目前常利用录像机（摄像机等）进行交叉口交通状况的调查。通常将摄像机安装在交叉口附近的某制高点上以便能观测到所需的范围，镜头对准交叉口，按照一定的时间间隔拍摄连续摄像。将摄制到的录像重新放映或显示出来，按照一定的时间间隔以人工来统计交通量。

这种方法的优点是能够获取一组连续时间序列的画面，只要适当选择摄影的间隔时间，就可以得到最完全的交通资料，对于如自行车、行人交通量、分车种分流向的机动车交通量、车辆通过交叉口的速度及延误时间损失、车头时距、信号配时、交通堵塞原因、各种行人与车辆冲突情况等。资料不仅可以长期保存，还可以不断回放，以便掌握调查地点的道路交通状况。

其缺点是费用比较高，需要重新进行回放记录数据，内业整理工作量大，整理资料花费人工多。并且在有繁密树木或其他遮挡物时，调查拍摄比较困难或容易引起较大误差。

（4）视频检测法

随着计算机处理能力的提高和图像处理设备的发展，视频和图像处理技术被广泛应用到车辆检测系统中。传统的车辆检测器，正在逐渐被视频检测系统所替代。

视频检测器是一种基于视频图像分析和计算机视觉技术对路面车辆运行情况进行检测分析的集成系统。采用摄像机作为视频传感器，将摄像机架设在道路的合适位置（如道路上方、路中央的隔离带），视频信号经视频线输入视频检测系统，利用图像工程学（图像处理与机器视觉）的方法，实时监测各个现场的图像，并去除各种环境造成的影响，通过图像分析处理获得所需的各种交通数据，虚拟线圈和检测区可在计算机或监视器的图像画面上自由设置。系统检测到的各种交通数据既可存储在设备本身的大容量存储器中，也可以通过通信接口将检测数据传输到远端数据中心。

早期大部分视频检测技术采用的都是虚拟线圈法，如 Auto Scope 等，其工作原理就是类似于地埋式线圈检测器。用户在图像上定义虚拟线圈位置，系统通过计算虚拟线圈或者虚拟线圈的视觉变化强度来判断车辆的经过，从而计算交通参数。视频检测系统采用图像处理和模式识别技术，能够检测许多交通流参数，如交通量、速度、占有率、车间距、交通流密度等。

该方法的优点是大大减少了数据处理时的人工调查量，其中有些参数是其他设备无法检测的，而且它可以和交通监视系统共享视频数据，从而节省整个交通管理系统的成本。缺点是受到天气变化以及光亮度的影响较大，变换车道的车辆也不能识别，降低了系统的可靠性。

（5）交通量调查数据的整理与分析

在交通量调查中须搜集必要的数据之后，将需要的数据进行整理分析，列成表格并进行绘图，以便于下一步对调查结果进行评价。

1）交通量的当量换算。交通影响评价中，一般以小汽车作为标准车型，其他车型车辆换算车标准小汽车的当量系数如表 3-9 所示。

《城市综合交通体系规划标准》GB/T 51328—2018 规定车辆换算系数　　表 3-9

车辆类型	换算系数	车辆类型	换算系数
自行车	0.2	旅行车	1.2
二轮摩托	0.4	大客车或小于 9t 的货车	2.0
三轮摩托或微型汽车	0.6	9～15t 货车	3.0
小客车或小于 3t 货车	1.0	铰接客车或大平板拖挂货车	4.0

2）交叉口流量流向图。经常用来表示十字或 T 字形交叉口各入口引道各向车辆的运行状况。如图 3-2 所示，绘出了典型的十字交叉口的流量流向图，由图中可以一目了然地看清交叉口的流量流向分布。通常根据高峰小时的交通量（小汽车、全部汽车）绘制，也可用混合交通量代替。由于机动车交通高峰与非机动车高峰往往不在同一小时内出现，因此应对各个高峰小时的机动车和非机动车交通量分别进行绘制。

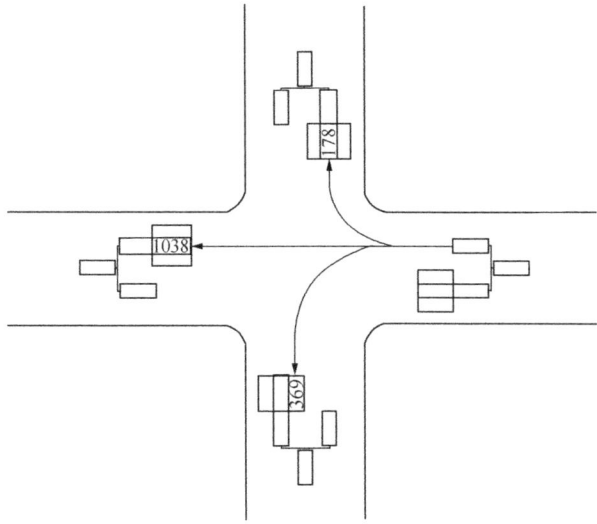

图 3-2　交叉口交通流量流向图

3.4.3　车速调查与分析

由于道路设计、交通规划、交通控制与管理、交通设计及道路质量评价均以车速作为最基本的资料，因此车速调查将成为道路交通工程中最重要的调查项目之一。常见的调查有地点车速调查和区间车速（行程车速）调查。

调查地点的选择一般应考虑以下几个方面：

1）一般速度调查时应选择视野条件好的道路直线段，并应选在无特殊交通标志、无交通信号、无公交站台和不受道路交叉影响的道路区间部分。

2）当为确定信号控制而调查速度时，调查地点应选在控制对象范围内，并应选择不受其他信号影响的地点。

另外，为使调查结果不受调查本身的影响，在选择调查地点时，还应注意测量仪器及观测人员应不吸引驾驶人员注意，并且不引起群众的围观。

1. 地点速度调查

在建设项目交通影响评价中，地点车速测定最常用的方法有以下几种：

（1）人工测速法

最常见的是秒表测速法，即在于调查的地点，测量一小段距离在两端做好标记，如图 3-3所示。观测员用秒表测定各种类型车辆经过前后两个标记的时间，记录员在标准记录表上记录距离、车型及通过两个标记的时间，经整理计算，得到各类车辆的地点车速。

距离的取值与车速有关，为方便观测者对秒表读数，可按车辆经过该路段的时间等于

2s 左右计算，通常取 20～25m，如图 3-3 所示。

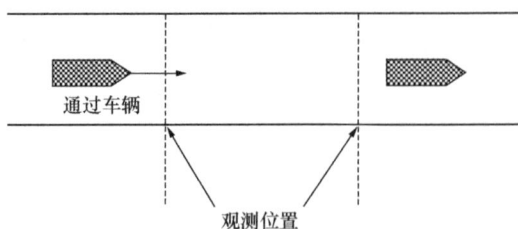

图 3-3　秒表测速法示意图

人工测速方法简单易行，但是费时费力，调查员容易疲劳，适合短时间观测。另外，由于人的反应特点，进行精确观测比较困难。

（2）雷达测速法

这种方法是目前交通管理中常使用的一种方法，用以监测道路上的超速违章车辆。最常用的仪器有雷达测速仪和雷达枪。雷达测速方法十分简单，只要使用雷达测速仪瞄准前方被测车辆，便可以在测速地点直接测出车辆通过的瞬时速度，是测定地点速度的理想工具。目前，交通管理部门已广泛使用此种仪器测定地点速度。

雷达测速的基本原理是应用多普勒效应，根据移动物体反射的电波随物体移动速度不同其振动频率也不同的原理制成。当雷达测速仪瞄准测速车辆时，发射出无线电波，遇车辆后再从车辆反射回来，发射波与反射波的频率差与车辆行驶的速度成正比，从而得到车辆的瞬时车速。

雷达测速仪的优点是测速简便，雷达波束较激光光束（射线）的照射面大，因此雷达测速易于捕捉目标，无须精确瞄准，只要是通过的车辆一般都能检测出速度。雷达测速设备可安装在巡逻车上，在运动中的实现检测车速，是"流动电子警察"非常重要的组成部分。

雷达测速仪的缺点是对速度的检测区间有一定范围，对于低速车辆测速检出率低，例如检测速度低于 15km/h 的低速车辆时，很难检测车速。雷达发射的电磁波波束有一定的张角，测速容易受到与车辆行驶方向夹角的影响，张角越大，测速的准确率越易受影响；反之，则影响较小。另外，测速雷达测速面较广，同向车辆密度过高或对向车辆同时通过道路某断面，均会产生干扰，使雷达仪上的车速数字产生不稳定的情况，如果目标车辆旁边存在一辆并排行驶的反射能力更强的车辆时，测速雷达也只能测到反射能力强的车辆，会使目标车的读数被其他车的速度代替，无法分辨出哪一辆车是超速车辆。当测量信号经过多次反射后，测速雷达测出的结果也会出错。无线电波也会对测速雷达产生干扰，使测量结果失真。

（3）激光测速仪测速法

激光测速仪是采用激光测距的原理测定车辆的速度。激光测距是通过对被测物体发射激光光束，并接收该激光光束的反射波，记录该时间差，来确定被测物体与测试点的距离。激光测速是对被测物体进行两次有特定时间间隔的激光测距，取得在该时段内被测物体的移动距离，从而得到该被测物体的移动速度。

激光测速仪的优点是激光光束为射线形式，容易测定固定点的速度和距离，不会出现雷达测速仪无法辨别并排行驶的多辆车辆的问题。由于激光的特性，决定了激光测距仪的测速精度高，测速距离比雷达测速有效距离远，距离一般可达 500m。

激光测距仪的缺点是不能移动测速，在测速时如果测速手柄稍微抖动就有可能报错，不如雷达测距仪灵活。

（4）车辆感应器测速法

使用车辆感应器测量交通量时，可通过电磁感应或超声波反射原理，同时感知车辆通过的距离和时间，从而计算车辆通过速度。此种测速方式与交通量调查同时进行，便于研究交通量与通行速度的关系，且几乎不受通过区间时的速度变化影响，能够较为准确地测出地点速度，并且能做长时间连续调查。但当有故障车或事故车停留在感应器上时，车速记录会出现异常。感应器设备复杂，费用也高，只能在城市或其他有条件的地方使用。故在我国地点速度的测量中主要使用人工测量的方法，此外还有录像法、摄影法、航测法等，因价格高使用尚不普遍。

地点速度记录表如表 3-10 所示。

地点速度记录表　　　　　　　　　　　　　　　表 3-10

调查时间：＿＿ 年＿＿月＿＿日 ＿＿＿＿＿＿　　星期＿＿　　天气：＿＿

调查人员：＿＿＿＿＿＿＿＿＿＿＿＿＿＿＿＿＿＿

调查数据记录如下：

（5）地点车速调查数据的整理与分析

地点车速的观测数据按观测目的进行汇总，然后把数据整理成图表，并用统计的方法将调查结果用做统计计算，以保证取对交通现状的完整认识。

1）数据整理。整理数据精炼而简便的方法是列一张地点车速频率分布表，如表 3-11 所示。

地点车速频率分布表　　　　　　　　　　　　表 3-11

速度分段	个数	频率	累计频率
[0，10)			
[10，20)			
[20，30)			
[30，40)			
[40，50)			
[50，60)			
[60，70)			
[70，80)			
[80，90)			
[90，100)			

2）地点车速频率分布直方图。为了更直观地显示出频率分布表所给出的规律，通常把它们画成频率分布直方图，如图 3-4 所示，横坐标是地点车速的速度分组，纵坐标则是相应的频率。从图中可以形象地看出地点车速分布的范围及在范围内的散布情况。

3）累计频率曲线。地点车速的速度分组为横坐标，累计频率为纵坐标，应用如图 3-4 所示的第 1 列、第 6 列数据，绘制成地点车速的累计频率曲线。如图 3-5 所示。该图的特征点对于分析地点车速具有十分重要的意义，如累计频率为 15%、50%、85% 所对应的地点车速，在交通工程中均有特定的用途。

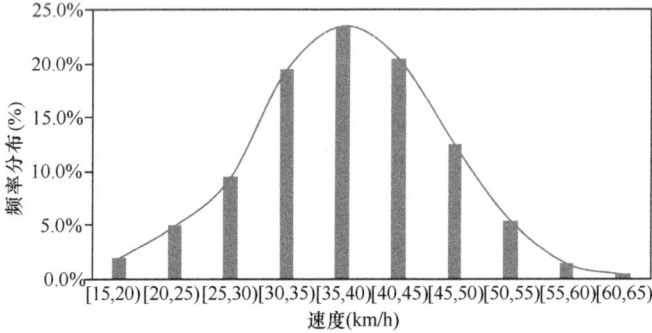

图 3-4　地点速度频率分布直方图

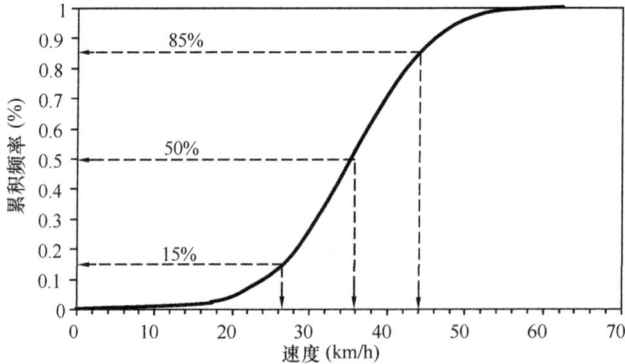

图 3-5　地点速度累计频率分布曲线

4）地点车速的频率分布特征值。借助于车速频率分布图，表明最基本的特征数可以分为两大类，即位置特征数和离散特征数。

① 位置特征数是表示地点车速分布集中趋势的量度，如地点车速的样本平均数、中间车速、众数等。

A. 地点车速的样本平均数。地点车速的样本平均数是车速统计中最常用的特征值和表示车速分布的最有效的统计量，它的计算公式如下：

当车速未分组时：

$$\overline{v} = \frac{\sum\limits_{i=1}^{n} v_i}{n} \tag{3-2}$$

当车速分组时：

$$\overline{v} = \frac{\sum\limits_{i=1}^{n} f_i v_{i中}}{\sum\limits_{i=1}^{n} f_i} \qquad (3\text{-}3)$$

式中　$\overline{v}$——平均地点车速；

$\sum v_i$——全部观测车辆车速的总和；

n——观测车辆的总数；

$v_{i中}$——各车速分组的组中值；

f_i——各分组车速的频数。

B. 中位车速。中位车速是指车速测定值按大小次序排列时中间位置的车速。当观测次数是奇数时，中位数是所排数列中的中间车速，而观测次数是偶数时，中位数规定为两个中间数的算术平均数。中位数受两端车速干扰的影响较平均车速小，因此在分析中是一个更加稳定且重要的特征值。

C. 众数。出现频率最高的那个地点车速或组中值，称为样本的车速众数。

② 离散特征数是表示样本中数字分散程度的一种数据，其中最常用的是极差、标准离差和车速分布中有代表性的几个速度值。

A. 极差。即观测值中最大车速与最小车速之差，可用下式表示：

$$R = v_{\max} - v_{\min} \qquad (3\text{-}4)$$

式中　R——极差；

$v_{\max}$——观测值中最高的车速值；

$v_{\min}$——观测值中最低的车速值。

极差值极易取得，但它决定于样本量的大小，且受异常观测值的影响很大。

B. 标准离差。用地点车速样本中的每一个数据与车速平均值 $\overline{v}$ 的偏差来刻画样本的离散性。由于这些偏差有正有负，为了避免正负相加抵消的情况，可以把各个偏差平方之后再求平均数，作为离散特征数，记为 S^2，称为样本方差。

当地点车速未分组时：

$$S^2 = \frac{\sum\limits_{i=1}^{n} (v_i - \overline{v})^2}{n} \qquad (3\text{-}5)$$

地点车速分组时：

$$S^2 = \frac{\sum\limits_{i=1}^{n} (v_{i中} - \overline{v})^2 \cdot f_i}{\sum f_i} \qquad (3\text{-}6)$$

以上公式中的符号意义同前。

样本的标准差：

不分组时：

$$S = \sqrt{\frac{\sum\limits_{i=1}^{n} (v_i - \overline{v})^2}{n}} = \sqrt{\frac{\sum\limits_{i=1}^{n} v_i^2}{n} - \overline{v}^2} \qquad (3\text{-}7)$$

分组时：

$$S = \sqrt{\dfrac{\sum\limits_{i=1}^{n}(v_{i中} - \overline{v})^2 f_i}{\sum\limits_{i=1}^{n} f_i}} = \sqrt{\dfrac{\sum\limits_{i=1}^{n} v_{i中}^2 f_i}{n} - \overline{v}^2} \tag{3-8}$$

C. 车速分布中有代表性的几个速度值。累计频率分布曲线表明了每组地点车速与累计频率之间的关系，当地点车速为正态分布时，累计频率曲线上有 2 处突变点，这些点的相应车速常以百分位车速来表示。

（A）85％位车速：在样本中有 85％的车辆未达到的车速，即在累计车速分布曲线中，累计频率为 85％时的相应车速。此值正是曲线的转折点，转折点以上曲线坡度甚缓，说明样本中高速车辆的频率很少，因此交通管理中常以此车速作为观测路段的最大限制车速。

（B）15％位车速：在样本中有 15％的车辆未达到的车速，即在累计车速分布曲线中，累计频率为 15％时的相应车速。此值是该曲线的另一个转折点，转折点以下曲线坡度甚缓，说明样本中低于此车速的频率很少，因此交通管理中对某些需要限制最低车速的道路，如高速公路及快速路，常以此值作为最低限制车速。

（C）50％位车速：即中位车速，当车速的分布属正态分布时，该车速即平均车速。

2. 区间速度调查与分析

区间车速是指车辆在道路某一区段内行驶的平均速度。在建设项目交通影响评价中，常用的调查方法有车辆牌照对照法、试验车观测法（浮动车法）。

（1）车辆牌照对照法

在调查路段的起终点设置观测点，观测人员记录通过观测点的车辆类型、牌照号码（后 2 位数字或字母）、各辆车的到达时间。测完后，将两处的车型及牌照号码进行对照，选出相同的牌照号码，计算通过起终点断面的时间差即行程时间，路段距离除以行程时间，得到行程车速。调查记录表格如表 3-12 所示。

牌照法车速调查表	表 3-12

调查日期：_____ 年 _____ 月 _____ 日 星期：_____

道路名称：位于_____ 路上（在_____ 路与____ 路之间的路段）

路段长度：_____ 调查员：_____

注：在对应选项划√

编号	通过车辆牌号	车辆通过观测断面时刻		行车时间
		入口	出口	
1				
2				
3				
4				
5				
6				
7				
8				
9				
10				

关于调查人员及工具的配备：起终点断面各配 2 名观测员，1 名观测车型、牌照号码及经过本断面的时间，另 1 名记录。观测时只需配备秒表即可。

此法的适用场合为：路段上没有主要交叉口，单向一车道或流量不是很大的单向两车道公路，路段长度不宜超过 500m。路段上的交通情况若不太复杂，可与其他调查同时进行。

牌照法的主要优点是取样速度快，室外工作时间短，能较为准确地测得不同时段的平均行程车速及各种车辆类型的平均行程车速、通过断面的单向交通量及车头时距，有利于交通工程中的微观分析。

牌照法的主要缺点是所测得的只是起终点间的行程时间，无法知道车辆在行驶过程中的延误及交通阻滞情况。当路段中间有交叉口时，由于路段车辆在交叉口的转向，使起终点的车辆牌照号码不完全一致，增加了内业工作量；在单向两车道或大于两车道的路段，观测时由于靠边车道上车辆的阻挡，无法看清中间车道上车辆的牌照号码，容易漏记车号；此法现场观测的劳动强度大，对于交通繁忙的路段，在一般体力情况下，通常只能连续观测 2h 左右。

（2）试验车观测法（浮动车法）

此法与调查交通量时的移动车观测法完全相同。即在已知区间内作往复行驶调查，并记录通过区间的时间、对向车道来车数及本车道超车与被超车数量，此时可计算区间速度。

先求通过该区间的平均时间：

$$\overline{T}_{a-b} = T_{a-b} - 60 \frac{O_{a-b} - P_{a-b}}{Q_{a-b}} \quad (\text{min}) \tag{3-9}$$

再根据区间速度定义求出区间平均速度：

$$\overline{V}_{W(E)} = 60 \frac{L}{\overline{T}_{W(E)}} \quad (\text{km/h}) \tag{3-10}$$

3.4.4　延误的调查方法

延误是指车辆在行驶中，由于受到驾驶员无法控制的意外、其他车辆的干扰或交通控制设施等的阻碍所损失的时间。由于形成的原因和着眼点不同，可有以下几种延误：

（1）基本延误（固定延误）

由交通控制装置所引起的延误，与道路交通量的多少及其他车辆干扰无关的延误。

（2）运行延误

由于各种交通组成间相互干扰而产生的延误。一般它含纵向、横向与外部和内部的干扰。

（3）停车时间延误

是指车辆在实际交通流的条件下，由于该车本身的加速、减速或停车而引起的时间延误，即与外部干扰无关的延误。

如果按照调查位置分，可分为路段延误调查方法和交叉口延误调查方法，其中交叉口延误是度量交叉口服务水平的重要指标，交叉口延误调查也是非常重要的。

（1）路段延误调查方法

采用区间速度调查时所采用的方法。

（2）交叉口延误调查方法

我们通常采用"点样本法"对停车延误进行调查，这个方法简便，不需使要专门的仪器，因此各国一直都在广泛使用。该法属于停车时间法。

1）人员和设备。

每个交叉口入口引道需要3～4人和1块秒表，观测人员和所需秒表的总数根据需调查的引道数量确定。

2）样本容量。

用点样本法调查交叉口延误，必须有足够的样本数，以保证所要求的调查精度。当所关心的是停驶车辆的百分率时，应使用概率统计中的二项分布来确定需要调查的最小样本数：

$$N = \frac{(1-P)\chi^2}{pd^2}$$ (3-11)

式中　N——最小样本数；

p——在交叉口入口引道上的停驶车辆百分率（%）；

χ^2——在所要求的置信度下的值，按表3-13取值，一般情况下，置信度可选用95%，相应的$\chi^2 = 3.84$；

d——停驶车辆百分率估计值的容许误差/值取决于调查目的，其范围一般为0.01～0.10，一般取0.05或0.06。

一定置信度下的 χ^2 值　　　　表3-13

χ^2	置信度（%）	χ^2	置信度（%）
2.71	90.0	6.63	99.0
3.84	95.0	7.88	99.5
5.02	97.5		

这里，样本容量是指包括停驶车辆和不停驶车辆在内的入口引道车辆总和。在正式观测之前，为确定适当的样本容量 N 需要初步估计停驶车辆百分率。为此，最好进行一次现场试验调查。一般在交叉口入口引道上观测100辆车便可以估计出适当的 p 值。

若假定 $p = 50\%$，可得出在所要求的统计精度下的最小样本容量，如表3-14所示。在任何情况下，所取样本数不应小于50辆。调查工作结束后，要根据实际的样本数 N，计算出停驶车辆百分数 P，然后按所要求的置信度用上式反算出停驶车辆百分率的估计误差 d，若不能满足要求，则需要增加样本数，重新调查。

最小样本容量（$p = 50\%$）　　　　表3-14

容许误差（d）	置信度		
	90%	95%	99%
5%	1084	1536	2652
10%	271	384	663

3) 观测方法。

点样本法就是观测在连续的时间间隔内交叉口入口引道上停车的车辆数，进而得到车辆在交叉口入口引道上的排队时间。交叉口每一引道需要 3～4 名观测员，其中 1 名为报时员，1 名（或 2 名）为观察员，另 1 名为记录员。点样本法的现场记录如表 3-15 所示。在调查开始之前记录员应将调查日期、地点等填入表内。观测时间间隔一般取 15s（根据情况也可选其他值），这样，每分钟有 0～15s、15～30s、30～45s 和 45～60s，4 个时间间隔。

观测开始之后，报时员手持秒表，每 15s 报时一次，观察员在报时后即统计停留在入口引道停车线之后的车辆数，并通知记录员逐项记录。同时，记录员（或第二名观察员）还要统计在相应每 1min 内的引道交通量，并按停驶车辆和不停驶车辆分别统计和记录。停驶车辆是指经过停车后通过停车线的车辆，不停驶车辆是指不经停车而直接通过停车线的车辆。

点样本法调查交叉口延误现场记录表　　　　表 3-15

交叉口引道车道_____
日期天气观测员_____

开始时间	在下列时间内停在引道内的车辆数				引道交通量（辆）	
	+0s	+15s	+30s	+45s	停驶车数	不停驶车
小计						
合计						

上述观测工作连续进行，直至达到样本容量要求或规定的时间（10min 或 15min）为止。

4) 注意事项：

① 如果观测人员较多，则对于一个十字交叉口可同时投入 12～16 个人对四个入口引道进行观测，这样在时间上较为节省，且各引道的调查结果具有可比性。若人员不足，则可对各入口引道轮流进行观测，但时间耗费较多，各引道的调查结果可比性也不强。

② 对于定周期信号交叉口，选择观测的时间间隔时应避免信号周期长能被观测时间间隔整除的情况出现，否则，统计停车数的时间将是信号周期的某个相同部分，这会使观测资料失去随机性。此外，还应将观测的起始时间与信号周期的始点错开。

③ 观察地点应在事先做好调查的基础上确定，要保证观察方便，特别要注意车辆排队很长时对视线的影响。观察地点一般选在停车线旁、排队长度的中间或可观察全部排队队列的其他有利位置。

④ 对于入口引道是多车道的交叉口，若不要求区分某一具体车道上的延误，可不分车道调查，否则要按车道分别安排观测人员。

⑤ 如果某辆车的停车时间超过一个观测时间间隔，则在下个时间间隔再次把该车统计在引道停车数内，而在统计停驶车数时，该车却只被统计一次。因此，对于一个指定的时间间隔，停驶车数总是小于或等于停在引道上的车辆总数。这可以帮助判断观测与记录的正确与否。

⑥ 点样本法也可用来调查交叉口或其他地点的行人交通的延误，这时只要用统计车辆的方法来统计行人即可。

5）调查结果分析。

交叉口延误调查结果，通常用下述指标表达：

$$总延误 = 总停车数 \times 观测时间间隔(veh \cdot s) \tag{3-12}$$

$$每一停驶车辆的平均延误 = \frac{总延误}{停驶车辆总数}(s) \tag{3-13}$$

$$交叉口入口引道上每辆车的平均延误 = \frac{总延误}{引道总交通量}(s) \tag{3-14}$$

$$停驶车辆百分比 = \frac{停驶车辆总数}{引道总交通量} \times 100\% \tag{3-15}$$

该方法的优点：① 该方法可以自动调整数据，一个样本中的错误或遗漏对总的结果几乎没有影响；② 该方法不依赖信号设备；③ 能够得到比较完整的描述交叉口停车延误的统计数据。

该方法的缺点：① 停驶车辆百分比很高时，由于排队车辆数目较大，在 15s 或 20s 的时间里清点停在入口的车辆数几乎是不可能的；② 对于入口为多车道情况，无论是否分车道调查，清点停驶车辆和不停驶车辆都比较困难。

样本法只能得到平均停车延误时间，无法获得延误时间的分布特性。

3.4.5 密度调查

1. 密度调查的时段与区间的长度

在道路某一区段范围内的交通密度每时每刻都在发生变化。因此，密度指某一瞬间的密度值或某一时段内的平均密度值。一般需要在某一时段内连续调查瞬时密度，然后求算平均值。

从实测经验得知，调查时段越长密度变化越平缓。另外，在正常的交通量条件下，车辆在道路上分布也不均匀，即路段不同，观测地点的交通密度一般不相同，只有实测路段达到一定长度后，交通密度的变换才趋于平稳。

通过大量实测资料分析得出以下结论：

1）实测密度的平均方差为实测时段和区间长度的减函数；

2）实测时段达 3～5min 以上时，平均方差受测试路段长度的影响变弱；

3）测试区间大于 800m 时，平均方差受测时段的影响变弱。

根据以上结果，建议在交通密度调查时，测试时段应延续 5min 以上，路段长度应尽量大于 800m。

2. 调查方法

常用的交通密度调查方法分为出入流量法和摄影法。

（1）出入流量法

在如图 3-6 所示的 AB 路段上，t_0 时刻存在的车辆数 E_{t_0}，若从 t_0 时刻到 t 时刻一段时间内进入该路段的车辆数为 Q_A；驶出该路段的车辆数为 Q_B，t 时刻时，AB 路段上的车辆数应为：

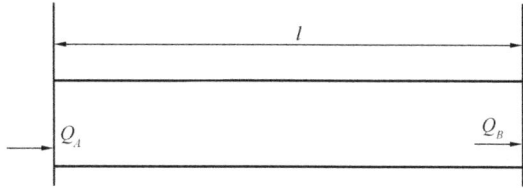

图 3-6　出入量法调查密度

$$E_t = E_{t_0} + Q_A - Q_B \quad (3-16)$$

使上述方法连续求得各时刻的存在车辆数，然后用其除以路段长度，既得各对应时刻的交通密度。

下面介绍用试验车求取 E_{t_0} 的方法：

用试验车在测试路段 AB 内以均衡速度行驶，试验车在 AB 段行驶时间内，累积测得的 Q_A、Q_B 应分别是 t 和 t_0 时刻存在于 AB 路段的车辆数，当实测路段上所有车辆均以试验车速度匀速行驶时，显而易见实测值完全准确。当车速有变化时，实测值出现误差。此时可通过加、减超车与被超车数量进行调整。

出入量法调查密度观测表如表 3-16 所示。

出入量法密度调查表　　　　　　　　表 3-16

调查日期：_____年_____月___日　时间：___　区间段长度：_____

地点：_____　人员：_____

时间	驶入起点断面车辆数 N_A	驶离终点断面车辆数 N_B	区间段内车辆数	计测时刻密度值	试验车相关数据

（2）摄影法

利用空中定时摄影法求得实测路段的车辆数，然后除以路段长度可得到摄影时刻的路段交通密度。具体做法为：在拟测路段上选长度为 50～100m 区段并在路面上做出标记，然后调整摄影机使其对准拍摄范围做定时拍摄即可。

3.5 公共交通调查

建设项目交通影响评价中，公共交通调查主要是了解和掌握拟建项目周边公共交通设施及运营状况，其目的是考察拟建项目本身的公共交通出行增加值在目标年对周边公交系统的影响是否在可接受范围之内。公交调查的重点在于区域内公交站点的位置和形式，通过各站点的公交线路、线路走向、满载率、运营速度等。

3.5.1 公共交通调查内容

交通影响评价中公共交通调查的主要调查内容包括：城市公共交通设施情况调查、城市公共交通客流情况调查和城市公共交通乘客满意度调查。

（1）城市公共交通设施情况调查

城市公共交通是定时、定线行驶并按客流流量、流向时空分布变化而不断调节的随机服务系统。这个系统能否正常和有效地运行，与线路、车辆、场站等物质技术设施条件密切相关，因此城市公共交通设施情况调查具体包含公共交通线网及线路调查、公共交通车辆与设备调查和公交站点及场站现状调查。

（2）城市公共交通客流调查

公共交通客流调查主要是全面掌握客流需求以及车站、线路和网络不同层面的公共交通客流特征和公共交通乘客出行特征。主要有公交线路调查法、公交站点调查法和问卷调查法三种方法。

（3）城市公共交通乘客满意度调查

公共交通乘客是公共交通提供服务的对象，乘客满意度的高低会直接影响乘客的出行选择，只有当乘客满意度高的时候，市民才会更加倾向于选择公共交通作为其出行方式。公共交通乘客满意度调查的目的是通过各种调查方法与手段，了解与掌握在公共交通系统设施、服务发生变化时，乘客的满意度水平变化情况。实际上，由于供需关系的时空特征复杂，因此，乘客满意度的调查也存在时空特性，并不简单依赖于公共交通运营提供的服务。当建设项目对公共交通影响较大时，需要进行公共交通满意度调查，一般项目可以不进行该项调查。

3.5.2 公共交通调查方法

1. 城市公共交通设施情况调查

（1）公共交通线网及线路调查

根据调查需要，可以从空间分析的角度或行政区划考虑，将研究区域内的线路按总站所在区域分为几个不同的小区，研究该区域的公交线网情况可以从研究各小区的线路分布情况入手，首先应该调查各条线路的基本情况，包括具体走向、线路长度、公交专用道条数、公交专用道隔离形式、配车数、发车频率、和沿线站点的大概位置及数目等，然后可以确定小区内和各小区间的公交线路数目情况，如表 3-17 所示，了解该地区公交线网的分布情况，进而分析公交线路在各小区的连接情况和线网存在的问题。

现状线路在各区之间的分布数量（条） 表 3-17

分区	小区 1	小区 2	小区 3	小区 4	小区 5
小区 1					
小区 2					
小区 3					
小区 4					
小区 5					
合计					

（2）公共交通车辆信息调查

对公交车辆的调查属于基础资料的收集，主要是从公交公司获得，也可以从其他相关部门获得必要的补充。调查的主要内容包括对该区域内公交车辆按照不同类别划分的统计指标，其中包括公交车辆的总数量、各种车型的车辆数、车龄统计、总座位数、总载客数以及车辆完好率等。

（3）公交站点及场站现状调查

公交停靠站是公交线网结构的支点，也是公交乘客的集散地，其设置的合理与否直接影响着公交服务的优劣和线网运作的效能。公交车站的调查内容包括：车站设置位置（距交叉口的距离等）、车站的形式（是否为港湾式等）经过该站的线路和条数、站距以及与其他枢纽衔接情况等内容。公交站点信息调查表如表 3-18 所示。

公交站点信息调查表 表 3-18

调查员姓名：_____ 调查日期：_____ 设备编号：_____
线路名称：_____ 线路编号：_____
线路方向：_____ 站—_____ 站 ①上行 ②下行

车站序号	车站名称	调查时间	主辅路	站点位置说明

公交站场是公交车辆停靠、检修和保养的场所，其包括停车场、保养修理车间和生活设施。城市中心区的用地比较紧张，土地价值较高，而公交站场将占用大量用地。因此，对公交站场的调查主要内容有：公交站场数量、分布位置、面积、服务车种、服务车辆数以及服务半径等。

2. 公共交通客流情况调查

（1）公交调查

公交线路调查法的调查时段应覆盖全天高峰时段，调查线路选择建设项目紧邻的站点的公交线路。公交车辆交通客流情况调查的调查方法主要采用跟车法。跟车法是指安排调查员跟随公交车辆记录途经各个站点上/下乘客数量以及客流满载情况，统计公交线路客流量，如表 3-19 所示。

公交站点调查记录表　　　　　　　　　　　　　　　　表 3-19

调查日期：_____ 年 _____ 月 _____ 日　星期：_____
公交线路名称：_____　行驶方向：　① 上行　② 下行
调查员：_____

站点名称	到达时刻	离开时刻	车辆座位数量	上车人数	下车人数

另外，出于简便的需要也可以采用公交站点调查法，通过调查建设项目紧邻站点的公交车辆数和车内客流满载情况，统计公交客流量。该种方法的优点是能够直接了解站点的客流信息。缺点是难以得到精确的车内满载情况数据。

公交客流调查也可采用信息化技术手段采集公交信息，通过建立公交 IC 卡与公交车辆 GPS 设备对应关系，统计分析站点上/下客流量、路段客流量和客流站间"OD"等。

（2）轨道交通客流情况调查

城市轨道交通客流调查一般包括轨道交通客流规模调查和轨道交通乘客出行调查。轨道交通客流调查是指调查轨道交通的客流规模，包括进/出站量、上/下客流量、换乘量、断面客流量、站间客流"OD"、换乘次数、平均乘距等；轨道交通乘客出行调查是指调查轨道交通乘客的基本特征和出行特征。基本特征包括性别、年龄、职业、收入等。出行特征包括出发地/到达地、出发时刻/到达时刻、出行目的、进/出车站、换乘站、出行时间（等车、步行、换乘、车内等时间）、换乘次数、接驳方式等。

3. 公共交通乘客满意度调查

公共交通乘客作为消费者，意味着可将乘客视为公共交通运营公司的顾客，则公共交通乘客满意度就是指乘客通过对公共交通服务的感知效果或结果与其期望值相比较后，所形成的愉悦或失望的感觉状态。公共交通乘客满意度指数就是乘客满意水平的量化，从消费者的角度衡量公共交通服务质量。

在进行顾客满意度调查时，应事先确定所要调查的顾客群体，以便针对性地设计问卷。顾客可以是企业外部的顾客，也可以是内部的顾客。

在城市公共交通乘客满意度调查中，顾客是指公共交通服务的消费者，即接受过公共交通交通服务的或正在接收公共交通服务的乘客。在确定具体调查对象时需要从性别、年龄、文化程度、职业、经济能力、居住地等方面进行分类。通常采用问卷调查的方式进行调查，问卷设计如表 3-20 所示。

公共交通满意度调查问卷　　　　　　　　　　　　　表 3-20

调查日期：_____ 年_____ 月_____ 日　　星期：_____

线路名称：_____ 调查员：_____

（请在您的选项前打"√"，问题除特殊说明外为单选）

1. 您的年龄段是：

①6～14 岁　②15～19 岁　③20～49 岁　④50～59 岁　⑤59 岁以上

2. 您现在的住址在：_____

3. 您此次出行的目的是：

①上下班②上下学③公务外出④私人外出⑤其他（请注明）_____ （请在所选的答案上打"√"）

4. 请问您的目的地地址是：_____区大街（例如：朝阳区日坛北街），小区代码_____

5. 您的出行交通方式为：

①步行 ②自行车 ③地铁 ④自行车 ⑤公交车，线路号：__ ⑥班车 ⑦出租车 ⑧私家车 ⑨其他交通方式（请注明）_____

（请在所选的答案上打"√"，若交通方式为公交车，请填写公交车的线路号）

6. 如果您乘坐公共交通上班（学），您从家里到公交车站的时间大约为：

①6 分钟以下②6～10 分钟③11～15 分钟④16～20 分钟⑤20 分钟以上

7. 如果您乘坐公共交通上班（学），您在车站等候时间大约为：

①6 分钟以下②6～10 分钟③11～15 分钟④16～20 分钟⑤20 分钟以上

8. 如果您乘坐公共交通上班（学），从最后一公交站下车到单位（学校）大约需要的时间为：

①6 分钟以下②6～10 分钟③11～15 分钟④16～20 分钟⑤20 分钟以上

9. 您从家到单位（学校）需换乘几次公交车：

①不用换车②1 次③2 次④多于 2 次

10. 您乘公交车的支付方式：

①一卡通 IC 卡②现金③老年证④其他

11. 您认为目前您所乘坐的本路公共交通车辆存在的主要问题是（限选两项）：

①车内太挤②行车不准时③等车时间太长④票价太高⑤服务态度差⑥不方便⑦其他

12. 您对目前经过附近区域的公交车运行整体状况感到：

①很满意②满意③比较满意④一般⑤不满意⑥很不满意

13. 您认为改善目前本区域客运状况应大力发展：

①公交②出租车③中巴④其他

14. 请您为改善目前公交客运交通提出您的见解或方法：

3.6　停车调查

停车设施现状调查是城市停车场规划的基础工作，通过调查可以了解城市停车场的分布、规模、性质及主要服务对象等资料，分析评价城市停车供应水平、使用状况，寻找城市停车存在的问题，掌握城市停车特征和规律，为停车需求预测、合理确定停车场规模、优化停车场选址、制定停车场建设与管理对策提供可靠的、科学的建设依据，是交通影响评价的依据，也是解决本地区交通问题的重要基础性工作。

停车设施现状调查的目的是要了解研究区域内可利用停车资源的规模、性质及分布等宏观信息；现状停车调查是对研究区域所有路边和路外停车场进行现状停车普查；停车特性调查是从微观层面了解每个停车场的使用情况，要求对所需要调查停车场的全部出入口进行连续不间断的车牌观测，以获取停车特性信息；停车意向调查是通过问卷的形式调查研究区域内停车者的意愿以及对未来停车供给的接受程度；其他停车相关调查主要包括停车收费、停车管理、静态交通与动态交通之间的相互影响关系等。

3.6.1 停车调查的基本概念

为了描述车辆停放的各种数量特征（参考国外经验并结合我国实际），对停车调查的基本概念和术语参数做出如下定义：

（1）停放车或停车吸引

停放车是指车主（驾驶人、骑车人）在出行活动中有目的的路内（或路外）停放。

停放不同于停车，主要是指有一定时间长度和出行目的的停车活动。一般路段的路口上因受阻延滞、信号灯、沿途上下临时停车等不做停放处理，而公交车、出租车、厂车、长途客车当停靠时间大于 5min 以上时，宜做停放处理。

（2）法定停放、容许停放和违章占路停放

法定停放是指公安交通管理部门来用停车标志、标线等物理、法制隔离设施指示容许停放的设施；容许停放则是道路内（路边）的法定容许停放部分和因历史沿袭的可以停车部分设施之和，后者包括在市区内一些支路、街巷尚未安排警力或标志标线潜在可停的地点。违章占路停放指即在凡有禁停标志、标线指示的地点停放车辆。

（3）停车供应

指路内、路外停放场地可能提供的最大停放车位数（或面积）。停放供应的计量在调查中用实际可停数表示。

（4）停放吸引量

在指定小区或停放点（段）上一定时间内（一天、高峰、小时等）的停车数量。

停放量吸引可以用两个指标来表征：

1）实际停放量：即在一定时间段内（或某一时刻）的实际停放车辆数，单位为辆；

2）累计停车量：表示各个间隔观测时段获得的停车数量之和，它与采用间隔观测方法有关，其单位为辆次。

（5）停放车指数（停放饱和度）

是指某一时刻实际停放量与停车供应设施容量之比，它反映了停放场地的拥挤（饱和）程度：

1）高峰饱和度：指停车高峰时刻的实际停放量与停车供应设施容量之比；

2）平均饱和度：指某一个相当大的时段（例如，一日或若干小时）内各个时刻停放饱和度的平均值。

（6）平均停车时间

表示全部实际停放车辆的平均停放时间。对于间隔观测调查，平均停车时间即为总延停时间（总延停数乘以间隔时间）除以实际停放车辆数。

（7）停放周转率

表示一定时间段内（一日、几小时等）每个停车车位平均停放车辆次数，即用停车设施容量除实际停放数求得。

（8）高峰停放比率

是指停车数量在时间分布上的相对变化特征。用某小区或点段上高峰实际停放量与平均停放量的比值来表示。

3.6.2　停车调查的内容

完整的停车调查主要包括五部分内容：停车设施现状调查、现状停车需求调查、停车特性调查、停车意向调查、其他停车相关调查。其中停车设施现状调查主要包括：社会公共停车场、住宅小区停车场、公建配建停车场和路边停车场。其主要内容有：

（1）停车设施调查

停车设施供应调查以交通小区为调查单元，调查现有停车设施的规模（泊位数、占地面积）和位置、存在问题、停车场的形式及构成、停车设施的收费情况、停车设施附近的交通情况、停车设施附近的环境条件等。停车设施调查要涵盖路内和路外停车场。

具体调查内容包括：

1）停车设施容量。停车设施容量是指停车车位数或面积。停车车位是指一个停车空间，其单位一般为标准小汽车的车位面积。

2）路边停车容量。路边停车容量是指法定的车位容量，在我国是指公安交通管理部门划线或标志指定允许停车的范围。路外停车场（库）容量则是指能实际使用的车位数。

3）地点与位置。路边停车场应注明道路的具体分段名（路段地名）、具体位置（车行道、人行道）和路侧（东、南、西、北、中）；路外设施应具体编号和用示意图表示停车车位的分布区域、数量。

4）停车设施的耐久程度和设备情况。

5）停车时间限制或营业时间。

6）管理经营、包括归属和管理情况。

7）收费标准。

（2）停车特性调查

停车设施停放实况调查包括：路上车辆停放实况调查和路外车辆停放实况调查两部分。

1）路上车辆停放实况调查：主要调查路上停放车对交叉口入口处车流影响、路上停放车对无交叉口路段交通流影响、路上停放车辆出入时对车行道影响等。

2）路外车辆停放实况调查：路外停车主要是指位于道路系统之外的停车场所。包括社会停车场、配建停车场和专用停车场（或车库）的停车。调查车型也分机动车与非机动车，或者两者兼有。主要调查内容是描述车辆停放特征的一些参数，例如停放吸引量、停放周转率、车辆停放时间等。

（3）停车者出行调查

停车者出行特征，包括停车目的，停车场选择影响因素，停车实际步行距离和能够容忍步行距离等。

3.6.3 停车调查方法

停车设施现状调查可以选取任意时间进行。现状停车需求调查需要选取停车高峰时段进行，对于居住小区一般在夜间和凌晨较为集中，公建项目主要在上班时间，娱乐设施主要在晚 20：00～24：00。停车特性调查需要对选取的停车设施进行连续 12h 或者全天候的不间断连续调查。停车意向调查可以选择在白天进行。

（1）停车设施供应调查

停车设施供应调查常采用人工调查法进行调查，首先根据划分小区的位置对停车设施进行统一编码。对于路内调查，需要调查停车车位数的位置、数量、停放方式以及临时停车、禁止停车（或限停时间）的位置。对于不好计算停车位数量的路段，可以采用估算法估计路边给定距离内提供的停车车位数。我国路边平行式停车位长度一般为 6m，可以用停车路段长度除以标准停车位长度进行估算。

路外停车设施供应调查一般采取直接清点停车设施停车车位数量或直接丈量计算得到，调查使用表格如表 3-21 所示。

车辆停放设施调查表 表 3-21

交通小区：＿＿＿＿＿

调查员＿＿＿＿＿ 检查员＿＿＿＿＿ 调查日期2011 年＿＿＿月＿＿＿日 星期＿＿＿＿＿

地点＿＿＿＿＿ 路（＿＿＿＿＿号至＿＿＿＿＿号）

分类（划√）	1. 路内停车场	2. 公共停车场	3. 配建停车场
附近吸引点（划√）	1. 交通集散点　2. 商业　3. 餐饮娱乐　4. 回家　5. 办公商务　6. 旅游观光　7. 生活 8. 其他		
主管者（划√）	1. 公安　2. 城管　3. 街道　4. 企业、私人　5. 无人管理　6. 其他（请用文字说明）		
管理方式（划√）	1. 有人（工作人员＿＿＿＿＿人/班次）	2. 无人 ①有停车标志（标线）②无标志标线	
营业情况（划√）	1. ＿＿＿＿＿时至＿＿＿＿＿时	2. 24 小时	
收费情况（划√）	1. 不收费	2. 收费（1）时间制＿＿＿＿＿元/日（2）日制＿＿＿＿＿元/日（3）月制＿＿＿＿＿元/月（4）次制＿＿＿＿＿元/次	
收费方式（划√）	1. 人工计时收费　2. 人工收费，机器计时　3. 自动化计时收费		
规模	停车泊位数＿＿＿＿＿个（其中摩托车泊位＿＿＿＿＿个；其他机动车泊位＿＿＿＿＿个）设施面积＿＿＿＿＿平方米		

（2）停车设施停放实况调查

交通影响评价的停车设施停放实况调查，常用的方法有实地观测法和征询意见调查两种方法。

实地观测调查主要分两类：一类是间断式调查；另一类是连续式调查。

1）间断式调查：调查员在调查区间内边巡回行走，边记录停放车辆的数量和停放方式、车型分类特征，巡回观测的周期时间可以是 5min、10min、15min、30min、1h 以上等。

2）连续式调查：调查员在调查区间对停放车辆的车型、牌照和开始停放时刻及终止停放时刻记录下来。这是一种精度比间断式调查更高的调查。停放时间可由开始停放时刻与终止停放时刻之差得到。

这项调查很适合于大型公共建设项目、专业停车场（库）的机动车停放调查；如果将该项调查与征询意见调查结合起来，就可以获得包括停放目的、步行距离、管理意见在内的丰富的停放信息。相关调查表格如表 3-22 和表 3-23 所示。

路外机动车辆停放调查表　　　　　　　　表 3-22

交通小区：_____

调查员_____　检查员_____　调查日期___ 年_ 月___日　　　星期_____

地点_____

停车场名称				类型	1. 路外公共　2. 配建		
交通小区编号				停车场泊位（个）			`
入口编号				出口编号			
时　段	进车			出车			
	摩托	大车	小车	摩托	大车	小车	
7：00 存车							
07：00～07：30							
07：30～08：00							
08：00～08：30							
08：30～09：00							

路上停车累计量调查表　　　　　　　　表 3-23

交通小区编号：_____　路名：_____　填 表 人：_____

调查日期：___月___日　星期：___　调查时段：_____

时刻	号路段停车数				号路段停车数			
	客车		货车		客车		货车	
	大	小	大	小	大	小	大	小
7：30								
8：00								
8：30								
9：00								

（3）停车特征调查

采用发明信片和直接与车主对话方式，调查表格如表 3-24 所示。较详细地调查以下内容：① 停放车辆目的；② 从停放车辆地点至出行口的；③ 出发地点、目的地；④ 在该地停放车辆频率；⑤ 违章停放理由；⑥ 停车收费与管理意见等。

| 停车场问卷调查表 | 表 3-24 |

交通小区：_____ 停车点（场）名称：_____ 所在街道名称：_____

调查员_____ 调查日期___ 年___ 月___ 日 星期_____

天气（划√）①晴 ②阴 ③雨　调查时间：_____

项目	填写内容
停车场类型	1. 路边停车点 2. 路外停车场
车辆类型（划√）	1. 小客车 2. 大客车 3. 小货车 4. 大货车 5. 摩托车
从哪里来（填地名或单位名称）	
从出发地到此行驶时间（分钟）	
来此地目的（划√）	1. 上班　2. 购物　3. 公务　4. 回家　5. 餐饮娱乐 6. 旅游观光　7. 换乘　8. 其他
车辆到达时间（___ 时：___ 分）	
计划停车时间（分钟）	
停车点到目的地步行时间（分钟）	
车辆属性（划√）	1. 公车 2. 私车 3. 租赁车辆 4. 出租车
车辆归属地（划√）	1. 市区 2. 市属乡镇 3. 外地
停车收费	1. ___ 元/小时　　2. ___ 元/次
你对济南市目前停车设施满意么（划√）	1. 满意　　2. 比较满意　3. 一般 4. 不太满意　5. 不满意　　6. 不知道
你认为济南市目前停车设施存在的主要问题是（划√）	1. 不够安全　2. 步行距离长　3. 收费太高　4. 停车场太少　5. 没有问题　6. 其他问题（请具体说明）

3.7　出行 OD 调查

起讫点调查，又称 OD 调查，是为了全面了解交通的源和流，以及交通源流的发生规律，对人、车、货的移动，从出发到终止过程的全面情况，以及有关的人、车、货的基本情况所进行的调查。

起讫点调查是道路交通规划研究过程中最基础的调查，其结果对道路交通系统的分析诊断、交通需求预测有重要的影响，在道路交通规划中有极为重要的地位。一般分为人的出行 OD 调查、机动车出行 OD 调查和货流 OD 调查三大类内容。

3.7.1　出行 OD 调查的步骤

（1）组织调查机构

OD 调查是一项涉及面广、工作量很大的工作，需要许多单位、许多部门相互协作、共同完成，因此需要设立一个专门的机构，统一负责指挥、协调工作。

（2）调查准备

设计、印刷调查表格，表格设计的原则是既要满足调查的要求，又要简明扼要，使被调查者容易填写或回答。表格应结构合理，尽量为以后的统计分析工作减少工作量。

（3）确定抽样率及抽样方法

对各项 OD 调查进行分析研究，确定其抽样率和抽样方法。

（4）调查人员培训

调查质量很大程度上取决于调查人员，尤其是采用访问调查方法，调查人员的责任心将直接影响调查的成败。因此，从人员挑选开始，就要严格要求，一般的条件是具有高度的责任感，具有一定的文化程度，身体健康、熟悉当地情况等。培训过程中要反复讲明调查的目的、要求与内容，要模拟实地调查时可能出现的各种情况，要强调培养耐心、热情与韧性。

（5）制订调查计划

调查的实施计划应从实际出发，安排既要紧凑．又要留有一定的余地。

（6）典型试验

在调查工作全面开展之前，应先做小范围的典型试验，取得经验教训，进一步完善计划和方法，确保达到预期效果。典型试验还可结合培训调查人员一起进行。

（7）实地调查

实地调查的过程中，必须严格把关，及时抽查，以随时发现问题，保证调查的精度。

3.7.2　城市居民出行 OD 调查

居民出行是构成城市交通的主要部分，因此对居民出行 OD 状况进行全面调查在城市交通规划中占有十分重要的地位。居民出行 OD 调查的内容包括居民的职业、年龄、性别、收入等基础情况，以及各次出行的起点、讫点、时间、距离、出行目的、所采用的交通工具等出行情况。

国内外在进行城市居民出行调查时所采用的方法主要有家访调查、电话询问调查、明信片调查、工作出行调查、职工询问调查等。有些方法适用于全面的调查，有些方法则适用于对居民出行 OD 调查某一方面的补充。如果只进行重点调查而不进行全面调查，则对重点调查的不足部分应作适当的补充调查。

近年来，随着移动通信手段的发展，特别是无线定位技术的不断发展，利用手机使用中不断产生的位置和时间信息进行居民出行调查已经逐渐成为可能。国内外部分城市已经在城市交通规划中的出行调查阶段应用了该项技术。

（1）家访调查法

对居住在调查区的住户，进行抽样家访，由调查人员当面了解该住户中包括学龄儿童在内的全体成员全天出行情况。调查前应重视调查员的培训，并进行模拟表格填写训练。

调查前应进行广泛的舆论媒体宣传，力求做到家喻户晓，老少皆知，并依靠各级基层部门。

家访调查按调查表格逐项进行，一般来说难度不大，但调查人员仍需有充分的思想准备，以应付一些预料不到的局面，如被访人的不合作态度、漫不经心、敷衍了事、随口编造等。调查人员对此务必冷静、耐心对待，同时如实汇报，及时采取补救措施。

家访调查法一般能较全面、准确地获得城市居民出行 OD 信息，是常用的居民出行

OD 调查方法。

（2）电话询问法

与家访调查法类似，在电话普及的国家已能代替家访调查。被调查者可在电话本中随机选择，电话询问前 2～3 天先发函告知调查项目。此方法与家访调查法相比成本低，取样可较多，但其结果可能有倾向性。

（3）明信片调查法

将印有调查项目的明信片邮寄或发给居民，调查项目务必少而精，一般为 5～7 个题目，以免费寄回的方法可以增加回收率。回收率不小于 20％方为有效，此法简便，但调查内容不全面，有一定的局限性，可用于对居民出行 OD 的某一方面进行的重点调查，或作为补充调查的方法。

（4）工作出行调查法

对调查区内的职工抽样进行居住地点（即 O 点）和工作地点（即 D 点）的调查，由于这些资料可以从工作单位的档案中得到，因此工作量较小。虽然只能调查工作出行，但因工作出行一般是形成交通高峰的主体，对城市客运交通有很大影响，因此，此法可用于对居民工作出行 OD 所进行的重点调查。

（5）职工询问法

将调查表分发给就业中心，如大型企事业单位的全部职工，要求当天填好并交回。要登记分发给各个单位的表格总数和每个单位的职工总人数，以便能对每个单位的出行数据加以扩样。此法只能调查职工的出行 OD，可用于对职工的出行 OD 进行的重点调查。

（6）月票调查法

此法要求凡是购买公共汽车、电车、轮渡月票和铁路通勤票者均要填写一张出行 OD 调查表方能购票。此法方便、简单，但调查的对象代表性较差，调查结果有片面性。

（7）利用手机信息的居民出行调查法

为达到通话的需要，手机在开机状态中需要实时和附近基站保持联系，通过基站与手机通信的原理，可以获取到手机即时的位置和时间信息，也就是说利用手机也能得到与 GPS 设备类似的位置和时间信息，这种相似性使得可以获取居民出行起点、终点以及相关的时间数据，结合无线网络小区划分 GIS 基础数据，就可以得到基于交通分析小区划分的起点、终点以及时间信息。

3.7.3 机动车出行 OD 调查

城市机动车出行 OD 调查包括公交车出行 OD 调查及非公交车出行 OD 调查两类。

城市公交车出行 OD 调查的内容包括行车路线、行车次数、行车时间等，可直接由公交公司的行车记录查得。城市境内除公交车外的其他机动车辆境内出行 OD 调查、区域机动车出行 OD 调查，以及城市境界线机动车出行 OD 调查的内容，包括车辆的种类、起讫地点、行车时间、距离、载客载货情况等以下几种：

除城市公交车外的其他机动车出行 OD 调查的方法，一般有以下几种：

（1）发/收表格法

将调查表格发给机动车驾驶员，由他们逐项填写。填写前需作好动员和解说工作。对当日未出车的原因需予以说明。如是休息日，改填次日的出行情况，在计算平均出车率等时应将这部分剔除。

调查表格的设计是该法重要的一环，表中所用名词应尽量采用驾驶员熟悉的术语，选词应明确，最好不加说明便能看懂，必须时加以注释。

此法可用于城市境内其他机动车辆境内出行 OD 的全面调查，根据我国一些城市的实践，效果较好，我国城市多采用此法。

（2）路边询问法

在道路上设调查站，让车辆停止，询问驾驶员。由于调查过程中需要拦截车辆，因此对正常的道路交通影响较大，调查过程中需注意不要造成车辆过多的延误甚至阻塞，因此需要交警的协助，当交通量较大时可采用抽样的方法。

此法可用于城市境内其他机动车辆境内出行 OD 的全面调查，特别适用于区域机动车出行 OD 调查，以及城市境界线机动车出行 OD 的全面调查。

（3）登记车辆牌照法

在道路网上设置若干调查站，由各调查站记下通过该站的全部车辆的末尾几位数字（一般只记后 3～4 位数字），以及通过时间，然后汇总各个调查站的记录进行核对，第一次记到牌照的地点便作为该车辆的起点，最后一次记到牌照的地点便作为该车辆的讫点。

此法不干扰交通，但比较粗略，也只能得到起讫点分布的资料，可用于城市境内其他机动车辆境内出行 OD 的部分资料调查，对不足的部分，应作适当的补充调查。

（4）其他方法

随着大数据技术的应用和车牌识别技术的广泛推广，应用道路行驶车辆的车牌大数据进行 OD 出行调查将成为未来交通调查的趋势。

3.7.4　调查资料的整理与分析

OD 调查资料一般是大量的，资料整理与分析的工作量十分巨大。许多工作需要借助计算机进行，其过程主要包括编码、输码、统计分析等。

在资料整理过程中，首先要对调查表进行检查，对有明显错误的数据要进行核对、校正。其次是编码，即将调查表中的文字转变为数字，如交通区、出行起点、出行讫点等。应抽调熟悉城市地理，并对调查项目能够充分理解的人员进行编码，对于大城市应分别从城市的不同片区抽调人员并集中编码。在输码之前，应首先确定采用何种计算机语言，并设计好数据结构，设计的原则是既省内存，又方便统计。在对调查结果进行统计之前，应把抽样调查的数据乘以放大系数（即除以抽样的比率），以扩大到全样本。

1. 调查资料统计分析的基本内容

OD 调查资料统计分析的目标是为现状交通分析评价、交通预测模型标定、交通网络规划等提供基本参数和指标。因此，其基本内容包括三个方面：一是出行特征统计分析；二是出行与其相关因素之间关系的统计分析；三是其他有关指标的统计分析。主要包括以下具体内容：

（1）出行产生

出行产生分析即出行总次数、出行产生率统计分析，以及出行产生率与其相关因素之间关系的统计分析。

（2）出行分布

出行分布分析即出行流量、流向统计分析，据此得出调查区域各种出行的主流方向、特征。

（3）出行方式

出行方式分析即出行的方式结构统计分析，据此得出调查区域各种出行对交通工具的选择状况、特点。出行方式统计分析也应包括对出行方式结构与其相关因素之间的关系进行研究分析。

（4）出行时间、距离

出行时间、距离分析即对各种出行所耗费的时间、出行距离进行统计分析。

（5）其他有关参数

包括对平均载客（货）量、平均额定载客（货）量、平均实际载客（货）率等参数进行统计分析。

2. 调查资料的统计分析

（1）居民出行 OD 调查

统计分析包括以下主要内容：

1）出行产生。包括统计职业、年龄、不同性质的用地等各种相关因素的不同状况下，各种出行目的的城市居民在市内的出行产生量，根据统计的结果，分析这些相关因素对城市居民在市内的出行产生的影响等。

2）出行分布。包括统计境界线内各交通区之间总出行及分目的、分方式的居民出行OD 量等。

3）出行方式。包括统计城市居民在市内出行的出行方式结构等。

4）出行时间及出行距离。包括统计城市居民在市内总出行和分方式出行的平均出行时间，及统计居民在境界线内各交通区之间各种出行方式的平均出行时间及出行距离等。

（2）机动车出行 OD 调查

统计分析包括以下主要内容：

1）出行分布。包括统计各交通区之间，机动车所载旅客、各种货物以及各种机动车的出行 OD 量等。

2）平均载客（货）量。统计计算各种机动车平均载客（货）量、平均额定载客（货）量、平均实载率等。

3）出行时间与出行距离。包括统计机动车各交通区之间的平均出行时间及出行距离等。

（3）公交车出行 OD 调查

统计分析包括以下主要内容：

1）出行分布。包括统计各交通区之间公交车的出行 OD 量等。

2）平均速度。包括统计计算市内公交车在市内的平均区间速度等。区间速度可根据出行时间和公交线路的长度计算。

3.8 周边同类性质项目调查

3.8.1 类比调查介绍

为了掌握拟建项目的交通特征，可以在同一区域寻找与所研究项目相类似的其他已建项目，借用周边同类性质项目的交通变化规律类比研究项目的交通变化规律。要求所类比的已建项目与所研究的项目必须具有相同的建设项目性质和相当的建设项目规模，项目周边的道路交通设施和用地模式也要求基本相当。通过调查获取调查对象的建设项目功能布局、出入口分布、人（车）流量高峰时段基本范围等数据，为后续调查制定时间和调查员配置方案提供基础数据；获取调查对象的建设项目土地利用强度、功能类型、人员规模等方面的具体数据，为类比拟建项目客流吸引强度和时空分布提供基础数据。调查包含以下几项内容：

（1）周边同类性质和规模项目基本情况调查

1）周边同类性质和规模项目基本信息，包括周边同类性质和规模项目名称、地址、联系方式等。

2）周边同类性质和规模项目用地类型和强度。

3）周边同类性质和规模项目规模，包括周边同类性质和规模项目职工数、学生数、床位数、座位数、户数、使用率等。

4）周边同类性质和规模项目客流吸引能力时间分布情况，包括最大容纳能力、高峰时段等。

5）交通工具和设施使用情况，包括拥有车辆数、停车位。

（2）周边同类性质和规模项目住户或工作人员出行信息调查

周边同类性质和规模项目内部住户或工作人员的个人出行特征：每次出行的出行目的、出行方式、出发时间、出发地点、到达时间、到达地点等。

（3）周边同类性质和规模项目来访者出行信息调查

1）来访者个人出行特征：每次出行的出行目的、出行方式、出发时间、出发地点、到达时间、到达地点、被采访单位名称等。

2）停车信息和费用，包括停车地点、时间、费用，步行距离等。

类比调查表格如表 3-25 所示。

建筑物（单位）情况调查表 表 3-25

调查日期：_____ 年_____ 月_____ 日　　星期：_____

调查员：_____

Ⅰ. 建筑 情况	调查建筑物名称：_____ 业主单位：_____ 建筑类别编号：_____　　建筑物（单位）编号：_____ 地址：_____ 区_____ 路/街_____ 号 联系电话：_____　　联系人：_____

调查日期：_____年_____月_____日　星期：_____

调查员：_____

Ⅰ. 建筑 情况	建筑物形式：1. 单体建筑，或建筑主体明确的组合建筑 　　　　　　2. 小区或院落建筑群，共有_____幢建筑 　　　　　　3. 其他（请注明）_____	
	总占地面积：_____m²　　总建筑面积：_____m² 主要功能建筑面积：_____m²　建筑（单位）员工总人数：_____人	
	停车位总数：_____个； 自有停车位数：_____个，其中对外使用：_____个/租用停车位数：_____个	
Ⅱ. 相关 指标	1. 住宅：类别：① 单位分房 ② 经济适用房 ③ 商品房 ④ 酒店式公寓 ⑤ 别墅 功能：① 纯住宅 ②带配套公建设施住宅，建筑面积：_____m² 总户数：_____户　其中：一居室_____户，二居室_____户，三居室_____户，四居室_____户；入 住率_____%	
	2. 办公、商业：员工_____人，建筑面积_____m²	
	3. 酒店：星级____，客房数____间，客房面积____m²，床位数____个，当日入住率____%	
	4. 学校：注册学生_____人，宿舍床位总数_____个	
	5. 医院：门诊面积_____m²，住院部面积_____m²，固定病床数_____个，临时病床数_____个， 当日病床使用率_____%	
	6. 公园景区： 座位数_____个，其中：室内_____个，室外_____个； 最大容纳能力_____人；平均上座率____%； 正常日接待客流量_____人次，高峰小时观众人数_____人次/小时； 人车流量时段基本范围：____时____分到____时____分； 活动日接待客流量_____人次，高峰小时观众人数_____人次/小时	
	7. 综合类：包含____种功能； 功能：①____功能，员工_____人，建筑面积_____m²； 　　　②____功能，员工_____人，建筑面积_____m²； 　　　③____功能，员工_____人，建筑面积_____m²； 　　　④____功能，员工_____人，建筑面积_____m²	
	8. 其他：建筑面积_____m²	

（4）周边同类性质和规模项目吸引客（车）流数量调查

1）客流吸引点人流量，包括各个时间段内的到达人计数、离开人计数。

2）客流吸引点车流量和承载情况，包括各个时间段内的到达车辆数量和离开车辆数量。

商场出入口交通流量调查表如表3-26所示。

商场出入口交通流量调查表 表 3-26

调查日期：_____ 年_____ 月_____ 日 星期：_____

商场名称：_____ 商场出入口名称：_____

进出口类型：1. 出口 2. 入口

调查员：_____

时间	机动车数量	非机动车数量	行人数量
__时：__分～__时：__分			
__时：__分～__时：__分			
__时：__分～__时：__分			
__时：__分～__时：__分			
__时：__分～__时：__分			
__时：__分～__时：__分			

开展交通影响评价时，应选取至少 2 个与被评价项目处于同类地段、功能类似的建筑进行实地调查，经统计分析获得相关出行特征数据。类似建筑调查方案和所获交通出行特征数据应作为交通评价报告的一部分提交给市交通运输管理部门。

3.8.2 国内相关城市出行率参考数据

如果因条件限制不能进行同类性质的项目调查，则可参考《北京市出行率手册》《北京市交通出行率指标简本》以及各个省市相关调查数据。

《北京市交通出行率指标简本》对住宅、办公、综合性商业、专营店、金融、酒店、文化娱乐、医院、学校等类进行了中类的细分，并提出了出行率建议指标。其中，住宅类项目的出行生成率及方向系数如表 3-27～表 3-32 所示。

小户型住宅类项目出行生成率 表 3-27

影响指标	人流平均生成率（人/影响指标）		车流平均生成率（车/影响指标）	
	早高峰生成率	晚高峰生成率	早高峰生成率	晚高峰生成率
户数（百户）	91.88	80.48	6.08	3.87
建筑面积（万 m²）	141.26	121.97	9.09	5.45

小户型住宅类项目人流生成率方向系数 表 3-28

影响指标	人流生成率方向系数		车流生成率方向系数	
	早高峰	晚高峰	早高峰	晚高峰
户数	进30%，出70%	进58%，出42%	进24%，出76%	进62%，出38%
建筑面积	进30%，出70%	进58%，出42%	进24%，出76%	进62%，出38%

中户型住宅类项目出行生成率 表 3-29

影响指标	人流平均生成率（人/影响指标）		车流平均生成率（车/影响指标）	
	早高峰生成率	晚高峰生成率	早高峰生成率	晚高峰生成率
户数（百户）	91.73	96.16	19.55	16.34
建筑面积（万 m²）	74.24	77.55	15.63	13.13

中户型住宅类项目人流生成率方向系数　　　　　　　表 3-30

影响指标	人流生成率方向系数		车流生成率方向系数	
	早高峰	晚高峰	早高峰	晚高峰
户数	进 26%，出 74%	进 61%，出 39%	进 22%，出 78%	进 65%，出 35%
建筑面积	进 26%，出 74%	进 61%，出 39%	进 22%，出 78%	进 65%，出 35%

大户型住宅类项目出行生成率　　　　　　　　表 3-31

影响指标	人流平均生成率（人/影响指标）		车流平均生成率（车/影响指标）	
	早高峰生成率	晚高峰生成率	早高峰生成率	晚高峰生成率
户数（百户）	156.34	144.23	33.67	35.35
建筑面积（万 m²）	77.33	70.04	16.43	16.48

大户型住宅类项目人流生成率方向系数　　　　　　　表 3-32

影响指标	人流生成率方向系数		车流生成率方向系数	
	早高峰	晚高峰	早高峰	晚高峰
户数	进 47%，出 53%	进 51%，出 49%	进 34%，出 66%	进 57%，出 43%
建筑面积	进 47%，出 53%	进 51%，出 49%	进 34%，出 66%	进 57%，出 43%

上海市建设项目出行率应取值到中类，不同区域的全天出行率应参考如表 3-33～表 3-36 所示的取值。

上海市建设项目全天出行率参考值（市级中心）　　　　　表 3-33

大类		中类		人次/m² 建筑面积
名称	代码	名称	代码	
住宅	T01	一类住宅	TS011	0.05
		二类住宅	TS012	0.07
		三类住宅	TS013	0.07
		四类住宅	TS014	0.075
		五类住宅	TS015	0.25
商业	T02	专营店	TS021	1.13
		综合性商业	TS022	1.10
		市场	TS023	0.28
服务	T03	娱乐	TS031	0.43
		餐饮	TS032	1.75
		服务网点	TS034	0.57
		宾馆与酒店	TS035	0.50
		旅社与招待所	TS036	0.15
办公	T04	行政办公	TS041	0.17
		科研与企事业办公	TS042	0.10
		商务办公	TS043	0.30

续表

大类		中类		人次/m² 建筑面积
名称	代码	名称	代码	
场馆与园林	T05	影剧院	TS051	0.34
		文化场馆	TS052	0.10
		会展场馆	TS053	0.1
		体育场馆	TS054	0.1
		游憩场馆	TS055	0.07
医疗	T06	社区医院	TS061	0.3
		综合医院	TS062	0.44
		专科医院	TS063	0.30
		疗养院	TS064	0.15
学校	T07	高等院校	TS071	0.05
		中专及成教学校	TS072	0.2
		一般中学	TS073	0.35
		一般小、幼、托	TS074	0.42
		寄宿制中、小、幼、托	TS075	0.05
交通	T08	客运场站	TS081	
		货运场站	TS082	
		加油站	TS083	
		停车设施	TS084	
工业	T09	一类二类工业	TS091	依据调查数据或相关专项指标
		三类工业	TS092	
		仓储	TS093	
		物流	TS094	
其他	T11	企业研发	TS095	
		市政	TS111	
		其他	TS112	

上海市建设项目全天出行率参考值（内环内除市级中心以外地区）　表 3-34

大类		中类		人次/m² 建筑面积
名称	代码	名称	代码	
住宅	T01	一类住宅	TS011	0.05
		二类住宅	TS012	0.07
		三类住宅	TS013	0.07
		四类住宅	TS014	0.075
		五类住宅	TS015	0.22

续表

大类		中类		人次/m²建筑面积
名称	代码	名称	代码	
商业	T02	专营店	TS021	1.16
		综合性商业	TS022	1.00
		市场	TS023	0.87
服务	T03	娱乐	TS031	0.37
		餐饮	TS032	1.52
		服务网点	TS034	0.54
		宾馆与酒店	TS035	0.28
		旅社与招待所	TS036	0.1
办公	T04	行政办公	TS041	0.15
		科研与企事业办公	TS042	0.1
		商务办公	TS043	0.3
场馆与园林	T05	影剧院	TS051	0.5
		文化场馆	TS052	0.13
		会展场馆	TS053	0.10
		体育场馆	TS054	0.10
		游憩场馆	TS055	0.10
医疗	T06	社区医院	TS061	0.25
		综合医院	TS062	0.34
		专科医院	TS063	0.25
		疗养院	TS064	0.15
学校	T07	高等院校	TS071	0.04
		中专及成教学校	TS072	0.13
		一般中学	TS073	0.39
		一般小、幼、托	TS074	0.47
		寄宿制中、小、幼、托	TS075	0.05
交通	T08	客运场站	TS081	依据调查数据或相关专项指标
		货运场站	TS082	
		加油站	TS083	
		停车设施	TS084	
工业	T09	一类二类工业	TS091	
		三类工业	TS092	
		仓储	TS093	
		物流	TS094	
		企业研发	TS095	
其他	T11	市政	TS111	
		其他	TS112	

上海市建设项目全天出行率参考值（内外环间除市级中心以外地区）　　表 3-35

大类		中类		人次/m² 建筑面积
名称	代码	名称	代码	
住宅	T01	一类住宅	TS011	0.04
		二类住宅	TS012	0.06
		三类住宅	TS013	0.06
		四类住宅	TS014	0.07
		五类住宅	TS015	0.2
商业	T02	专营店	TS021	0.45
		综合性商业	TS022	0.71
		市场	TS023	0.37
服务	T03	娱乐	TS031	0.11
		餐饮	TS032	1.31
		服务网点	TS034	0.50
		宾馆与酒店	TS035	0.15
		旅社与招待所	TS036	0.1
办公	T04	行政办公	TS041	0.15
		科研与企事业办公	TS042	0.10
		商务办公	TS043	0.26
场馆与园林	T05	影剧院	TS051	0.36
		文化场馆	TS052	0.10
		会展场馆	TS053	0.10
		体育场馆	TS054	0.10
		游憩场馆	TS055	0.10
医疗	T06	社区医院	TS061	0.20
		综合医院	TS062	0.30
		专科医院	TS063	0.20
		疗养院	TS064	0.1
学校	T07	高等院校	TS071	0.03
		中专及成教学校	TS072	0.07
		一般中学	TS073	0.22
		一般小、幼、托	TS074	0.24
		寄宿制中、小、幼、托	TS075	0.05
交通	T08	客运场站	TS081	依据调查数据或相关专项指标
		货运场站	TS082	
		加油站	TS083	
		停车设施	TS084	

续表

大类		中类		人次/m² 建筑面积
名称	代码	名称	代码	
工业	T09	一类二类工业	TS091	依据调查数据 或相关专项指标
		三类工业	TS092	
		仓储	TS093	
		物流	TS094	
		企业研发	TS095	
其他	T11	市政	TS111	
		其他	TS112	

上海市建设项目全天出行率参考值（外环外）　　　　　表 3-36

大类		中类		人次/m² 建筑面积
名称	代码	名称	代码	
住宅	T01	一类住宅	TS011	0.03
		二类住宅	TS012	0.05
		三类住宅	TS013	0.05
		四类住宅	TS014	0.06
		五类住宅	TS015	0.15
商业	T02	专营店	TS021	0.15
		综合性商业	TS022	0.44
		市场	TS023	0.17
服务	T03	娱乐	TS031	0.17
		餐饮	TS032	0.30
		服务网点	TS034	0.31
		宾馆与酒店	TS035	0.15
		旅社与招待所	TS036	0.1
办公	T04	行政办公	TS041	0.13
		科研与企事业办公	TS042	0.10
		商务办公	TS043	0.20
场馆 与 园林	T05	影剧院	TS051	0.15
		文化场馆	TS052	0.1
		会展场馆	TS053	0.1
		体育场馆	TS054	0.1
		游憩场馆	TS055	0.04
医疗	T06	社区医院	TS061	0.15
		综合医院	TS062	0.20
		专科医院	TS063	0.10
		疗养院	TS064	0.10

大类		中类		人次/m²建筑面积
名称	代码	名称	代码	
学校	T07	高等院校	TS071	0.02
		中专及成教学校	TS072	0.05
		一般中学	TS073	0.19
		一般小、幼、托	TS074	0.16
		寄宿制中、小、幼、托	TS075	0.05
交通	T08	客运场站	TS081	
		货运场站	TS082	
		加油站	TS083	
		停车设施	TS084	
工业	T09	一类二类工业	TS091	依据调查数据或相关专项指标
		三类工业	TS092	
		仓储	TS093	
		物流	TS094	
		企业研发	TS095	
其他	T11	市政	TS111	
		其他	TS112	

　　深圳市规定，在缺乏类似建筑时，可选用如表 3-37 所示给出的出行率参数。采用如表 3-38 所示的推算建设项目交通生成量时，应结合建设项目预测交通出行结构和车辆平均载客率来计算机动车交通量；采用如表 3-39 所示则可直接计算建设项目机动车交通生成量；二者的计算结果应互为校核，取其中较大者作为预测的建设项目车流生成量。

深圳市建设项目晚高峰小时出行率参考值　　　　表 3-37

大类		中类		全方式出行率（人次/100m²建筑面积）	备注
名称	代码	名称	代码		
住宅	T01	独立联立式住宅	TSZ-011	1~2	—
		普通住宅	TSZ-012	1.5~2.5	—
		配套宿舍	TSZ-013	5~8	—
		廉租房	TSZ-014	2~3	—
		经济适用住房	TSZ-015	2~3	—
商业	T02	专营店	TSZ-021	5~15	大众品牌、发展比较成熟的地区取高值
		综合性商业	TSZ-022	10~30	大型品牌超市、发展比较成熟的地区的综合性商业取高值
		市场	TSZ-023	5~15	居民比较集中的地区取高值

大类		中类		全方式出行率	备注
名称	代码	名称	代码	（人次/100m² 建筑面积）	
服务	T03	娱乐	TSZ-031	2.5～8	中心区取高值
		餐饮	TSZ-032	10～25	大众型餐饮取高值
		服务网点	TSZ-033	5～15	—
		宾馆与酒店	TSZ-034	2～5	—
办公	T04	行政办公	TSZ-041	1～3	—
		科研与企事业办公	TSZ-042	1.5～3.5	—
		商务办公	TSZ-043	2～5.5	—
场馆与园林	T05				
医疗	T06				
学校	T07	依据调查数据或相关专项指标			
交通	T08				
工业	T09				
其他	T11				

深圳市建设项目晚高峰小时车流生成率参考值 表 3-38

大类		中类		车流生成率
名称	代码	名称	代码	（pcu/100m² 建筑面积）
住宅	T01	独立联立式住宅	TSZ-011	0.25～0.50
		普通住宅	TSZ-012	0.30～0.50
		配套宿舍	TSZ-013	0.16～0.21
		廉租房	TSZ-014	0.20～0.30
		经济适用房	TSZ-015	0.20～0.35
商业	T02	专营店	TSZ-021	0.40～0.53
		综合性商业	TSZ-022	0.64～0.84
		市场	TSZ-023	0.20～0.26
服务	T03	娱乐	TSZ-031	0.30～0.45
		餐饮	TSZ-032	0.60～2.50
		服务网点	TSZ-033	0.50～0.80
		宾馆与酒店	TSZ-034	0.30～0.70
办公	T04	行政办公	TSZ-041	0.64～0.84
		科研与企事业办公	TSZ-042	0.52～0.68
		商务办公	TSZ-043	0.72～0.95
场馆与园林	T05			
医疗	T06			
学校	T07	依据调查数据		
交通	T08	或相关专项指标		
工业	T09			
其他	T11			

深圳市建设项目晚高峰小时车流发生、吸引比例参考值　　表 3-39

大类		中类		发生（%）	吸引（%）
名称	代码	名称	代码		
住宅	T01	独立联立式住宅	TSZ-011	35	65
		普通住宅	TSZ-012	25	75
		配套宿舍	TSZ-013	15	85
		廉租房	TSZ-014	20	80
		经济适用房	TSZ-015	25	75
商业	T02	专营店	TSZ-021	50	50
		综合性商业	TSZ-022	55	45
		市场	TSZ-023	50	50
服务	T03	娱乐	TSZ-031	35	65
		餐饮	TSZ-032	25	75
		服务网点	TSZ-033	50	50
		宾馆与酒店	TSZ-034	35	65
办公	T04	行政办公	TSZ-041	80	20
		科研与企事业办公	TSZ-042	70	30
		商务办公	TSZ-043	70	30
场馆与园林	T05	影剧院	TSZ-051	30	70
		文化场馆	TSZ-052	60	40
		会展场馆	TSZ-053	65	35
		体育场馆	TSZ-054	55	45
		游憩场馆	TSZ-055	55	45
医疗	T06	依据调查数据 或相关专项指标			
学校	T07				
交通	T08				
工业	T09				
其他	T11				

由于各个省市的出行存在很大的差异性，如果用其他省市的出行率数据，则可能引起很大的误差。因此，最好应用本省市的数据，或者，对同类性质和规模的建设项目出行率进行详细的类比调查，作为将来项目交通量计算的依据。

第4章 交通需求预测方法

4.1 交通影响评价交通组成

建设项目研究范围内的交通主要由以下几个部分组成：①因开发项目（地块）本身产生的出行；②研究范围内，除了开发项目（研究对象）以外的其他地块产生的交通。对于已批准的开发规划在分析中应注意研究期限末期发展到何种地步，对目前有规划意向，但在研究期限末期不可能实施批准的项目可以排除在外；③过境交通；④因新的开发可能诱增的交通；⑤这是一个竞争型开发产生的问题，仅从交通发生的角度看，其实质是出行发生率的调整问题（设交通生成率用出行发生率法）。因为没有新的开发之前，原有的各地块的出行发生率达到一个平衡状态。当新的开发介入之后，各类用地的出行发生率会有所变化。严格意义上，可以采用经验的出行发生率，并对出行发生率进行适当的调整，但这种相互竞争下的出行发生率变化目前很难确定，虽然这种变化对于总体交通发生的格局影响程度目前还不好确定，但可以肯定的是研究此问题的意义并不会局限在交通分析上。综上所述，除了第④类交通组成暂不考虑外，前3类都是交通影响评价研究的对象。

4.2 交通需求预测的内容

交通预测工作的主要内容是根据各种出行特征数据预测研究年限的交通出行需求，并估计未来数年影响范围内路网和关键交叉口的高峰小时交通量。根据交通量数据分析未来年的交通设施的服务水平，确定基地开发和不开发两种情况下影响范围内的高峰小时交通状况。

交通需求预测的内容可以分为背景交通需求预测和建设项目交通需求预测两部分，它们都是交通影响评价的关键。背景交通需求预测是指交通影响评价范围内除去被评价建设项目新生成的交通需求外的其他交通需求的预测，即在评价项目开发之前，周边道路网络上已经存在的交通量及其分布特性。背景交通一般分为以下两个部分：一是通过式交通，也被称为过境交通，其特征是出行起点和终点均不在用地开发项目交通影响评价范围之内；二是评价区内已建项目生成的交通、在建和待建项目将要生成的交通，其特征是出行起点终点包含在影响区范围内。项目交通需求预测是指由于项目的建设而带来的项目发生、吸引的出行总量及其特征，包括出行方式划分预测、出行分布与交通量分配。

4.3 交通需求预测的步骤

交通预测是交通影响分析的核心部分，基本步骤可按以下五步进行：

1）搜集现状及历年高峰小时交通流量；

2）基于现状交通流量预测研究年限的路网交通量；

3）考虑影响范围内其他新开发项目，预测研究年限的交通出行生成和分布，并将其分配到路网上去；

4）研究基地交通出行的生成、分布，并将其分配到路网上去；

5）将两个部分的流量叠加，得到高峰小时交通量。

上述步骤 2）和 3）是基地周围路网的背景交通量的预测，这部分流量的发生与基地无关，但却是影响分析的评价基础；步骤 4）则是研究年限基地交通生成的预测。将这两个部分的交通运行情况进行比较，便可得到基地开发对周边区域道路交通系统造成的影响。以下我们就背景交通量和基地发生交通量的预测分别进行介绍。

4.4 背景交通需求预测

背景交通量是指在建设项目开发之前，周边道路网络上已经存在的交通量及其分布特性。背景交通量预测又称为交通运输需求预测，是城市建设项目进行交通影响评价过程中的一个重要环节。

一定条件下，包括动态交通设施和静态交通设施在内的城市任何交通设施，其交通负荷的平均值和高峰值以及高峰值出现的时间是确定的。相对于建设项目新产生的交通负荷，将这一数值称为评价设施上的背景交通负荷。

（1）增量预测法

从现状背景交通量到目标年对既有交通设施的交通量预测，可以转化为对现状负荷的某一增量的预测。增量预测法所采用的方法是对已有的设施通过调查取得设施的背景交通负荷的现状值，增量部分则使用预测方法求得。

设当前时期为 t_0，交通影响评价目标年为 t，目标年某交通设施上的日高峰小时背景交通量为 $BQ(t)$，则有：

$$BQ(t) = BQ(t_0) + \Delta BQ(t - t_0) \tag{4-1}$$

式中 $BQ(t_0)$——项目交通影响评价调查时的日高峰小时背景交通量；

$\Delta BQ(t - t_0)$——目标年基于现状交通流量的日高峰小时背景交通量。

预测方法采用年增长率法。增长率法是通过分析影响交通量生成的社会经济和交通运输等各方面的主要因素，考虑这些主要因素对交通量增长的影响，分析预测这些指标未来的发展趋势，参照影响区域内有关的发展规划，借鉴相关地区的发展经验，通过数据分析、专家咨询等方法，最后综合确定建设项目交通影响范围内未来目标年的产生、吸引交通量增长速度，进而预测出目标年的产生，以及吸引交通量的情况。

目标年路段背景交通量预测模型如下：

$$Q_d = Q_n(1 + k)^n \tag{4-2}$$

式中 Q_d——目标年背景交通量；

Q_n——基年背景交通量；

k——年增长率；

n——为目标年与基年的差值。

这种预测方法的关键问题是如何确定年增长率 k。

通过对大量调查资料和评价报告中实际交通量和预测交通量差异的分析，在对城市区域交通出行增长系数预测时，以往主要单纯依靠交通量的历史预测数据或地区经济发展速度来确定，有一定的不足。所以，在确定具体建设项目交通影响范围内路段产生、吸引交通量增长系数时，必须考虑区域交通量发展变化的内在规律性和外在影响因素。根据项目研究区域内宏观经济发展的特点和发展规划目标，采取了多因素分析的方法，综合考虑社会经济发展、汽车保有量、交通出行结构等，以及近年来相关区域交通量增长等情况，用以确定未来交通量的增长速度。

根据交通量产生的机理，从总体上看，交通量的增长与人口、国民经济和机动车保有量的增长密切相关。由此模型可以表示：

$$k = f\left[P(i)/P(0), T(i)/T(0), E(i)/E(0)\right] \tag{4-3}$$

式中　$P(i)/P(0)$ —— 人口增长速度；

$T(i)/T(0)$ —— 机动车保有量增长速度；

$E(i)/E(0)$ —— 经济增长速度。

（2）趋势分析法

趋势分析法基于以下两个假设：一是影响预测对象过去发展的因素，在很大程度上也会决定其未来的发展；二是预测对象的发展过程不是突变，而是渐变过程。如果有连续多年的背景年均交通量（AADT）数据，则可利用趋势分析技术来建立背景交通量的趋势预测模型。常用的数学模型有：

1）线性增长法：

$$V^F = V + nG \tag{4-4}$$

2）几何增长法：

$$V^F = V(1+g)^n \tag{4-5}$$

3）成长曲线法：

$$V^F = V + \sum_{k=1}^{n} G/K \tag{4-6}$$

式中　V^F —— 预测流量；

V —— 基准年流量；

G —— 年均增长量；

g —— 年均增长率（%）；

n —— 预测年限。

趋势分析法对项目当地的用地、交通条件的变化比较敏感。如果附近用地有突发性的规模开发，或周边道路系统出现了重大调整，则不宜采用这一方法。当预测年限超过10年以上时，还应考虑增长趋势是否会保持稳定的问题。

（3）交通规划法（传统"四阶段法"）

直接使用规划数据和指标的方法，适用于已编制了综合交通规划的城市；可直接应用综合交通规划的部分数据和指标对评价设施的背景交通负荷进行预测。

在市区范围内，区域层次或次区域层次的交通规划一般会给出主要道路的交通预测数据。这些交通预测数据可以直接作为大型用地开发项目的未来背景交通。大型开发项目是指那些具有区域性的影响范围，分析预测年限超过10年以上的项目。应当指出，借用交通规划预测数据要特别注意这些数据是否符合项目当地的实际交通特征。也应注意，交通规划预测所用的道路网络是否满足用地项目交通影响评价的要求。

一般说来，由交通规划预测模型得到的交通预测结果是宏观的交通规划模型，只能提供主要道路的交通预测数据，而很少给出次要道路或支路的交通流量预测，因而这一方法不适用于小型用地项目的背景交通预测。在小型用地项目的交通影响评价中，次要道路和支路往往成为主要的分析对象。

（4）叠加法

如果评价区内存在在建或待建项目，则这些项目势必也会产生新的交通出行。这些新增出行也应看成是背景交通的一部分，并应叠加到现有背景交通量之上。叠加的步骤是：第一步，收集分析区内在建和待建项目的基本资料；第二步，计算在建和待建项目的新增出行量和分布方向；第三步，预测现有背景交通量，并与第二步的结果叠加；第四步，分析检验计算结果的合理性。这一方法适用于预测年限小于 10 年，用地开发强度处于中等水平的情况。

（5）类比法

类比法对于新开发区或开发密度较低的区域，其周边道路网络的现有交通量较小，并且在缺乏历史交通资料数据时，可寻找 2～3 处具有相似用地与交通特性的同类现有物业设施，收集其周边道路的历年交通数据并分析其年均交通增长率，以预测开发项目的背景交通量增长。

类比法采用类比的手段预测某一新开发项目的背景交通量。如果能够找到类似于新开发项目的现有物业设施，例如计划开发一个麦当劳快餐店，若能找到一个现有的麦当劳快餐店，并且二者在周围用地模式和道路交通特性等方面也相类似，那么就可以借用现有物业设施周围道路的背景交通增长率来预测新开发项目背景交通的增长。预测过程包括以下四个步骤：第一步，寻找 2～3 处具有相似用地与交通特性的同类现有物业设施；第二步，收集现有物业设施周边道路的历年交通数据；第三步，分析现有物业设施周边道路的年均交通增长率；第四步，选择一个"最佳"的增长率来预测新开发项目的背景交通增长。对于新开发区或开发密度较低的区域，其周边道路网络现有交通量较小，并且往往缺乏历史交通资料数据，此时类比法不失为一种简单易行的背景交通预测方法。

（6）回归公式法

回归公式法假设背景交通的增长量与某些土地使用特性的增长直接相关，并随这些土地使用特性指标的增长而增长。下列土地使用特性可用作回归公式的自变量：人口、家庭收入、小汽车拥有量、工作岗位、评价区内可使用的建设项目面积等。

回归公式法一般仅适用于一两年内建成的小型用地项目的背景交通预测。为了反映土地使用特性指标增长的稳定性及其与背景交通的相互关系，一般要依据至少连续 5 年的有关数据来建立回归公式。

4.5　建设项目交通需求预测

四阶段法是目前国家、省及各市建设项目交通影响评价技术指南中所推荐的主要方法，主要的思路是分别计算评价年限、建设项目新生成的交通量和评价范围内的背景交通量，并进行叠加分析。其中，背景交通量是指在评价年内无该建设项目情况下评价范围内的交通量，主要由评价年过境交通量、评价范围内现状已建成项目评价年交通量和评价范围内其他新建项目评价年交通量组成。评价年评价范围内过境和现状已建成项目的交通量，可采用类比法、趋势分析法、回归分析法和四阶段交通预测法等进行预测。评价年评价范围内被评价建设项目和其他新建项目所产生的交通量则建议采用四阶段交通需求预测方法进行交通生成量的预测。虽然四阶段法已经是非常成熟的交通需求分析方法，但也有其适用的范围和条件。

建设项目交通需求预测主要对由于项目建设而带来的项目发生、吸引的出行总量及其特征进行预测，即在确定研究年限的基础上，预测建设项目建成并投入使用后，由于建设项目的存在而导致的该区域交通发生、吸引流量的改变，把预测得到的交通增量重新分配到研究区域的路网上，研究此时的交通流量和负荷状况。

4.5.1 交通生成预测

大型公共建筑的交通产生量取决的因素包括：区位条件、建筑规模及建筑类型、建筑空间构成和容量水平。交通生成预测有很多种方法，包括交通产生率法、类别生成率法、回归分析法、时间序列法、弹性系数法等。大型建设项目常用的交通生成预测法是交通产生率法。

居民交通生成预测分为交通发生预测和交通吸引预测两部分。其目的是通过建立小区居民交通发生量和吸引量与小区土地利用、社会经济特征等变量之间的定量关系，推算规划年各交通小区的居民交通发生量、吸引量。其生成量的影响因素主要有：

（1）城市规模和布局

城市规模和布局指标主要有城市各类用地大小、分布及使用情况等。主要根据地方政府进行的总体规划而确定。城市规模和布局对整个城市客运交通的发生、吸引、分布有着重大的影响。

（2）城市人口

人口数是城市社会经济预测中最基础的指标，它能直接反映出土地的开发强度和利用强度。人口数量多少是影响交通出行数量的基本因素。城市人口中包括城市居民人口和流动人口。

（3）就业岗位数与商业开发

企业、机关、商业中心是重要的交通吸引源，吸引人们去工作或购物，同时也是发生源。人们完成工作或购物后回家，这些设施提供了工作、公务、购物、娱乐等居民日常活动的场所，所以对交通需求预测的分析举足轻重。

（4）在校学生数与就学规模

学生上学、回家等出行是城市交通出行的重要组成部分。

（5）车辆拥有量

不同种类车辆的拥有量水平是由社会经济水平和交通政策综合作用而决定的，它对交通结构的预测具有重要意义。

（6）其他

如国民经济的发展速度、城市居民的收入及消费水平等，都是在进行社会经济发展预测时需要了解和分析的因素。

交通小区的生成交通量预测方法一般可以分为四类：增长率法、原单位法、回归分析法和交通产生率法。

（1）增长率法

增长率法就是把现状已有的交通小区的发生、吸引量乘以增长率，得到各小区未来年的发生、吸引交通量。

这种方法的关键是如何确定增长率。一般的分析认为各交通小区的交通量增长率等于各交通小区与交通需求相关指标的增长率。例如，假设交通发生增长率与人口增长率，和人均车辆拥有率具有线性关系。

增长率法简洁方便，但是对增长率的确定过于粗略，一般情况下精度较低。该法在规划中经常用于处理原单位法和回归分析法无法预测的一些区域。

对于新建建设项目，可以用来预测项目建成后建成年到规划年的交通产生率。

（2）原单位法

原单位法是以单位交通源产生的平均出行量作为原单位，将原单位与交通源总数相乘而得到整个研究地区的总生成交通量。

经常使用的原单位有以下几种：居住人口每人平均发生的交通量、就业人口每人平均发生的交通量、不同类型的家庭每户平均发生的交通量、不同用途的土地面积单位面积平均发生的交通量等。

原单位的现值是从 OD 调查结果中分析得到的，而原单位在预测时间的取值一般采用三种方法：① 直接使用现状调查中得到的原单位数据；② 利用现状原单位乘以增长率得到未来原单位；③ 函数法。

在上述三种方法中，函数法是最常使用的方法。函数法考虑了与原单位产生强度相关因素的影响。函数的影响因素可能包括年龄、性别、居住性质、收入水平等。

在交通规划研究中，按家庭规模、每户的汽车拥有量、家庭收入水平三个因素将家庭分类，调查各类家庭的出行率。假设各类型的家庭出行率预测值在未来保持不变的前提下，对人口（家庭）发展进行预测，从而得到预测的交通量。

例如，某住宅小区，经调查，其出行产生率和预计新建户数如表 4-1 和表 4-2 所示。

各个家庭类别的出行产生率（人次/日） 表 4-1

小汽车拥有数	低收入		中等收入		高收入	
	1～3 人	4 人及以上	1～3 人	4 人及以上	1～3 人	4 人及以上
0	3.4	4.9	3.7	5	3.8	5.1
1	5.2	6.9	7.3	8.3	8	10.2
2 部及以上	5.8	7.2	8.1	11.8	10	12.9

各个家庭类别的预测户数 表 4-2

小汽车拥有数	低收入		中等收入		高收入	
	1～3 人	4 人及以上	1～3 人	4 人及以上	1～3 人	4 人及以上
0	200	200	100	100	5	5
1	100	100	200	200	10	10
2 部及以上	5	5	100	100	200	200

通过上述数据，可以得出其小区每一类型家庭的出行产生量，进而得到该小区总的交

通出行产生量，具体如表 4-3 所示。

各个家庭类别的预测出行产生量 表 4-3

小汽车拥有数	低收入		中等收入		高收入	
	1～3 人	4 人及以上	1～3 人	4 人及以上	1～3 人	4 人及以上
0	680	980	370	500	19	25.5
1	520	690	1460	1660	80	102
2 部及以上	29	36	810	1180	2000	2580
合计	1229	1706	2640	3340	2099	2707.5

故而，该住宅小区总出行产生量为 2287 人次/日。

（3）回归分析法

回归分析法是交通发生、吸引预测中最常用的方法，是在分析小区发生、吸引量与其影响因素如小区人口、就业岗位数等指标的相互关系的基础上，得出的回归预测模型。

回归分析法把人口、收入、车辆拥有量或各种土地利用指标等做自变量，把交通发生量或吸引量作为因变量进行线性回归，根据历史资料，以过去的趋势预测未来的交通生成量。

在研究中最常使用的是多元线性回归模型，有时也采用指数函数、对数函数及幂函数等函数形式进行回归分析。

运用这种方法需满足下述假定：自变量是相互之间独立的连续型变量，呈正态分布，且自变量与因变量是线性关系。

需要注意的是，由于交通预测是一项实践性很强的工作，不是单纯的数学分析，因此，求解出来的模型需要进行物理意义的分析。合理选择变量，对变量的系数尤其是符号进行分析，直至得到合理的解释，才能认为模型能够正确描述变量之间的相互关系，而不能仅凭相关性分析来确定模型。

而我国目前尚缺乏支持分析不同用地的交通发生特性的数据库，故考虑实际使用该方法的难易程度，数据利用的可能性、费用等因素，提出采用类别生成率法进行项目的交通生成预测。

（4）交通产生率法

交通产生率法类似于原单位法和类比分析法，利用相似点来类比分析，以相似的建设项目作为参照物进行类比。通过选择一些与拟建项目类型相同的建筑物对其交通发生和吸引情况进行调查，并考虑项目的区位和规模等因素，确定交通产生率，然后，将交通产生率乘以建设项目的规模即可得到项目的交通产生量。这种方法适用于城市微观层次产生的交通影响，提出交通改善措施，实施补偿政策，以减小建设方案对交通负荷的影响。类别生成模型如下：

$$Q = R \times X \tag{4-7}$$

式中　Q——拟建项目的出行量；

　　　R——同类型建设项目的交通生成率；

　　　X——拟建城市建设项目与出行相关的变量。

其中，R 可通过调查与建设项目的类型、规模、区位条件相似的建设项目的交通生成率得到。对于 X 的选取，研究表明，交通发生与建筑面积、工作岗位数和停车车位数等独立变量有较高的相关度，但由于在项目报批前工作岗位数无法确定，而停车车位数则是基于总建筑面积，因此 X 选用建筑面积较好。

用该模型来预测项目的交通生成量较为简便、实用且有效，对功能结构单一的项目和混合设施都适用。需要注意的是，混合设施的功能结构复杂，其项目本身存在着较高比例的内部出行，应在确定其交通发生率时加以扣除，因此有必要在项目出行量中确定内部出行及外部出行的比例。

1）内部出行。内部出行是指由于建设项目的业态和功能的多样性，有一部分出行可能会在用地内部完成。内部出行只在用地内部发生，其出行起点和终点均在用地范围之内，对用地的出入口交通和周边的道路交通不产生任何影响，不同的功能组合会有不同的内部出行百分比。一般情况下居住性和非居住性设施的组合可能产生较高的内部出行百分比，通常为 20%～25%，而由非居住性设施组合的用地设施，内部出行百分比则较低，通常为 5%～10%。

2）顺便出行。顺便出行是指出行者在完成其他出行目的后，途经某一场所而临时决定顺便光顾该场所的出行。这种出行所形成的交通量不是新增的，而是原来存在于现有道路网上的交通量。它们对道路网络的影响较小，但对开发项目的出入口和内部停车设施及循环交通通道有一定的影响。

顺便出行还可以分为顺道出行和绕道出行。顺道和绕道出行的数量主要与周边道路上的交通流量的组成有关。一般情况下，顺道或绕道出行不应超过周边街道交通量的 10%，也不应超过建设项目总出行量的 25%。此外，绕道出行量不应超过顺道出行量。

3）新增出行。项目新增出行是指由于项目建成产生了新的出行，因而周边道路网络上出现了新增交通量，因此新增出行量是分析项目对周边道路交通系统产生影响的最主要依据，是分析建设项目对周边道路交通系统产生影响的重要参数。

例如，某商场类建设项目建筑面积为 1.25 万 m²，如果要确定该商场的出行量，则可以对周边类似规模和类型的项目进行调查。假设调查结果如表 4-4 所示。

商场出行量调查表　　　　　　　　　　表 4-4

商场编号	面积（万 m²）	机动车（辆/h）	非机动车（辆/h）	行人（人/h）
商场 1	1.2	500	350	2350
商场 2	0.8	400	380	2200
商场 3	1	550	400	1920

通过商场的交通量数据可以得到各类出行方式的交通产生率，如表 4-5 所示。

各个商场的平均交通产生率　　　　　　　表 4-5

商场编号	机动车	非机动车	行人
商场 1	0.04	0.03	0.20
商场 2	0.05	0.05	0.28
商场 3	0.06	0.04	0.19
均值	0.05	0.04	0.22

新建商场的交通产生量如表 4-6 所示。

新建商场的交通产生量

表 4-6

商场类型	机动车（辆/h）	非机动车（辆/h）	行人（人/h）
新建商场	521	365	2448

4.5.2 交通分布

所谓交通分布就是区与区之间的交通流流量多少的分布。现状的区与区之间的交通分布已从 OD 表中体现出来。交通分布预测的目的是根据现状 OD 分布量及各区因经济增长、土地开发而形成的交通量的增长，推算各区之间将来的交通分布。预测方法已有很多，大体上分为两种：一是应用现状 OD 表推算将来的 OD 表，这叫增长率法，常见的方法有均衡增长率法、平均增长率法、福雷特法等；另一类是从现在的 OD 表选出一个重力模型，把这个重力模型作为推算将来 OD 表的基础，这叫重力模型法。另外，还有线性回归法、介入机会法等多种方法。目前，国内外在实际规划时倾向于使用重力模型法。

交通影响评价采用的所有出行分布方法都是基于这样一个基本假设，即用地项目建成后将形成一个影响区域。这一影响区域就是交通影响评价的研究范围，或称为评价区。有些出行分布方法进一步把分析区划分为交通分区。出行分布的目的就是要计算用地项目与每一分区之间的出行分布量。出行分布的预测方法有：类比分析法、OD 调查法、市场分析法及重力模型法。

（1）类比分析法

新开发项目的出行分布模式有可能与现有物业设施的出行分布模式相似。类比分析法就是基于这样的假设，借用现有同类物业设施的出行分布数据估算新开发项目的出行分布。类比分析法的局限在于，要能在附近找到相近规模的同类物业设施，并能够收集或通过适当的方式调查到该同类物业设施的出行分布数据。例如，可通过顾客购物的信用卡记录分析现有商店的顾客出行分布数据。

（2）OD 调查法

在类比分析法中，附近同类物业设施的出行分布数据还可以通过 OD 抽样调查法获得。例如对商业服务设施，可以根据某种抽样原则调查顾客的 OD 数据。此法的关键是要选择一个适当的同类物业设施展开调查，并且调查的样本要具有广泛的代表性。调查要在高峰时段进行。

（3）市场分析法

市场分析法首先要确定用地项目的分析区。分析区的界定通常考虑两个因素，即出行时间和附近已经存在的且与开发项目形成竞争的同类物业设施的位置。当划定了分析区之后，市场分析法的出行分布计算可按以下步骤进行：第一步，把分析区划分为交通分区；第二步，收集统计每一个交通分区的某种用地强度；第三步，计算每一个交通分区用地强度的百分比；第四步，按第三步计算的比例来分配出行发生量。交通分区的用地强度一般用人口数来表示。

（4）重力模型法

重力模型法会根据各区之间的交通分布受到地区间距离、运行时间、费用等的所有交通阻抗的影响进行考虑，分为原来的重力模型（简称重力模型）和修正的重力模型两种。因为这种模型与牛顿提出的万有引力公式相类似，即区之间的出行分布同各区对出行的吸引成正比，而同区之间的交通阻抗则成反比，故称重力模型。

对于大型用地开发项目，其与各交通分区之间的出行分布还可用重力模型进行计算。重力模型的基本假定是：交通区 i 到交通区 j 的出行分布与交通区 i 的出行产生量、交通区 j 的出行吸引量成正比，与交通区 i 和 j 之间的交通阻抗参数，如两区重心间交通的距离、时间或费用等成反比。

根据对约束条件的满足情况，重力模型可分为无约束重力模型、单约束重力模型和双约束重力模型，其中使用比较广泛的是单约束重力模型法。其主要优点在于：考虑的因素较为全面，对交通阻抗参数的变化反应敏感，在没有完整的现状 OD 调查资料时也能使用。其缺点在于：当交通阻抗趋近于零时，出行分布量会趋近于无穷大，因此这种方法不适用于短距离的出行分布计算。由于重力模型的计算工作量较大，现在一般均借助于计算机进行计算。无约束重力模型形式为：

$$t_{ij} = k \frac{G_i A_j}{R_{ij}^{\gamma}} \tag{4-8}$$

式中　t_{ij} ——交通区 i 到交通区 j 的出行分布量；

G_i ——交通区 i 的出行产生量；

A_j ——交通区 j 的出行吸引量；

R_{ij}^{γ} ——交通阻抗参数，为小区之间的距离或者广义出行费用。

其他参数为模型的待定系数，根据现状 OD 调查资料拟合确定。

重力模型是目前交通规划中广泛采用的模型。它的主要优点是考虑的因素比增长率法更加全面，能较好地描述交通阻抗参数的变化，即使没有完整的现状 OD 表也能进行推算预测。

其缺点是对短距离出行的分布预测值会偏大。从公式中可以看出，当交通阻抗趋近于零时，交通分布量会趋于无穷大，与实际情况不符，因此在运用时应注意。

4.5.3　交通方式划分

交通方式划分即交通工具的分配与选择。国内城市目前的各种出行方式中，以步行、自行车、公交车、出租车和小汽车为主。

在传统的四个阶段的交通规划过程中，交通方式划分可在交通生成之前、之后或交通分布之后进行，而在城市建设项目的交通影响评价中，交通方式划分工作一般应尽可能提前。同时，建设项目交通影响评价的出行方式构成的预测不同于交通规划出行方式构成的预测，建设项目的出行方式主要由项目的性质、类型、业态组成和所处的交通区位所决定，若建设项目位于区位较好的地铁站点或公交枢纽站附近，与其他项目相比，其公共交通的出行比例将会明显增加。

（1）出行方式选择的影响因素

影响居民出行方式选择的因素很多，可分为外在因素和内在因素两类。外在因素主要指各项交通政策情况与社会经济的发展水平等方面的影响因素；内在因素主要指居民出行行为心理、出行目的、出行距离、出行时间、车辆拥有量、出行费用、出行舒适性与安全性等方面的影响。影响因素可以分为以下几类：

1）出行者特征。出行者特征，如个人是否拥有小汽车或其他机动交通工具、是否有驾驶执照及其职业、性别、年龄、收入、支出、家庭人员数、住房形式和居住条件等。

2）出行特征。出行特征包括出行目的、出行时段、出行距离等。不同的目的导致不同的选择。从出行目的来讲，上下班注重准时、快速，旅游休闲活动则着重考虑舒适、安全，短途出行多采用步行、非机动车，长距离出行多为乘坐公交或自驾小汽车。另外，城市规模对出行方式也有重要的影响。

3）出行方式服务水平。这类指标主要是指时间、费用和其他感受类指标。从出行时间来讲，时间包括行程时间、车内时间、步行时间、候车时间等，出行者通常倾向选择省时、方便的交通方式。从出行费用来讲，费用包括票价、燃油费、停车费用、过路费等，出行者对出行费用较为看重，会影响出行方式的选择。从舒适性来讲，指标包括拥挤度、准时度、交通工具的制造标准、交通工具的行驶状况、乘坐舒适度等都影响出行方式的选择。从安全性来讲，交通事故的偶然、随机特性使得确定安全性的准确量度比较困难。

（2）出行方式的预测方法

在交通规划中，出行方式的预测方法有很多种，常用的有转移曲线法、概率模型法、重力模型的转化模型法、回归模型法等。各种方法有其特点和适用范围，针对不同特点的交通方式应采用不同的预测方法。

1）转移曲线法。转移曲线法是根据大量的调查统计资料绘制出的各种出行方式的分担率与其影响因素的关系曲线，利用转移曲线可直接查出各出行方式的分担率。转移曲线法是目前国外广泛使用的出行方式预测方法，它使用简单、方便，但要绘出这些曲线却并非易事，需要大量的调查资料，进行大量的统计分析。同时，由于它是根据现状调查资料绘制出的，只能反映相关因素变化相对较小的情况，即不能超过现状调查能反映的范围过多。在我国这种交通方式众多、背景情况因素复杂的前提下，想要绘制全面反映各出行方式之间转移关系的转移曲线，需要拥有大量的资料并进行大量的调查，工作量巨大，可行性较小。

2）概率模型法。概率出行方式预测模型，假定出行方式的选择是以各种出行方式所需的时间、费用等阻抗参数构成的各种出行方式的阻抗大小为基础，以一定的概率关系进行预测的。概率方式模型通常采用 Logit 型的概率出行方式预测模型，它是根据 Logit 概率分布假定建立。由于概率模型中的待定系数以及阻抗函数的待定系数不易确定，因此概率模型的应用并不十分广泛。

3）回归模型法。回归模型是通过建立出行方式分担率与其各相关因素之间的回归公式，作为预测出行方式的模型，显然这种模型较为粗略，同时也同样需要大量的现状调查资料才能建立，并且模型的适用范围有限。

以上几种方法是在交通规划中常用的出行方式预测的方法，但建设项目交通影响评价中出行方式预测与交通规划中出行方式预测还有很大的不同，前者是单个项目的出行方式预测，后者则是整个城市居民的出行方式预测，因而在交通影响评价中出行方式预测运用上述方法的可能性较小。由于单个建设项目出行方式选择会有很大差异，比如居住项目和办公类项目，两者的出行方式就有很大的差异，同时项目的出行方式还受项目所在地交通设施的影响，如靠近地铁或大型公交枢纽站的项目，与其他用地项目相比，其公交出行的比例会明显增加。因此，在交通影响评价中，出行方式的预测通常用类比法和经验值法。

1）类比法。确定建设项目出行方式构成的主要依据是通过观测得到的交通方式划分、居民出行特征和各种交通方式的运行特征。在综合考虑建设项目的业态、城市交通区位等情况下，采用类比法作为建设项目出行结构的预测方法，即对相同区位的2~3个类似项目进行调查，将结果进行汇总分析，将本项目与调查项目进行类比分析，从而确定本项目的出行方式构成。这是在实际工作中应用较多的一种方法，很容易获得大家的认可。

2）经验值法。当无类似项目时，项目出行方式结构往往结合城市综合交通规划和专项交通规划的成果来确定，根据整个城市居民的出行结构、项目出行的特点，对城市居民出行结构进行修正，作为项目出行方式的预测结果。

在预测未来的出行方式划分时，需要研究城市现状居民出行方式结构及形成原因，对城市未来布局、规模变化趋势、交通系统建设发展趋势、居民出行方式选择决策趋势进行分析，并与具有可比性的有关城市进行对比分析，初步估计规划年城市交通结构可能的取值，以此来指导微观预测。

4.5.4 交通分配

交通量分配是将已经预测出的 OD 交通量按照一定的规则分配到道路网的各条道路上，并预测各条道路的交通量。OD 交通量是两点之间的交通量，即从出发地到目的地的交通量。一般来说，两点之间有很多条路径，将 OD 交通量正确合理地分配到各条路径上是交通分配模型需要解决的问题。交通分配需考虑到以下几个因素：

1）交通方式，即出行者所采取的交通形式，如公共交通系统、小汽车、自行车等。

2）行程时间，即在某个起点之间采用某一交通方式所需要的时间。它直接影响着出行分布、交通方式的选择和交通分配。在对交通规划进行交通量分配时，应力求使交通网上的总行驶时间降为最短。

3）路段上的速度与流量之间的变化关系。

交通分配方法一般可以分为平衡与非平衡分配两大类，并采用沃尔卓波（Wardrop）提出的第一、第二原理作为划分依据。沃尔卓波（Wardrop）第一原理认为，当网络上的每组 OD 的各条被利用的路径具有相等而且最小的费用时，网络达到平衡，此时所有使用者都不可能通过改变路径来减少费用。沃尔卓波（Wardrop）第二原理认为达到平衡状态时，在网络上所有车辆的总出行时间最短。此时，道路使用者不能调整路径来降低系统总的出行时间。

如果交通分配模型满足沃尔卓波（Wardrop）第一或第二原理，则该模型为平衡模型，否则为非平衡模型。满足第一原理的称为用户优化水平模型，满足第二原理的称为系统最优模型。

平衡分配模型由于引入许多理想化假设，并且模型结构复杂、约束条件较多，因而在实际中运用较少。相比之下，非平衡分配模型则具有结构简单、概念明确、计算简便等优点，因而得到了广泛的运用。根据驾驶员对路径选择的不同，非平衡分配模型可分为单路径模型和多路径模型。单路径模型假设所有驾驶员对路径的选择都是相同的，而多路径模型则考虑了驾驶员路径选择的差异。非平衡模型主要有以下几种模型。

（1）全有全无分配法

全有全无分配法是最简单、最为基本的路径选择和分配方法，它假设每一个 OD 对应的"OD"量被全部分配在连接该 OD 对应的最短路径上，其他路径上则分配不到交通量。它的计算步骤可以归纳如下：

第 1 步，计算每一个 OD 点之间的最短路径。

第 2 步，把各 OD 对的交通量全部分配到相应的最短路径上。

最短路径的求法是全有全无分配算法的核心，同时也是其他分配方法中必不可少的部分。最短路径的算法有很多，最为常见的方法是 Dijkstra 算法，也称为标号法。

全有全无分配法的优点是计算相当简便，只需一次分配。其不足之处在于没有考虑路径的阻抗随交通量的增加而增加，没有考虑路径的通行能力能否满足分配的交通量，显然这与实际情况是不相符的。

（2）容量限制—增量加载分配法

容量限制—增量加载分配法是一种迭代的交通分配方法，它考虑了行程时间与交通负荷之间的关系，对交叉口、路段通行能力的限制进行了一定的考虑，比较符合实际情况。

容量限制—增量加载分配法是在最短路径分配法基础上发展起来的。它将 OD 表分解为 m 个分表并依次分配。例如，考虑将一个 $n \times n$ 的总矩阵分解为 5 个分矩阵，分矩阵中各元素值相加之和等于 1，分别为总 OD 矩阵的 30%、25%、20%、15% 和 10%。首先，按最短路径分配 30% 的 OD 矩阵，根据分配的交通量对路网的阻抗进行重新修正，然后求出在现状交通负荷下的各 OD 对之间的最短路径，再把 25% 的 OD 矩阵分配到最短路径上。然后，按此方法进行下一个 OD 矩阵分配，直到把全部 OD 矩阵都分配到路网上。

交通分配中某条路径的时间阻抗由路段的行驶时间和交叉口的延误两部分构成。对于路段行驶时间的修正，可以根据行驶时间和路段交通量之间的关系，即路阻函数确定。而交叉口的延误与交通量之间的关系也可以通过相应的延误模型确定。这里重点讨论一下路阻函数。

最为常见的路阻函数是美国联邦公路局函数（BPR 函数），它的形式如下：

$$t = t_0 + \left[1 + \alpha \left(\frac{q}{C} \right)^{\beta} \right] \tag{4-9}$$

式中　t——交通量为 q 时，两交叉口之间的路段行驶时间（s）；

t_0——两交叉口之间的路段自由行驶时间（s）；

q——路段上的交通量（pcu/h）；

C——路段的实际通行能力（pcu/h）；

α、β——模型待定参数，建议取值 $\alpha = 0.15$，$\beta = 4$。

该函数考虑了机动车流量对行程时间的影响，使用方便，被国外广泛运用。对于我国的交通流现状，需要进一步结合分析机动车、横向干扰、分隔形式、车道宽度等影响因素具体加以讨论。

（3）多路径概率分配法

在城市里起讫点之间有许多条线路可通，实际情况是出行者将满布于这些路线上，因为出行者不可能精确地判断哪条道路是费用最少的，不同出行者将有不同的选择。多路径概率分配就是试着模拟这种实际情况。

多路径概率分配法能够模拟不同出行者选择自己估计阻抗最小的路径的行为。根据出行者对可选路径的行程时间、距离等影响因素反应的程度，确定其选用某条路线的概率，将各交通分区间的出行量按比例分配至多条可行路径上，改善了相同 OD 选择单一路径的缺点。

出行者对路径选择的不同主要与下列各种因素或现象有关：

1）出行者对于路网的信息难以完全了解，因此对于"最短路"的选择，并不能真正代表实际的最小的行程时间或费用。

2）出行者因目的、喜好、收入及习惯的不同，使各条道路都有被选择的机会。

3）交通小区内的产生与吸引，实际上有多个核心，并非只有一个质心，因此按照单一质心所选的最短路未必是最恰当的。

多路径概率分配法比较精确，但需要的计算机运算量较大，而且耗费机时较多。以南京市交通规划为例，其在进行可行方案分配时，用了容量限制分配法；在进行决策方案分配时，用了多路径概率分配法。

（4）容量限制—多路径概率分配法

与容量限制—增量加载分配法类似，容量限制—多路径概率分配法也是通过迭代算法来进行分配的。它将 OD 矩阵表分解为 k 个分矩阵表，然后分 k 次用静态的多路径概率分配法进行分配，每分配一个 OD 分表，就将路网阻抗修正一次，直到把 k 个分表全部分配到路网上。它的路网阻抗修正方法与容量限制—增量加载分配法相同，不同的是，容量限制—增量加载分配法每次采用最短路径分配模型，而容量限制—多路径概率分配法采用的则是多路径分配模型。

目前，交通规划软件通过计算机方法很好地实现了机动车流的分配，但是对于非机动车车流和行人人流的分配还处于空白阶段。考虑非机动车车流和行人人流分配的简便性，可以采用面积划分分配法进行简便流量的分配计算。

假设某一股交通流量 Q 到达交叉口，分为了左转流量 Q_1、直行流量 Q_2 和右转流量 Q_3，则每一个方向的流量分配比例应该与该方向服务半径（设服务半径为 R）内建成区的面积呈正比。至此，对方向之间的夹角进行均分，分成了 A_1、A_2、A_3 三个区域，如图 4-1 所示。

左转、直行、右转交通量分配的简单计算方法：

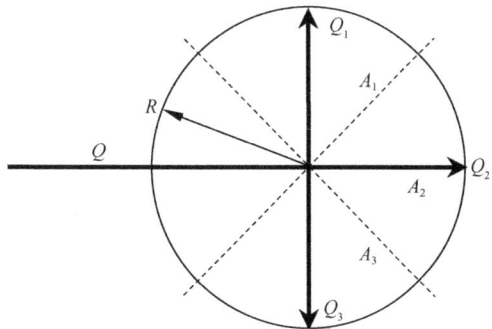

图 4-1　交叉口转向交通量分配图

$$Q_i = Q \frac{A_i}{\sum A_i} \tag{4-10}$$

式中　Q_i——分配后的转向交通量；

　　　A_i——该夹角区域内的建成区面积；

　　　Q——上游来车方向的项目交通量。

在完成交通分配之后，实现背景交通量与项目交通量的叠加，便于下一步对无项目和有项目情况下道路交通状况进行分析。

第5章 路网承载力分析

机动车拥有量的快速增加导致了城市交通矛盾的日益突出，主要表现为交通需求与交通供给之间的矛盾。机动车数量的增加使城市路网面临越来越大的交通承载力，把交通承载力作为交通可持续发展的上限。建设项目交通影响评价范围内路网的承载能力分析是交通影响评价的重要内容之一。本章通过对各种交通设施的通行能力计算、服务水平分析等方面分析路网的承载能力。

5.1 机动车交通设施路段通行能力计算和服务水平评价

5.1.1 路段通行能力计算

1. 基本通行能力

基本通行能力，是指道路和交通都处于理想条件下，由技术性能相同的一种标准车辆，以最小的车头间距连续行驶的理想交通流，在单位时间内通过道路断面的最大车辆数，也称为理想通行能力。《城市道路工程设计规范》（2016年版）CJJ 37—2012建议的城市道路路段一条车道的基本通行能力如表5-1所示。

城市道路路段一条车道的基本通行能力 表 5-1

道路类型	设计速度（km/h）	100	80	60	50	40	30	20
快速路	基本通行能力（pcu/h）	2200	2100	1800	—	—	—	—
	设计通行能力（pcu/h）	2000	1750	1400	—	—	—	—
其他等级道路	基本通行能力（pcu/h）	—	—	1800	1700	1650	1600	1400
	设计通行能力（pcu/h）	—	—	1400	1350	1300	1300	1100

2. 实际通行能力

实际通行能力是在实际的道路和交通条件下，单位时间内通过道路上某一点、某一车道或某一断面的最大交通量。计算实际通行能力是以理论通行能力为基础，考虑到实际的地形、道路和交通状况，确定其修正系数，再用此修正系数乘以前述的基本通行能力，即得到实际道路、交通在一定环境下的可能的通行能力。其主要影响因素有以下几点。

（1）多车道对路段通行能力的影响

在城市主干道上，同一行驶方向的车道数往往不止一条，在多车道情况下，同向行驶车辆的超车、绕越、停车等会影响邻近车道的通行能力，一般越靠近道路中心线的车道，其影响越小。当设计的车道数越多，自道路中心线起第一条车道为基数，向外的其余车道的折减系数依次降低，靠路边的车道其折减系数最小。

（2）交叉口对路段通行能力的影响

在城市里，纵横交错的道路形成了许多交叉口，交叉口对道路通行能力的影响较大，尤其是当交叉口的间距较小时。在影响通行能力的许多因素中（如快慢车混合行驶、快车超车、公共交通车辆停靠时进出车道、行人过街等），交叉口时主要的影响因素，它对通行能力往往起到控制作用。因为，在有交通管制的交叉口上，车辆遇到红灯必须减速、停车，然后又要启动、加速行驶。即使碰巧没有遇到红灯或是在没有交通管制的交叉口上，车辆也要减速通行。所以，车辆在通过交叉口时，实际的行程时间比没有交叉口路段的行程时间要多，其实际平均车速也大为降低，通行能力下降。

（3）行人过街等因素对路段通行能力的影响

关于行人过街对路段通行能力的影响，它与行人过街的密度有关，双向过街行人流量越大，折减系数的值越低。快车超车影响的折减系数，与小汽车的交通量所占的比例有关。铁路道口影响的折减系数，与每小时道口封闭的次数及每次封闭的时间长短有关。在设计时，可参考有关资料或通过实际调查、观测求得。

（4）车道宽度对路段通行能力的影响

道路的通行能力是车道宽度的主要影响因素。车道的宽度达不到要求，将影响车辆的侧向净空，进而影响车速，车速的降低则意味着通行能力的减小。另外，车道宽度对道路的通行能力和行车的舒适性影响很大。从保证通行能力的角度考虑，标准的车道宽度一般为 3.5m。当车道宽度大于 3.5m 时，不影响通行能力；当车道宽度小于 3.5m 时，则影响车辆行驶，导致车速下降，通行能力减小。因此，达不到 3.5m 宽的车道，其通行能力应进行折减。

3. 实际通行能力的计算

由于影响车道通行能力的因素很多，一条车道究竟实际能够通过多少车辆，至今无法用一个简易公式把所有因素加以普遍概括。一般用下列方法进行计算。

道路的基本通行能力不受道路和交通条件的影响，因此多车道道路的基本通行能力可由单车道道路通行能力经过折算得到。城市道路路段的实际通行能力可根据一个车道的基本通行能力进行修正并得到，对基本通行能力的修正包括车道数、车道宽度、自行车影响及交叉口影响四个方面，见式（5-1）：

$$C_a = C_0 \times \gamma \times \eta \times \alpha \times \beta \tag{5-1}$$

式中　C_a——单方向机动车车道的实际通行能力（pcu/h）；

　　　C_0——单个机动车车道的基本通行能力；

　　　γ——自行车影响修正系数；

　　　η——车道宽度影响修正系数；

　　　α——交叉口影响修正系数；

　　　β——车道数修正系数。

其中，单个机动车车道的基本通行能力 C_0 由式（5-2）确定：

$$C_0 = 3600/h = 1000v/L \tag{5-2}$$

式中　h——饱和连续车流的平均车头时距（s）；

　　　v——行驶车速（km/h）；

　　　L——连续车流的车头间距（m）。

其中，我国《城市道路工程设计规范》（2016 年版）CJJ 37—2012 建议单条车道理论通行能力如表 5-2 所示。

建议单车道理论通行能力　　　　　　　　　　　　　　　　表 5-2

V (km/h)	20	30	40	50	60
C_0 (pcu/h)	1400	1600	1650	1700	1800

修正系数 γ、η、α、β 确定如下。

（1）非机动车道修正系数 γ

1）非机动车道修正系数应考虑有无隔离带及非机动车车道交通负荷的大小。

2）机动车与非机动车车道之间有分隔带时，路段上自行车对机动车几乎没有影响，取 $\gamma=1$。

3）机动车与非机动车之间无分隔带时，若非机动车车道不饱和，则对机动车正常运行几乎没有影响，取 $\gamma=0.8$。

4）机动车与非机动车车道之间无分隔带时，但非机动车车道超饱和负荷，自行车将侵入机动车车道，会影响机动车正常运行。此时，γ 取值如下：

$$\gamma = 0.8 - (Q_b/[Q_b] + 0.5 - W_2)/W_1 \tag{5-3}$$

式中　Q_b——自行车交通量（辆/h）；

　　$[Q_b]$——每米宽非机动车车道的实际通行能力（辆/h）；

　　W_2——单向非机动车车道宽度（m）；

　　W_1——单向机动车车道宽度（m）。

（2）车道宽度影响修正系数 η

车道宽度对行车速度有很大影响，在城市道路设计中，取标准车道宽度为 3.5m。当宽度大于此值，有利于车道行驶，车速略有提高；当宽度小于此值，车辆行驶自由度受到影响，速度降低。其中，车道宽度影响修正系数 η，一般由下式确定。

$$\eta = \begin{cases} 50 \times (W_0 - 1.5) & (\%) & W_0 \leqslant 3.5\text{m} \\ -54 + 188W_0/3 - 16W_0^2 & (\%) & W_0 > 3.5\text{m} \end{cases} \tag{5-4}$$

式中　W_0——单条机动车道宽度（m）；

当车道宽度为标准宽度时，$\eta=100\%$，车道宽度与影响系数之间的变化关系如表 5-3 所示。

η 与 W_0 关系表　　　　　　　　　　　　　　　　表 5-3

W_0 (m)	2.5	3	3.5	4	4.5	5
η (%)	50	75	100	111	120	126

（3）交叉口影响系数 α

道路交叉口的干扰以及信号控制对道路通行能力的影响较大，尤其是当交叉口的间距较小时，这种影响更严重。车辆通过交叉口时所用的行程时间比没有交叉口的路段多，其平均车速也大为降低，导致通行能力下降。交叉口影响修正系数，主要取决于交叉口控制方式及交叉口间距。间距过小，不利于路段通行能力的发挥及提高车速；间距增大能够充分利用道路空间，提高路段运行速度。其中，交叉口影响修正系数一般由下式确定。

$$\alpha = \begin{cases} \alpha_0, & s \leqslant 200\text{m} \\ \alpha_0(0.0013s + 0.73) & s > 200\text{m} \end{cases} \tag{5-5}$$

式中　s——交叉口间距（m）；

α_0——绿信比。

如果由上式计算得到的 $\alpha > 1$，则取 $\alpha = 1$。

（4）车道数修正系数 β

在城市道路上，同一行驶方向的车道数往往有多条。在多车道的情况下，同向行驶车辆的超车、绕越、停车等会影响邻近车道的通行能力，一般越靠近道路中心线的车道，其影响越小。因此，在无分隔带的同向车道上，靠近道路中心线的车道通行能力为最大；靠近右侧的车道，其通行能力为最小。我国一般采用车道利用系数表征车道修正系数，自道路中心线起第一条车道的折减系数为 1.00，其余车道的折减系数依次为：第二条车道为 0.80～0.89；第三条车道为 0.65～0.70；第四条车道为 0.50～0.65；第五条车道为 0.40～0.52。车道数修正系数采用值如表 5-4 所示。

车道数修正系数采用值 表 5-4

车道数	1	2	3	4	5
修正系数	1	1.87	2.6	3.2	3.61

由以上的折减系数可以看出，当设计的车道数越多，则靠路边的车道的折减系数越小。例如，自道路中心线起算的第 4 条和第 5 条车道，其通行能力经折减后，可能仅为第一条车道通行能力的 1/2 左右。

5.1.2 路段服务水平评价

目前，我国对于城市道路的服务水平仍在研究之中，还没有形成统一的理论成果，结合实践中的调查和分析，本书推荐城市街道服务水平分级采用美国 2010 年版《HCM 手册》方法，如表 5-5 所示；城市快速路路段的服务水平分级可以采用《城市道路工程设计规范》（2016 年版）CJJ 37—2012 方法，如表 5-6 所示。

城市街道服务水平等级（美国 2010 年版《手册》） 表 5-5

平均行程速度占自由流量速度比例	服务水平		平均行程速度占自由流量速度比例	服务水平	
	$V/C \leqslant 1.0$	$V/C \leqslant 1.0$		$V/C \leqslant 1.0$	$V/C \leqslant 1.0$
＞85％	A	F	40％～50％	D	F
67％～85％	B	F	30％～40％	E	F
50％～67％	C	F	≤30％	F	F

快速路基本路段的服务水平分级 表 5-6

设计速度 (km/h)	服务水平等级		密度 [pcu/(km·ln)]	平均速度 (km/h)	负荷度 V/C	最大服务交通量 [pcu/(h·ln)]
100	一级		≤10	≥88	0.40	880
	二级		≤20	≥76	0.69	1520
	三级		≤32	≥62	0.91	2000
	四级	饱和流量	≤42	≥53	≈1.00	2200
		强制流量	≥42	＜53	＞1.00	—

续表

设计速度 （km/h）	服务水平等级		密度 [pcu/(km·ln)]	平均速度 （km/h）	负荷度 V/C	最大服务交通量 [pcu/(h·ln)]
80		一级	≤10	≥72	0.34	720
		二级	≤20	≥64	0.61	1280
		三级	≤32	≥55	0.83	1750
	四级	饱和流量	≤50	≥40	≈1.00	2100
		强制流量	≥50	<40	>1.00	—
60		一级	≤10	≥55	0.30	590
		二级	≤20	≥50	0.55	990
		三级	≤32	≥44	0.77	1400
	四级	饱和流量	≤57	≥30	≈1.00	1800
		强制流量	≥57	<30	>1.00	—

5.2　平面交叉口的通行能力计算与服务水平评价

5.2.1　无信号交叉口的通行能力

当交叉口各个方向的交通流量较小时，交通冲突不是很严重的情况下，交叉口的控制方式可以采用无信号控制方式。

1. 无信号交叉口运行特性分析

（1）主次相交的无信号交叉口

主次相交的无信号交叉口中，多数存在明显的主路和支路，由于主路中的直行和右转车流处于最高优先级，因此，当它们通过交叉口时，应该没有任何车流阻碍。而次级的交通流只能在所有较高优先级交通流中存在可利用的间隙时，才可能选择恰当的间隙通过交叉口。

（2）环形交叉口

环形交叉口是交通流自行调节的交叉口，所有交通流进入交叉口后，都沿同一方向绕中心岛行进。车辆行驶过程表现为合流、交织、分流，避免了车辆交叉行驶形成的冲突。其通行能力指能够进入交叉口的最大流量。本书主要讨论单环行车道和双环行车道两类环行交叉口。单车道环形交叉口的交通流存在优先等级，沿中心岛运行的交通流处于较高的优先等级，而希望进入环行车道的车辆则处于较低的优先等级。

2. 通行能力影响因素

由于无信号交叉口和环形交叉口具有不同的运行特性，因此，其通行能力的影响因素也各有不同。

（1）无信号交叉口

无信号交叉口通行能力的影响因素包括道路条件（如车道数、引道中隔离带的宽度、街道转角是否拓宽、引道坡度）、交通条件（如交通量、交通组成、流向组成、）和管制条件（如车道功能划分、上游信号控制的影响）等。

1）当无信号交叉口中引道的车道数较多时，引道中的隔离带宽度可用于主路左转车辆等待主路直行车的可穿插间隙，从而使无信号交叉口的运行模式发生了变化，同时也可以缩短主路左转车辆的可穿插间隙，可增加交叉口的通行能力。

2）当街道转角拓宽时，车辆可以同时在停车线等待，使不同流向的车辆同时使用同一可利用间隙，从总体上减小了可穿插间隙，增大了通行能力。

3）当引道处于纵坡中，下坡会减小车辆的加速时间，从而减小车辆的随车时距，增加了通行能力；而上坡则会增大车辆的随车时距，致使通行能力降低。

4）当交通量增大时，冲突交通量随之增大，车流中出现临界间隙的机会减小，使次级交通需求不能得到满足，产生较大的延误和排队情况。

5）当交通组成中存在大型车辆时，由于其动力性能不及小型车辆，导致支路中车辆的随车时距变大；同时主路中大型车辆不会使支路中车辆的临界间隙变大。不管是随车时距还是临界间隙的增加都将直接降低通行能力的大小。

6）在交通量相同，而流向组成的不同的条件下，冲突交通量的大小将受到直接影响。优先等级较低的交通流比例越大，发生冲突的可能性就越大，交叉口产生的延误越大，排队越长。

7）当引道中不同流向的车流共用同一车道时，如左转和直行车辆混行，或直行和右转车辆混行，甚至全部流向的车辆共用一条车道，此刻，次级道路的车辆会由于受到在同在一条车道的不同流向车辆的影响而不能适时利用优先车流中出现的可利用间隙，总体上使得次级车流的临界间隙变大，通行能力降低。

8）当主路中上游信号交叉口距离分析的无信号交叉口较近时，信号交叉口导致车辆多以排队方式到达，呈现一定的规律性，从而使主路中更容易出现较大的车头时距，为支路车辆提供了更多的穿越机会，致使通行能力增大。

（2）环形交叉口

影响环形交叉口通行能力的因素包括中心岛半径、进口渠化、交通组成、流向组成等。

1）由于中心岛半径的限制，环形交叉口内车辆的运行速度通常都不高，特别是在一些微型的环形交叉口，由于中心岛半径很小，车辆需要连续转弯，因此，车速下降显著，从而降低了环形交叉口的通行能力。

2）环形交叉口的渠化将有助于明确各流向的交通流的路权，减少它们之间可能形成的冲突，从而提高整个环形交叉口的通行能力。例如，在进口处两个方向的交通流之间设置分隔岛，以便减少进环车辆和出环车辆之间的相互影响。

3）大型车和慢速车的混入将影响环形交叉口中临界间隙和随车时距的大小。大型车出现在环行车道中，将使进口车辆的临界间隙变大，减小进口的通行能力；而进口车道中的大型车，将直接增大随车时距，降低进口的通行能力。

4）按照环形交叉口的交通规则，不同流向的交通流在环形交叉口中行驶的距离是不同的，左转车行驶距离最长，受其他流向车辆干扰的机会也最大，因此，左转车比例的增加，必然导致整个通行能力的下降。

3. 通行能力计算方法

（1）主次相交无信号交叉口的通行能力

不设信号机控制的交叉口通常分为两大类：一是停车让行方式，二是环形方式。停车让行方式又可分为两向停车方式和全向停车方式。两向停车方式通常用于主要道路与次要道路相交路口，主要道路上的车辆优先通行；次要道路上的车辆必须首先停车，让主要道路上的车辆通行，再寻找机会，穿越主要道路上车流的空当，通过路口如图 5-1 所示。全向停车方式是用于相交道路处于同等重要程度，相交道路的车辆通过交叉口具有同等的优先权，都必须在交叉口处停车，然后根据交通法规的规定，选择恰当的时机通过。

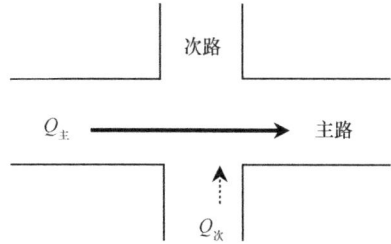

图 5-1　主次相交干道示意图

　　本书主要介绍二路停车方式下，十字形交叉口次要道路的通行能力计算方法。

　　次要道路上能够通过多少辆车，受下列因素的影响：主要道路上车流的车头间隔分布、主要道路上车流的流向分布、次要道路上车辆穿越、主要道路车流所需的时间和次要道路上车辆跟驰的车头时距大小。因此，这种交叉口的通行能力等于主要道路上的交通量加上次要道路上车辆穿越空当能通过的车辆数。若主要道路上的车流已经饱和，则次要道路上的车辆一辆也通不过。那么，该无信号交叉口的最大通行能力等于主要道路路段上的通行能力（事实上，这种情况是不可能出现的，主要道路上的交通量达不到饱和程度，该交叉口就需要设置信号灯来控制交通）。在无信号交叉口上，主要道路上的交通量不大，车辆呈随机性到达，有一定空当供次要道路的车辆穿越，相交车流能正常运行；如果主要道路的交通量过大，无法保证提供可穿插间隙，则必须加设信号灯，分配行驶时间，否则交叉口的交通将无法正常运行。接下来介绍一下其推导过程。

　　无信号交叉口各流向的通行能力，可采用泊松分布的车流穿越模型计算。该模型对于交叉口车辆运行的假设为：主要道路上的车辆优先通过路口；主要车道上的双向车流视为一股车流，假设车辆达到的概率分布符合泊松分布，则车辆之间的间隙分布符合负指数分布，设主要道路流量为 $Q_{主}$。假设次要道路上的车流符合连续分布，设次要道路流量为 $Q_{次}$，主要道路到达率 $\lambda_{主}=Q_{主}/3600$，$\lambda_{次}=Q_{次}/3600$。设主路的临界间隙为 t_0，次路的临界间隙为 t。

　　但不是所有间隔均可供次干路车辆通过或插入，只有当间隙大于临界间隙时，次要道路上车辆可以穿越主要道路。其次，当出现可穿越间隙时，次要方向的车流可以相继通过随车时距。假设主路车流的到达服从泊松分布，则其车头时距服从负指数分布。其分布函数为：

$$F(t) = 1 - EXP(-\lambda \cdot t) \qquad (5\text{-}6)$$

当 $0 < t < t_0$，通过 0 辆车：

发生的概率为 $F(0) = 1 - EXP(-\lambda \times t_0)$，频数（1h 内发生的次数）为 $Q_{主} \times F(0)$；

当 $t_0 \leqslant t < t_0 + h_{让}$，通过 1 辆车：

概率为 $F(1) = EXP(-\lambda \times t_0) - EXP[-\lambda(t_0 + t)]$，频数为 $Q_{主} \times F(1)$；

当 $t_0 + t \leqslant t < t_0 + 2t$，通过 2 辆车：

概率为 $F(2) = EXP[-\lambda(t_0 + t)] - EXP[-\lambda(t_0 + 2t)]$，频数为 $Q_{主} \times F(2)$；

……

当 $t_0 + (i-1)t \leqslant t < t_0 + i \times t$，通过 i 辆车：

概率为 $F(i) = EXP\{-\lambda[t_0 + (i-1)t]\} - EXP[-\lambda(t_0 + i \times t)]$，频数为 $Q_{主} \times F(i)$。

则通行能力 $Q_{次} = \sum\limits_{i=0}^{\infty}[Q_{主} \times F(i) \times i] = Q_{主} \times \sum\limits_{i=0}^{\infty}\{[e^{-\lambda t_0 - \lambda(i-1)t} - e^{-\lambda t_0 - \lambda \cdot i t}] \times i\}$

$$= Q_{主} \times \left[e^{-\lambda \times t_0} \frac{1 - e^{-\lambda \times t_0 - \lambda \times i \times t}}{1 - e^{-\lambda \times t}} - (n+1)e^{-\lambda \times t_0 - \lambda(i+1)t} \right]$$

其中，令 $i \to \infty$，则得到最终的次要道路穿越主要道路的通行能力公式，其公式如下：

$$Q_{次} = Q_{主} \frac{e^{-\lambda \times t_0}}{1 - e^{-\lambda \times t}} \tag{5-7}$$

式中 $Q_{主}$——主要道路上的交通量（pcu/h）；

       $Q_{次}$——次要道路可能通过的车辆数（pcu/h）；

       λ——到达率，$\lambda = \dfrac{Q_{主}}{3600}$（pcu/s）；

       t_0——临界间隙时间，与次要道路的交通管理方式有关。若采用停车标志，t_0 为 6~8s；若采用让路标志，则 t_0 为 5~7s；

       t——次要道路上车辆连续穿越主要道路的跟驰车头时距，t 为 3~5s。

按可穿越间隙理论，次要道路上的车辆单位时间内直行穿越主要道路车流量，即为次要道路的通行能力，而主要道路的通行能力不受影响。

（2）环形交叉口的通行能力

环形交叉口是自行调节的交叉口。这种交叉口是在中央设置中心岛，使进入交叉口的所有车辆都沿同一方向绕岛行进。车辆行驶一般分为合流、交织、分流三个过程，避免了车辆交叉行驶形成冲突。这种交叉口的功能介于平面交叉口和立体交叉口之间，其优点是车辆连续行驶、安全、不需要设置管理设施。车辆在交叉口不必进行停车、起动，延误小，节省燃料，减少了对环境的污染。同时，通过环岛中心的绿化可以起到美化城市的作用。缺点是占地大，绕行距离长。机动车交通量较大、非机动车和行人较多及有轨道交通线路时，均不宜采用。

1）环形交叉口类型。

环形交叉口按中心岛直径大小可分为三类：

① 常规环形交叉口。

常规环形交叉口中心岛直径大于 25m，交织段比较长，进口引道不拓宽成喇叭形。

② 小型环形交叉口。

小型环形交叉口，中心岛直径小于 25m，引道进口加宽，做成喇叭形，便于车辆进入交叉口。

③ 微型环形交叉口。

微型环形交叉口，中心岛直径一般小于 4m，中心岛不一定做成圆形，也不一定做成一个实物，可用白漆画成圆圈，实际上这种环形交叉口已经变为渠化交叉口。

2）常规环形交叉口的通行能力。

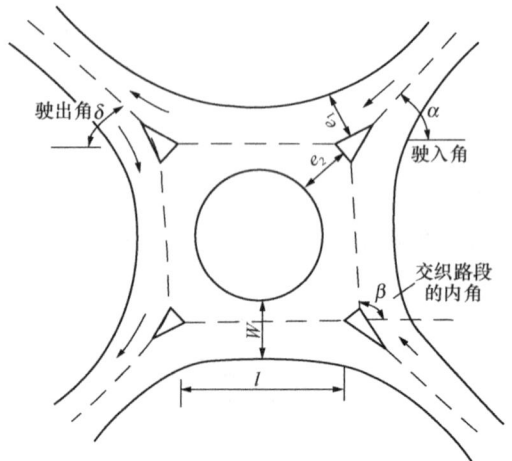

图 5-2 常规环形交叉口计算图式

常规环形交叉口的通行能力计算(图 5-2),各国均有自己独特的公式,其中较为著名和使用较为广泛的公式有以下几种。

① 沃尔卓普公式:

$$Q_M = 354W \frac{\left(1 + \frac{e}{W}\right)\left(1 - \frac{P}{3}\right)}{\left(1 + \frac{W}{l}\right)} \tag{5-8}$$

式中 Q_M——交织段上最大通行能力(辆/h);

l——交织段长度(m);

W——交织段宽度(m);

e——环交入口引道平均宽度(m);$e = (e_1 + e_2)/2$;

P——交织段内交织车辆与全部车辆之比(%)。

如交叉口四周进出口处过街行人众多,影响车流进出,则其通过能力应适当折减。

根据经验检验,一般设计通行能力应为沃尔卓普公式计算最大值的 80%,因此沃尔卓普公式应修改为:

$$Q_M = 280W \frac{\left(1 + \frac{e}{W}\right)\left(1 - \frac{P}{3}\right)}{\left(1 + \frac{W}{l}\right)} \tag{5-9}$$

② 英国环境部暂行公式:

该公式适用于采取位于环形交叉口上的车辆优先通行的常规环形交叉口,其具体形式如下:

$$Q = \frac{160W\left(1 + \frac{e}{W}\right)}{\left(1 + \frac{W}{l}\right)} \tag{5-10}$$

式中 Q——交织段通行能力,其中载货车占全部车辆数的 15%,如重车超过 15% 时要进行修正,用于设计目的应采用 Q 值的 85%。

3)小型环形交叉口通行能力计算。

所谓小型环形交叉口系指中心岛直径小于 25m,环道较宽,而出入口均形成喇叭形,车流运行已不存在交织形式,各入口车流可按同一方向相互穿插运行,各类车辆运行时可较好地相互调剂,整个环交的流量变化要比个别路口的车流量变化小。在所有引道入口均呈饱和状态的情况下进行多次试验,得出了整个环形交叉口通行能力的简化公式。

① 英国运输与道路研究所公式:

$$Q = K_1 \left(\sum W + \sqrt{A}\right) \tag{5-11}$$

式中 Q——进入环交的实用的总通行能力(pcu/h);

$\sum W$——所有引道基本宽度的总和(m);

A——引道拓宽所增加的面积(m²),$A = \sum a$;

K_1——系数,其中三路交叉 $K_1 = 80$(70)(pcu/h/m);四路交叉 $K_1 = 60$(50)(pcu/h/m);五路交叉 $K_1 = 55$(45)(pcu/h/m)。

设计通行能力 Q_p 应采用上述公式计算 Q 的 80%。

② 纽卡塞公式：

纽卡塞根据英国运输研究所的公式作进一步简化，将 A、W 两个参数均归纳为内接圆直径 D，然后根据道路条数取用 K_2 来进行调整，即

$$Q = K_2 D \tag{5-12}$$

式中　Q——实用总通行能力（pcu/h）；

　　　D——内接圆直径（m），如交叉口为椭圆形中心岛，则取长轴与短轴的平均值；

　　K_2——系数：三路交叉口 $K_2 = 150\text{pcu/h}$，四路交叉口 $K_2 = 140\text{pcu/h}$。实际设计时，车流量应保持在此公式计算值交通量的 85% 以下。此式由于仅归结为 K_2 和 D 两个参数，忽略了交通情况，使用时不易掌握。

5.2.2　信号交叉口通行能力计算

1. 信号交叉口运行特性分析

由于信号灯在时间上周期性地为不同的车道组分配通行权，使得各车道组的交通流周期性地停驶。在各周期中，不同流向的交通流具有不同的运行特性。

1）直行车流。当信号显示为绿灯时，经过短暂的反应时间，红灯期间内积累的排队车辆依次启动，鱼贯通过停车线。开始通过的几秒内，由于车辆从原来静止的状态逐步加速到正常行驶状态，因此，交通流的流率变化很快；之后，车队速度保持正常行驶状态，交通流则以饱和流率通过停车线。在绿灯结束后的黄灯时间内或者是绿灯闪烁期间，由于部分车辆采取了制动措施，通过交叉口的流量由饱和流率逐渐下降。红灯期间，达到停车线的车辆停车等候绿灯，随后到达的车辆则在车队末尾处排队等候。

2）左转车流。按照车道功能的不同，左转车流可以分为左直混行、左转专用和左直右混行车流。其中，左转专用车流除了在交叉口中需要运行更长的距离外，其他运行特性类似于直行车流。不管是左直混行还是左直右混行，这样的车道功能划分都将使左转车流受到同向直行车的干扰。由于共用一条车道，各流向交通流在通过停车线时，其平均车头时距大于只有单一交通流的车道。此时，如果信号相位还为不同流向交通流分配了不同的通行时间，还将导致有效通行时间的减少。如在左直混行车道中，左转车流处于红灯期间，停车线前停驶的左转车其后的直行车也不能通过。按照信号控制条件的不同，左转车流可以分为许可型和保护型左转车流。许可型左转车流只能在绿灯期间出现以下情况之一时才能通过：①对向直行车未到达冲突点之前；②在冲突点附近等待对向直行车流中出现允许穿越的车头时距；③信号相位转换间隔。当左转交通需求较大时，个别左转车辆可能会贸然插入对向直行车流。可见，许可型左转车流可能受对向直行车流的干扰；而保护型左转车流，通常配合以专用的左转车道，此时，保护型左转车流的运行特性类似于直行车道。如果左转车流仍然使用共用车道，保护型左转车流也可能受到直行车辆甚至右转车辆的干扰。事实上，基于以上运行特性，信号交叉口的设计中往往将车道功能的划分和信号控制条件进行协调设计，以保证各车道组交通流的高效运行。

3）右转车流。当右转交通量较小时，通常不控制右转车辆的通行，可以在右转车道上连续通过；如果与其他流向车流共用车道，则可能被直行车辆甚至左转车辆阻挡而不能通过。当右转交通量达到一定程度时，设置右转专用道和信号相位，给右转车辆分配通行

时间和空间，否则它将影响对向左转车流、左侧引道的直行车流以及相关的自行车和行人。

4）自行车和行人。随着近些年我国经济的迅速发展，机动化程度不断加强。在我国公路中，信号交叉口中自行车和行人的数量有下降的趋势。因此，本书不再将信号交叉口的自行车和行人作为一种独立的交通流来处理，而只做简单分析，将其作为信号交叉口内机动车流的影响因素。实际上，即使在采用保护型左转专用信号，自行车车流也会与对向直行机动车车流，以及左侧引道的行人人流发生冲突；在许可型左转信号，只要左转车穿越对向直行车，也会对其左侧引道的行人人流产生影响。同样的，右转车流会影响同向直行的自行车车流和右侧同向的行人人流。

2. 通行能力影响因素

影响信号交叉口通行能力的因素包括道路几何条件、交通条件和信号控制条件。

1）道路几何条件的影响：道路几何条件将影响信号交叉口的交通运行特性，很多因素都将发挥作用。例如引道坡度，车道数和车道宽度将改变交通流中车辆跟驰特性，影响饱和流中最小的车头间距，从而影响通行能力；车道功能划分将决定不同流向的车流如何使用各车道，而停放车条件，有无专用的右转或左转车道以及这些专用车道的备用长度都将对交通流的运行规律产生影响。

2）交通条件：交叉口每一引道每一流向的交通量和交通组成将直接决定交叉口的信号控制条件，而每一引道中大型车数量以及自行车、行人流量则分别会对相关的右转车流产生影响，从而改变该引道的实际饱和流率。

3）信号控制条件：信号控制条件确定了信号交叉口内交通流在时间上的运行规则。周期长度和信号配时方案将直接影响各流向交通流的通行时间。信号相位设计则与道路条件配合，决定交叉口交通运行的效率。

3. 信号交叉口通行能力计算方法

信号交叉口是交通系统中较复杂的环节，也是城市中常见的道路交叉形式。评价信号交叉口的总体运行状况，需要考虑通行能力和服务水平两个方面。《城市道路工程设计规范》（2016 年版）CJJ 37—2012 中所采用的方法是通用方法，其主要假设为：在交叉口的信号灯控制采用如下规则时，采用该方法进行通行能力的计算，绿灯亮时，允许各流向的车辆驶入交叉口；红灯亮时，只允许右转车辆沿右转专用车道驶入，但不得影响横向道路上直行车辆的正常行驶；黄灯亮时，已越过停车线的车辆继续通过交叉口，没越过停车线的车辆应在停车线后面等候绿灯。

此方法是指已知交叉口处的车道使用规定、信号相位、周期及配时等情况下，以交叉口进口道处的停车线作为基准面，凡是通过了停车线断面的车辆就被认为已通过了交叉口，据此计算每小时通过停车线断面不同行驶方向车道上的最大车辆数，以此作为该进口道的通行能力。各车道设计通行能力之和即为进口道设计通行能力，各进口道路设计通行能力之和即为交叉口的设计通行能力。

下面以十字形交叉口为例，介绍计算方法。

（1）停车线断面一条直行车道的设计通行能力

$$C_T = \varphi \frac{3600}{T}\left(\frac{t_g - t_0}{h_t} + 1\right) \tag{5-13}$$

式中 T——信号灯周期（s）；

t_g——每周期内的绿灯时间（s）；

t_0——绿灯亮后，第一辆车起动、通过停车线的时间（s），平均取 $t_0=2.3s$；

φ——折减系数，主要反映车辆通过路口的不均匀性及非机动车和行人对机动车的干扰；

h_f——直行车通过停车线的车头时距（s）。

根据观测：小型车组成的车队，$h_t=2.5s$；大型车组成的车队，$h_t=3.5s$；拖挂车组成的车队，$h_t=7.5s$。

混合车组成的车队，h_t 如表5-7所示进行确定。因拖挂车在当前的城市交通组成中占有相当小的比例，因此计算方便，将拖挂车划归为大型车进行计算。

混合车流中大小型车不同比例对应的 h_t　　　　　　表5-7

大车：小车	0：10	1：9	2：8	3：7	4：6	5：5	4：6	7：3	8：2	9：1	10：0
实测$\overline{h_t}$	2.5	2.58	2.65	2.96	3.12	3.26	3.30	3.34	3.42	3.46	3.5

（2）停车线断面混合行驶车道的通行能力

混合行驶车道是指：直行、左转、右转车辆混合行驶；直行车、左转车混合行驶。至于直行车与右转车混合行驶，由于此两向车流只在通过停车断面线后进行分流，因此，可按一条直行车道计算，而不按混行车道计算。

$$C_{max} = C_T K_L \tag{5-14}$$

式中 K_L——左转车影响系数，$K_L=1-0.5P_L$，其中 P_L 为左转车比例。

（3）左转专用车道的通行能力

在信号周期为120s的信号交叉口，当左转车流量小于表5-8中所列 N_{Lmax} 值时，左转车基本上不影响对向直行车道的通行能力。只有当左转车超过 N_{Lmax} 时，多通过一辆左转车，每条对向直行车道就少通过一辆直行车，因此，应考虑增设左转专用车道，而此时对向直行车道的通行能力应该折减，折减公式：

$$C_A = N_0(C_L - N_{Lmax}) \tag{5-15}$$

式中 N_0——对向直行车道数；

C_L——每小时左转车辆数。

不影响对向直行车通行的左转车流量极限值 N_{Lmax}（单位：pcu/h）　　表5-8

大型车：小型车	0：10	2：8	3：7	4：6	5：5	7：3	8：2
N_{Lmax}	142	134	120	114	109	106	104

（4）右转专用车道的通行能力

右转专用车道的通行能力可按直行车道计算。

（5）交叉口的通行能力

交叉口的通行能力等于组成交叉口的每条道路进口的通行能力之和。当交叉口某方向有两条以上入口引道，且左转、直行、右转分道行驶，或部分分道行驶，若已知左、直、右转车的比例，可根据车道组合情况，先计算出直行车的通过量，然后根据下式计算该进口的通行能力。

$$C_i = \frac{C_T}{1 - p_L - p_R} \tag{5-16}$$

5.2.3　交叉口饱和度计算和服务水平评价

1. 交叉口机动车饱和度计算方法

我国《城市道路工程设计规范》（2016 年版）CJJ 37—2012 规定，信号交叉口设计通行能力等于各进口道设计通行能力之和。进口道设计通行能力等于各车道设计通行能力之和。其实，整个交叉口的通行能力概念并不重要，因为很少发生所有流向在同一天同一时间达到饱和的情况，所以更有意义的是研究某个流向车流通过交叉口的效率。交叉口的通行能力分析，主要是计算交叉口的进口道的饱和度，饱和度是进口道（或者车道组）在高峰 15min 间隔时间内实际的流率与其通行能力之比。

信号交叉口的通行能力是以饱和流量的概念为基础的。指定车道或进口道的通行能力可以表示为饱和流量与对应绿信比的乘积。在交叉口分析中，饱和度为设计交通量与通行能力之比。在设计交通量一定的情况下，饱和度与通行能力成反比，二者对于信号控制交叉口的评价具有相同的效应。饱和流量是指在一次连续的绿灯信号时间内，进口道上一列连续车队能通过进口道停车线的最大流量，单位是 pcu/绿灯小时。

饱和流量随交叉口几何因素、渠化方式、信号配时及各流向交通冲突等情况而异，比较复杂。饱和流量可通过实测及估算法获得。实际应用中应尽量采用实测数据，实在无法取得实测数据时，可用以下方法估算，其思路为通过对基本饱和流量进行道路条件、交通条件的校正得到各车道组的饱和流量，算式如下：

$$S_i = N \times S_{bi} \times f(F_i) \tag{5-17}$$

式中　S_i——第 i 类车道组饱和流量（pcu/h）；

　　　N——第 i 类车道组的车道数；

　　　S_{bi}——第 i 类车道组每车道基本饱和流量（pcu/h）；

　$f(F_i)$——第 i 类车道组各类校正系数。

信号交叉口通行能力分别按交叉口各进口道估算，一般以小汽车作为标准车型；信号交叉口一条进口道的通行能力是此进口道上各车道组通行能力之和；一个进口车道组的通行能力是该车道组饱和流量及其所属信号相位绿信比的乘积，即进口道通行能力：

交叉口通行能力 CAP 由式（5-18）确定。

$$CAP = \sum_i CAP_i = \sum_i S_i \cdot \lambda_i = \sum_i S_i \cdot \left(\frac{g_e}{C}\right)_i \tag{5-18}$$

式中　CAP_i——第 i 条进口车道的通行能力（pcu/h）；

　　　S_i——第 i 条进口车道的饱和流量（pcu/h）；

　　　λ_i——第 i 条进口车道信号相位的绿信比；

　　　g_e——该信号相位的有效绿灯时间（s）；

　　　C——信号周期时长（s）。

由设计交通量和通行能力，分别计算各车道组饱和度，其计算方法如下：

$$X_i = v_i / CAP_i \tag{5-19}$$

式中　v_i——第 i 类车道组校正交通量（pcu/h）；

CAP_i——第 i 类车道组通行能力（pcu/h）。

信号交叉口分析中使用的最终通行能力参数是极限 V/C 比 X_c，其计算公式为：

$$X_c = \sum_i X_i \cdot [g_i(C-L)] \tag{5-20}$$

式中　X_c——交叉口极限 V/C 比；

　　　$\sum X_i$——所有进口道或者车道组的 V/C 比；

　　　g_i——进口道或者车道组的有效绿灯时间（s）；

　　　C——信号周期长（s）；

　　　L——每周期总损失时间，即由相位变换间隔与"起动"损失时间造成的周期损失。

在计算出所有 V/C 比，任何 V/C 比大于 1 的情况都表明存在着潜在通行障碍；若极限 V/C 比小于 1，但某些车道组的 V/C 比却大于 1，这种情况一般是由绿灯时间分配不合理所致，可以在不改变周期长和相位序列情况下通过合理配时绿灯时间使之适应；若极限 V/C 比大于 1，表明整个信号和几何线形相对现状或规划的流量没有足够的通行能力。

2. 交叉口机动车服务水平相关技术标准

平面交叉口的交通服务水平主要受到交通信号控制的影响，也受通过交叉口所需时间、延误时间、停车时间、停车次数和频率等影响。研究的角度不同，判定标准和数值也有一定差异。

《城市道路工程设计规范》（2016 年版）CJJ 37—2012 给出了评定信号交叉口服务水平分级标准，如表 5-9 所示。

信号交叉口服务水平分级表　　　　　　　　　　　　表 5-9

服务水平 指标	一级	二级	三级	四级
控制延误（s/veh）	<30	30~50	50~60	>60
负荷度（V/C）	<0.6	0.6~0.8	0.8~0.9	>0.9
排队长度（m）	<30	30~80	80~100	>100

《建设项目交通影响评价技术标准》CJJ/T 141—2010 规定，信号交叉口的机动车服务水平确定，应符合如表 5-10 所示的规定。当交叉口现状的饱和度大于 0.85，必须计算延误指标；当延误饱和度对应的服务水平不一致时，则应以延误对应的服务水平为准。计算规划年交叉口服务水平时，信号周期的时长不得大于 150s。

信号交叉口机动车服务水平　　　　　　　　　　　　表 5-10

服务水平	交叉口饱和度 S	每车信控延误 T（s）
A	$S \leqslant 0.25$	$T \leqslant 10$
B	$0.25 < S \leqslant 0.50$	$10 < T \leqslant 20$
C	$0.50 < S \leqslant 0.70$	$21 < T \leqslant 35$
D	$0.70 < S \leqslant 0.85$	$36 < T \leqslant 55$
E	$0.85 < S \leqslant 0.95$	$56 < T \leqslant 80$
F	$0.95 < S$	$80 < T$

上海市规定，信号交叉口的机动车服务水平应符合如表 5-11 所示的规定。当交叉口现状的饱和度大于 0.85，必须计算延误指标；当延误与饱和度对应的服务水平不一致，则应以延误对应的服务水平为准。计算规划年交叉口服务水平时，信号周期时长不得大于 150s。

信号交叉口机动车服务水平 　　　　　　　　　　　　　　　　　表 5-11

服务水平	交叉口饱和度 S	每车信控延误 T（s）
A	$S\leqslant0.25$	$T\leqslant10$
B	$0.25<S\leqslant0.50$	$10<T\leqslant20$
C	$0.50<S\leqslant0.70$	$20<T\leqslant35$
D	$0.70<S\leqslant0.85$	$35<T\leqslant55$
E	$0.85<S\leqslant0.95$	$55<T\leqslant80$
F	$0.95<S$	$80<T$

重庆市利用《建设项目交通影响评价技术标准》CJJ/T 141—2010 中延误指标作为服务水平判定标准。规定信号交叉口的机动车服务水平确定，应符合如表 5-12 所示的规定。当交叉口现状的饱和度大于 0.85，必须计算延误指标；当延误与饱和度对应的服务水平不一致，则应以延误对应的服务水平为准。计算规划年交叉口服务水平时，信号周期时长不得大于 150s。

信号交叉口机动车服务水平 　　　　　　　　　　　　　　　　　表 5-12

服务水平	每车信号控制延误 T（s）	服务水平	每车信号控制延误 T（s）
A	$T\leqslant10$	D	$35<T\leqslant55$
B	$10<T\leqslant20$	E	$55<T\leqslant80$
C	$20<T\leqslant35$	F	$80<T$

5.3 非机动车道通行能力和服务水平

我国是自行车大国，目前我国的绝大多数城市中自行车拥有量和在出行中所占的比例都很大，因而在进行建设项目交通影响分析中，应该对自行车交通进行分析与评价。

5.3.1 非机动车道通行能力

1. 非机动车道理论通行能力

根据交通流原理，一条非机动车道的最大通行能力，可以按前后车之间的车头间距进行计算：

$$h_s = \frac{\overline{v}t}{3.6} + \frac{\overline{v}^2}{254(\varphi\pm i)} + l_车 + l_0 = \frac{\overline{v}t}{3.6} + \beta\overline{v}^2 + l_车 + l_0 \tag{5-21}$$

式中　h_s——车头间距；

　　　v——车速（km/h），在 10～20km/h 之间取值；

　　　t——反应时间（s），一般为 0.5～1.0s 之间，取平均值为 0.7s；

φ——轮胎与路面之间的黏着系数，在 0.3~0.6 之间，可取平均值 0.5；

i——道路纵坡度，平原区城市可取 0.0；

$l_车$——自行车的车身长度，可取 1.9m；

l_0——安全车距，一般在 0~1m 之间取值；

β——制动系数，$\beta = \dfrac{1}{254(\varphi \pm i)} = 0.0079$。

则其理论通行能力计算值 C 为：

$$C = \frac{1000\overline{v}}{l_0 + l_安 + \dfrac{vt}{3.6} + \beta v^2} \tag{5-22}$$

2. 非机动车道路段设计通行能力

（1）非机动车道长路段设计通行能力

其计算公式为：

$$N_长 = N_可 \times C_1 \tag{5-23}$$

式中　$N_长$——长路段每米宽度非机动车道的设计通行能力（辆/h），它不考虑交叉口或其他纵横向干扰的影响；

　　　C_1——考虑到街道的性质、重要性和使用要求而规定的街道等级系数，根据城市道路规范撰写组的研究，快速干路、主干路的 C_1 定为 0.8，次干路和支路的 C_1 定为 0.9；

　　　$N_可$——每米宽度内自行车连续行车 1h 的通过量（辆/h/m）。

（2）城市街道的路段实际通行能力

根据对全国各地数值的测定，无分隔带的通行能力可取 1800 辆/h/m；有分隔带的通行能力可取 2000 辆/h/m。

考虑城市街道的路段通行能力与交叉口间距、行人过街道及红绿灯周期的关系很大，路口的通行能力往往控制了路段通行能力，设计城市街道非机动车道通行能力时，应考虑路口信号灯等的影响因素。利用观测分析资料认为路口等综合影响的折减系数得出有交叉口路段上非机动车道设计的通行能力公式：

$$N_{路段设计} = C_1 \times C_2 \times N_可 = C_1 \times C_2 \times \frac{N_1}{B - 0.5} \times \frac{3600}{t} \tag{5-24}$$

式中　t——连续车流通过的时间间隔（s）。

将各个已知值代入，无分隔带的快速干路、主干路路段设计通行能力取 800 辆/h/m；次干路、支路取 900 辆/h/m；有分隔带的快速干路、主干路路段设计通行能力取 900 辆/h/m；次干路、支路取 1000 辆/h/m。

（3）信号灯交叉口非机动车道的设计通行能力

信号交叉口停车断面自行车通过量的研究表明，绿灯开始放行的前一段时间车辆比较密集，以后就逐渐减少，根据以每次放行前 20s 的通过量进行折算，交叉口处设计通行能力约为 2200 辆/h/m，经信号绿信比折算后约为 900 辆/h/m。

《城市道路工程设计规范》（2016 年版）CJJ 37—2012 对自行车道的通行能力做出明确规定：

1）不受平面交叉口影响的一条自行车道的路段设计通行能力，当有机非分隔设施时，应取 1600～1800veh/h；当无分隔时，应取 1400～1600veh/h。

2）受平面交叉口影响的一条自行车道的路段设计通行能力，当有机非分隔设施时，应取 1000～1200veh/h；当无分隔时，应取 800～1000veh/h。

3）信号交叉口进口道一条自行车道的设计通行能力应取 800～1000veh/h。

5.3.2　非机动车道服务水平

《城市道路工程设计规范》（2016 年版）CJJ 37—2012 对自行车的服务水平做出明确的规定：路段非机动车道服务水平分级参照如表 5-13 所示的评定，交叉口非机动车车道服务水平分级参照如表 5-14 所示的评定。

路段自行车道服务水平分级　　　　　　　　　　　　　表 5-13

服务水平　指标	一级（自由骑行）	二级（稳定骑行）	三级（骑行受限）	四级（骑行间断）
骑行速度（km/h）	＞20	20～15	15～10	10～5
占用道路面积（m²）	＞7	7～5	5～3	＜3
负荷度	＜0.40	0.55～0.70	0.70～0.85	＞0.85

交叉口自行车道服务水平分级　　　　　　　　　　　　表 5-14

服务水平　指标	一级	二级	三级	四级
停车延误时间（s）	＞40	40～60	60～90	＞90
通过交叉口骑行速度（km/h）	＞13	13～9	9～6	6～4
负荷度（V/C）	＜0.7	0.7～0.8	0.8～0.9	＞0.9
路口停车率（%）	＜30	30～40	40～50	＞50
占用道路面积（m²）	8～6	6～4	4～2	＜2

5.4　行人交通设施通行能力和服务水平

行人交通设施包括人行道、人行横道、人行天桥、人行地道、电动扶梯及机场电（自）动步道等，它们是供行人步行或代步的主要设施。步行交通是大型公共建筑出行中的重要交通形式，在我国的交通规划和交通影响分析中常常不受重视，因而成为城市交通混乱的重要因素之一。倘若没有系统规划足够、平整、舒适的步行空间，就会造成行人涌入车行空间，干扰机动车和非机动车的行驶，不仅容易造成行车混乱，也不利于行人安全。

5.4.1　行人交通设施通行能力计算

（1）人行道

$$C_{bw} = \frac{3600 v_p}{s_p b_p} r_1 r_2$$

（5-25）

式中 C_{bw}——单位宽度人行道的设计通行能力［人/(h·m)］；

　　　 v_p——人行道行人步行速度（m/s），一般采用 1m/s；

　　　 s_p——行人行走时纵向间距（m），采用 1m；

　　　 b_p——一条步行带上每个行人占用的横向宽度（m），采用 0.75m；

　　　 r_1——综合折减系数，取 0.5；

　　　 r_2——设计通行能力折减系数，取值为：①全市性车站、码头、商场、剧院、影院、体育场馆、公园、展览馆及市中心区等行人密集的人行道、人行横道、人行天桥、人行地道等设施的设计通行能力的折减系数采用 0.75；②大商场、商店、公共文化中心及小区中心等行人较多的地方的人行道、人行横道、人行天桥、人行地道等设施的设计通行能力的折减系数采用 0.80；③区域性文化中心地带的行人较多的人行道、人行横道、人行天桥、人行地道等设施的设计通行能力的折减系数采用 0.85；④支路、住宅区周围的人行道及人行横道的设计通行能力的折减系数采用 0.90。

（2）人行横道

$$C_{bc} = \frac{3600 v_{pc}}{s_p b_p} t_{gh} r_1 r_2 \tag{5-26}$$

式中 C_{bc}——单位宽度人行横道的设计通行能力（人/h/m）；

　　　 v_{pc}——行人过街步行速度（m/s），一般采用 1～1.2m/s；

　　　 t_{gh}——1h 内允许行人过街的信号绿灯时间（h）；

　　　 r_1——综合折减系数，取 0.5。

（3）人行天桥、人行地道

由于行人上、下台阶采用的速度相差不大，故可以采用同样的数据：

$$C_{bg} = \frac{3600 v_{bg}}{s_p b_p} r_1 r_2 \tag{5-27}$$

式中 C_{bg}——单位宽度人行天桥（地道）的设计通行能力（人/h/m）；

　　　 v_{bg}——行人过天桥（地道）步行速度（m/s），一般采用 0.54～0.90m/s；

　　　 r_1——综合折减系数，取 0.5。

（4）车站码头的人行天桥与人行地道

$$C_{bs} = \frac{3600 v_{ps}}{s_p b_t} r_1 r_2 \tag{5-28}$$

式中 C_{bs}——车站码头的人行天桥与人行地道的设计通行能力（人/h/m）；

　　　 v_{ps}——车站码头的行人步行速度（m/s），一般采用 0.5～0.8m/s；

　　　 b_t——车站码头的人行天桥与人行地道的上、下台阶横向宽度（m），采用 0.9m；

　　　 r_1——综合折减系数，取 0.7。

5.4.2　行人交通设施通行能力规范

　　《城市道路工程设计规范》（2016 年版）CJJ 37—2012 对行人交通设施的通行能力做出了明确的规定，如表 5-15 所示。

行人交通设施的基本通行能力和设计通行能力　　　　　表 5-15

行人交通设施类型	基本通行能力［人/（h·m）］	设计通行能力［人/（h·m）］
人行道	2400	1800～2100
人行横道	2700	2000～2400
人行天桥	2400	1800～2000
人行地道	2400	1440～1640
车站码头的人行天桥、地道	1850	1400

5.4.3　行人交通设施服务水平

《城市道路工程设计规范》（2016 年版）CJJ 37—2012 对行人交通设施的服务水平做出了明确的规定，行人交通设施的服务水平分级参照表 5-16 评定：

行人交通设施的服务水平分级　　　　　表 5-16

指标　　　　　　　　　服务水平	一级	二级	三级	四级
人均占有面积（m²）	>2.0	1.2～2.0	0.5～1.2	<0.5
人均纵向间距（m）	>2.5	1.8～2.5	1.4～1.8	<1.4
人均横向间距（m）	>1.0	0.8～1.0	0.7～0.8	<0.7
步行速度（m/s）	>1.1	1.0～1.1	0.8～1.0	<0.8
最大服务交通量［人/（h·m）］	1580	2500	2940	3600

另外，深圳市提出了各类人行道的交通服务水平划分标准，如表 5-17 所示。其运行状态划分和行人自由度判断指标可以作为各类人行道的交通服务水平划分的参考依据。

人行道步行交通服务水平划分标准　　　　　表 5-17

服务水平	占用面积（m²/人）	步行速度（m/s）	行人流率［人/（h·m）］	运行状态	行人自由度
A	>3.0	1.2	1400	可以完全自由行动	有足够的空间供行人选择速度及超越他人，亦可横向穿越与选择行走路线
B	2～3	1.1	1830	处于准自由状态，偶尔有降速	可以较自由地选择步行速度、超越他人，反向与横穿要适当减速
C	1.2～2	1.0	2500	个人尚舒适，部分行人行动受约束状态	选择步速与超越他人受限，反向与横穿常发生冲突，有时要变更步速和行走路线
D	0.5～1.2	0.8	2940	行走不便，大部分处于受约束状态	正常步速受限，有时要调整步幅、速度与线路，超越、反向、横穿均有困难，有时产生阻塞或中断
E	<0.5	0.6	3600	完全处于排队前进，个人无行动自由	所有步行速度、方向均受限。经常发生阻塞、中断，反向与横穿绝不可能

5.5 公共交通运输能力分析

5.5.1 常规公交线路的运输能力

下面介绍我国公路学会《交通工程手册》中计算公共汽车线路通行能力的计算方法。公共汽车交通线路的通行能力受沿线各停靠站通行能力的制约，其中通行能力最小的停靠站是控制线路通行能力的站点。停靠站的通行能力取决于停靠时间的长短，将车辆在停靠站停靠所用的时间分别为车辆进出站时间、开关门时间和停靠时间。其通行能力计算公式为：

$$C_{线} = C_{站} = \frac{3600}{T} = \frac{3600}{t_1 + t_2 + t_3 + t_4} = \frac{3600}{2.57\sqrt{l} + \dfrac{\Omega \times K \times t_0}{n_d} + 4} \qquad (5\text{-}29)$$

式中　$C_{线}$——线路公交车辆通行能力（辆/h）；

　　　$C_{站}$——关键停靠站点的通行能力（辆/h）；

　　　T——车辆占用停靠站点的时间（s）；

　　　t_1——车辆进站停靠所需时间（s）。

t_1 的计算公式为：

$$t_1 = \sqrt{2l/b} \qquad (5\text{-}30)$$

式中　l——车辆驶入站台时车间最小间隔（m），一般取等于车辆长度；

　　　b——进站刹车减速度（m/s²），一般取 1.5m/s²；

　　　t_2——车辆开门和关门时间（s），一般取 3~4s；

　　　t_3——乘客上下车所用时间（s）。

t_3 用下列公式计算：

$$t_3 = \frac{\Omega \times K \times t_0}{n_d} \qquad (5\text{-}31)$$

式中　Ω——公交车辆的容量（人/车）；

　　　K——上下车乘客占公交车辆容量的比例，一般取 0.25~0.35；

　　　t_0——每位乘客上车或下车所用时间（s），一般取 2s；

　　　n_d——乘客上下车的车门数量；

　　　t_4——车辆启动和离开站台的时间（s）。

t_4 的计算公式为：

$$t_4 = \sqrt{2l/a} \qquad (5\text{-}32)$$

式中　a——公交车辆离站时的加速度（m/s²），一般取 1m/s²。

将式（5-30）~式（5-32）代入式（5-33），简化得到：

$$C_{站} = \frac{3600}{T} = \frac{3600}{2.57\sqrt{l} + \dfrac{\Omega k t_0}{n_d} + 4} \qquad (5\text{-}33)$$

公共汽车交通线路的通行能力计算公式为：

$$C_{线} = \min[C_{站}] \qquad (5\text{-}34)$$

公共汽车交通线路的设计通行能力等于该计算值乘以 0.8。公共汽车线路的客运能力等于线路的通行能力乘以汽车的额定载客量。

5.5.2 城市轨道交通系统运输能力

运输能力是通过能力和输送能力的总称。为满足客运需求、完成运输任务，轨道交通必须具备一定的运输能力。运输能力的大小主要取决于固定设备、活动设备、技术设备的运用、行车组织方法和行车作业人员的数量，技能水平等。根据使用性质的不同，运输能力可分为设计能力和可用能力。

（1）设计能力

设计能力是指某线路上某一方向 1h 内通过某一点的旅客空间数量。设计能力相当于最大能力、理论能力或理论最大能力，一般很难实现。影响设计能力的要素主要是两个，即线路能力和列车能力，则有：

$$设计能力＝线路能力×列车能力＝线路能力×每列车辆数×每辆车定员数 \quad (5\text{-}35)$$

每辆车定员数包括座位数和站立面积上所容纳的乘客数。站立面积为可用面积，要扣除座位面积、旅客腿部所占面积和设备所占面积。根据《城市轨道交通工程项目建设标准》建标 104—2008 的规定：

1）定员。每辆车的定员，由座席位和站席位的总和确定，是正常情况下载客能力的计算依据。

2）座席。车辆的座位数宜占总定员的 15％～20％。当全程线路大于 35km，平均运距大于 12km/h，根据客流性质，宜适当降低车辆定员。

3）座席区。每位座席区面积计算范围包括座椅横截面宽度（0.45～0.5m）和座前区（0.20～0.25m），座席区横截面总宽度按 0.7m 计。

4）站席。车内面积扣除座席区及相关设施的面积后，按 6 人/m² 计。

5）超员。每辆车的超员，按座席不变，站席以 9 人/m² 计，超员系数（超员与定员的比值）不宜小于 1.4，与车站客流的超高峰系数相适应，并应作为车辆构造强度和制动力计算的依据。

6）车辆客室的车门开启宽度不宜小于 1.3m，每侧车门数量应与定员相匹配。

车辆内乘客站立人员密度是舒适度标准，也是定员标准，以此评价满载率。经理论分析，并与日本和俄罗斯的标准对比，以《城市轨道交通工程项目建设标准》确定我国车内乘客站立人员密度评价标准宜符合如表 5-18 所示的规定。

车内乘客站立人员密度评价标准　　　　　　　　　　表 5-18

站席密度（人/m²）	乘客拥挤情况	评价标准		
		中国	日本	俄罗斯
3 以下	乘客可以自由流动，十分宽松	舒适	舒适	好
4	平均每位乘客占有 0.5m×0.5m 的空间，有较大宽松度，乘客可以看书报	良好	正常	好
5	平均每位乘客占有 0.5m×0.4m 的空间，有一定宽松度，部分乘客可以看书报	良好	正常	好

站席密度 （人/m²）	乘客拥挤情况	评价标准		
		中国	日本	俄罗斯
6	平均每位乘客占有 0.5m×0.33m 的空间，感到不宽松、不拥挤，稍可活动，是舒适度的临界状态	临界状态（定员标准）	中间状态	好
7	平均每位乘客占有 0.47m×0.3m 的空间，感到有些拥挤，站席范围有些突破	有些拥挤	可接受	一般
8	平均每位乘客占有 0.42m×0.3m 的空间，身体有接触，需错位排列，并突破站席范围，感到比较拥挤	比较拥挤	可接受	一般
9	平均每人占有的空间非常拥挤，需突破站席范围，挤人座区，此情况偶有可能出现（车辆制造强度必须满足）	非常拥挤（超员标准）	非常拥挤	不好
10	需突破站席范围，挤人座区，极为拥挤，难以忍受，影响上下车行为和总时间，属极端情况	难以忍受	极为拥挤	不好

（2）可用能力

可用能力是指在允许旅客需求分散条件下，某一线路某一方向 1h 内所能输送的总旅客数。

可用能力计算公式：

$$可用能力 = 设计能力 \times 高峰分散系数 \tag{5-36}$$

在城市交通网络上，运输能力计算还必须考虑旅客需求的变化。一般来说，高峰期能力利用系数在 0.75～0.95，其高限只有在纽约和墨西哥等少数系统才能达到，大多数系统的高峰期能力利用系数在 0.75～0.90。

第6章 建设项目交通影响程度评价

交通影响程度评价是建设项目交通影响评价的关键环节。通过分别计算未将建设项目新生成交通量与背景交通量进行叠加，和将建设项目新生成交通量与背景交通量进行叠加的两种情况下的交通系统运行指标，确定建设项目建成前后交通系统服务水平的变化程度，评价建设项目交通增加是否对原有交通系统产生了显著的影响。建设项目对周边地区的交通影响是否已经造成了严重的影响，或者是采取一定的交通改善措施后能否确保建设项目周边的道路交通服务水平维持在一定的标准，这些都是交通影响评价需要进行的工作。

6.1 概述

6.1.1 评价对象

交通影响评价的对象是与项目新生成交通相关的评价范围内的交通系统。交通系统包括各类交通设施以及其上的交通运行组织。按照交通设施的使用主体，将交通影响程度评价的对象分为机动车交通、公共交通、慢行交通和停车四大类。其中，机动车交通设施包括路段与交叉口、项目机动车出入口、高速公路与快速路的长路段、交织区和匝道；公共交通设施包括线路与站点；慢行交通设施包括非机动车交通设施和行人交通设施；停车交通设施包括项目内部机动车停车场（库）设施。

6.1.2 评价指标与评价方法

由于各种交通设施的使用主体、运行特性和评价重点有所区别，导致了不同交通设施的交通影响程度的评价指标也有所区别。机动车交通设施的评价重点主要是考虑其运行效率，公共交通设施的评价重点主要是考虑富余容量和车内拥挤程度，慢行交通设施的评价重点是考虑非机动车和行人的运行安全及舒适度，停车设施的评价重点是考虑项目停车的供给水平以及出入口的衔接。不同设施的评价方法也有所区别，有明确服务水平的设施可以通过项目新生成交通量加入前后的服务水平变化进行评价，没有明确服务水平的设施则通过分析设施是否达到需要改扩建、新建的要求进行评价。

将需要进行交通影响程度评价的各类评价对象的评价指标和评价方法归纳如表 6-1 所示。

各类评价对象的交通影响程度评价指标和评价方法 表 6-1

评价对象			评价指标	评价方法
路口 路段	交叉口	信号控制交叉口	进口道饱和度或者进口道延误	根据指标判断建设项目新生成交通量加入前后设施服务水平的变化，判断交通影响是否显著
		信号控制环形交叉口		

续表

评价对象			评价指标	评价方法
路口路段	交叉口	无信号控制交叉口	主要道路双向高峰小时流量、流量较大的次要道路单向高峰小时流量、行人过街双向高峰小时流量	根据指标判断是否需要增加标志、标线、信号灯，判断交通影响是否显著
		无信号控制单环道环形交叉口	进口道饱和度	根据指标判断建设项目交通量加入前后设施服务水平的变化，判断交通影响是否显著
		无信号控制多环道环形交叉口	交织区饱和度	
	出入口	按照交叉口评价，指标同相应交叉口		
	长路段	高速公路和快速路基本路段	交通流密度值	
		一级公路路段		
		二、三、四级公路路段	延误率	
	高速公路交织区		最小平均交织速度、最小平均非交织速度	
	匝道		汇合交通量、分离交通量、主线单向交通量	
公共交通	公共交通线路		公共交通线路剩余载客量	
	公交站点		站点公交车辆通行能力	
慢行交通	自行车交通	自行车专用道	路段自行车日流量、机动车单向日流量	根据指标确定是否需要改扩建、新建设施，从而判断交通影响是否显著
		自行车出入口	项目生产的自行车高峰小时流量	
	行人交通	行人交叉口过街设施	进入交叉口总人流量或交叉口一个进口横向过路的人流量、一个进口双向当量小汽车交通量、进入环形交叉口的当量小汽车交通量	
		行人路段过街设施	行人过街绕行距离	
		行人出入口设施	项目高峰小时行人量	
静态交通	项目内部停车		项目新生成停车需求	指标是否满足需求，出入口衔接是否合理

6.1.3 评价流程

虽然交通影响程度评价对不同分类评价对象有不同的评价指标和评价方法，但核心是比较建设项目新生成交通量加入前后的交通设施运行状况和服务水平的变化，其总体流程基本相同。根据不同的评价对象，分别计算背景交通量与加入项目新生产交通量后的评价指标，以及相关交通改善措施和改善评价指标。

交通影响程度评价的流程如下：

第1步，根据评价对象的特性，按照交通影响评价技术标准中的相关规定，选择相应的程度评价指标。

第2步，分别计算背景交通量和加入项目新生成交通量后的交通量。

第3步，根据交通影响评价技术标准中对于交通影响评价程度判断的标准，进行显著性判断。

第4步，对于影响不显著的评价对象，结论为建设项目的交通影响可接受，评价结束；对于影响显著的评价对象，提出交通改善建议，然后按照上述步骤对改善后的交通设施运行状况重新进行评价。对于进行交通改善后交通影响变为不显著的建设项目，最终交通影响评价结论为交通影响程度可以接受；若进行多次交通改善后交通影响仍然显著，最终交通影响评价结论为交通影响不可接受，并结束评价程序。

6.2　交通影响程度总体评价

6.2.1　机动车交通影响程度评价

研究范围内的交叉口、项目出入口、长路段、交织区和匝道等设施的机动车交通影响程度评价的总体方法如下：

1）根据不同评价对象，选取评价指标。

2）计算评价设施背景交通量情况下的服务水平等级。

3）加入项目新生成交通量，再次计算被评价设施在叠加后的评价指标，并确定所评价设施在加入项目新生成交通量后的服务水平等级。

4）据项目新生成交通量加入前后的数值，评价对象服务水平等级的变化，确定交通影响程度是否显著。根据评价结果，考虑是否需要进行交通改善措施，如果需要再次评价则按照上述步骤再次评价，或结束评价。

6.2.2　公共交通影响程度评价

公共交通影响程度评价的对象包括公交站点和公共交通线路，其评价流程也包括项目附近公交站点和公共交通线路的交通影响评价内容，其总体流程如下：

1）用背景交通量下的数据，计算项目出入口步行范围内背景交通量下的公交线路剩余载客总容量。

2）用加入项目新生成交通量后的数据，计算加入项目新生成交通后的公交线路剩余载客总容量。

3）计算评价年限评价范围内（步行范围内）公交站点公交车辆通行能力和加入项目新生成交通量后的公交车辆停靠需求量。

4）根据《建设项目交通影响评价技术标准》CJJ/T 141—2010 中的相关指标，确定交通影响程度是否显著。根据评价结果，考虑是否需要进行公共交通改善措施或结束评价。

公共交通影响程度评价包括公共交通线路和站点两部分，取二者中影响程度最严重者作为最终评价结果。

6.2.3 慢行交通影响程度评价

慢行交通设施评价对象包括步行范围内非机动车交通设施和行人交通设施。其总体评价方法如下：

1) 计算慢行背景交通量、项目生成慢行交通量以及项目新生成交通量加入后的慢行交通量。

2) 对于建设项目步行范围内已有非机动车道和人行过街设施的情况，判断是否需要改建、扩建慢行交通设施。

3) 对于建设项目步行范围内没有非机动车道和人行过街设施的情况，判断是否需要新建慢行交通设施。

4) 对于已有非机动车和行人专用出入口的建设项目，判断是否需要改建、扩建非机动车和行人专用出入口。

5) 没有非机动车和行人专用出入口的建设项目，判断是否需要新建非机动车和行人专用出入口。

6) 根据《建设项目交通影响评价技术标准》CJJ/T 141—2010 中的相关指标，判断交通影响程度是否显著。根据评价结果，考虑是否需要进行交通改善措施并再次评价，或结束评价。

6.2.4 停车设施交通影响程度评价

停车设施指建设项目配建的停车场和停车库，若其容量小于评价年限高峰时段建设项目新生成的停车需求，会造成多余车辆无处停放，影响周边道路运行，降低周边道路的通行能力，导致路边违章停车现象。停车设施交通影响评价的指标包括停车设施自身车位数量和评价年限停车高峰期的车位需求。若设施自身车位数量小于高峰期的车位需求，则认为该停车设施对交通系统具有显著影响。停车设施车位数一般根据建设项目规划方案资料得到，评价年限停车高峰车位需求则需要通过交通预测获得。

停车设施交通影响评价方法如下：

1) 收集项目设计方案所规划的配建停车设施的车位供给容量。

2) 确定项目停车需求量。

3) 确定停车设施的交通影响程度是否显著，根据评价结果，考虑是否需要进行交通改善并再次进行评价，或结束评价。

6.3 交通影响评价技术标准

6.3.1 机动车交通影响评价

进行交通影响评价时，应根据建设项目新生成交通量加入前后的路网机动车交通服务水平的变化，确定建设项目对机动车交通系统是否具有显著的影响，也就是说对有该建设项目交通量和无该建设项目交通量，与背景交通量进行叠加的两种情况下，将评价年限评价时段的道路交通服务水平进行对比分析，进而评价建设项目新生成交通量对道路交通系统的影响程度。

当建设项目新生成交通量令评价范围内机动车交通量增加，导致项目出入口、道路交叉口任一进口道的交通服务水平发生变化，且背景交通服务水平和加入项目新生成交通量后的服务水平符合下列任一款的规定时，应判定建设项目对评价范围内交通系统具有显著影响。

1）信号交叉口、信号环形交叉口以及无信号单环道环形交叉口，其机动车交通显著影响判定标准应符合如表 6-2 所示的规定。

信号交叉口机动车交通显著影响判定标准　　　　　　　　　　　　表 6-2

背景交通服务水平	项目新生成交通加入后的服务水平
A	
B	D、E、F
C	
D	E、F
E	F
F	F

2）除无信号环形交叉口以外的无信号交叉口，其机动车交通显著影响判定标准应符合如表 6-3 所示的规定。

无信号交叉口机动车交通显著影响判定标准　　　　　　　　　　　表 6-3

背景交通服务水平	项目新生成交通加入后的服务水平
一级	二级、三级
二级	三级

3）背景交通服务水平为三级的无信号交叉口，应首先进行信号灯设计，并按照信号交叉口交通影响判定标准重新计算后判定；信号灯的设置依据应参考国家标准执行。

4）无信号多环道环形交叉口，应根据环道交织区服务水平变化判断其机动车交通影响，显著影响判定标准的应符合如表 6-4 所示的规定。

当建设项目机动车交通对评价范围内的长路段、高速公路交织区匝道的交通影响程度符合如表 6-4 所示的规定，应判定建设项目对评价范围内交通系统有显著影响。

长路段、交织区、匝道机动车交通显著影响判定标准　　　　　　　表 6-4

背景交通服务水平	项目新生成交通加入后的服务水平
一级	
二级	四级
三级	
四级	

6.3.2　慢行交通影响评价

对慢行交通的评价应采取定量与定性相结合的方法，除对慢行设施服务水平进行评价外，还需从慢行设施的安全性、舒适性、便利性、环境品质等方面进行评价。根据《城市道路工程设计规范》（2016 年版）CJJ 37—2012，路段非机动车服务水平分级标准应符合如表 6-5 所示的规定。

非机动车道路段服务水平 表 6-5

指标＼服务水平	一级（自由骑行）	二级（稳定骑行）	三级（骑行受限）	四级（间断骑行）
骑行速度（km/h）	＞20	20～15	15～10	10～5
占用道路面积（m²）	＞7	7～5	5～3	＜3
负荷度	＜0.40	0.55～0.70	0.70～0.85	＞0.85

交叉口自行车服务水平分级标准应符合如表 6-6 所示的规定。

非机动车道交叉口服务水平 表 6-6

指标＼服务水平	一级	二级	三级	四级
停车延误时间（s）	＜40	40～60	60～90	＞90
通过交叉口骑行速度（km/h）	＞13	13～9	9～6	6～4
负荷度	＜0.7	0.7～0.8	0.8～0.9	＞0.9
路口停车率（%）	＜30	30～40	40～50	＞50
占用道路面积（m²）	8～6	6～4	4～2	＜2

人行道服务水平分级标准应符合如表 6-7 所示的规定。

人行道服务水平 表 6-7

指标＼服务水平	一级	二级	三级	四级
人均占用面积（m²）	＞2.0	1.2～2.0	0.5～1.2	＜0.5
人均纵向间距（m）	＞2.5	1.8～2.5	1.4～1.8	＜1.4
人均横向间距（m）	＞1.0	0.8～1.0	0.7～0.8	＜0.7
步行速度（m/s）	＞1.1	1.0～1.1	0.8～1.0	＜0.8
最大服务交通量［人/（h·m）］	1580	2500	2940	3600

当建设项目新生成交通量导致评价范围内非机动车、行人等慢行交通设施需要改、扩建或新建时，应判定建设项目对评价范围内交通系统有显著影响。

（1）非机动车

若评价范围内建设项目新生成的自行车交通所必经的道路未设置非机动车道，且加入建设项目新生成的非机动车交通量进行叠加后，非机动车道上的非机动车交通流量超过 1000 辆/日，同时道路上的机动车流量超过 2000 辆/日时，应判定建设项目对评价范围内的交通系统有显著影响，需要新建或扩建非机动车道。

若评价范围内建设项目新生成的自行车交通所必经的道路已设有非机动车道，如加入建设项目新生成的非机动车交通量进行叠加后，非机动车道上的非机动车交通量超过 850

辆/h/m，则需要对非机动车道进行改建或扩建。

（2）步行

若评价范围内的建设项目新生成的步行交通所必经的道路未设置人行道，应判定建设项目对评价范围内的交通系统有显著影响，需加建人行道。

若评价范围内的建设项目新生成的步行交通所必经的道路已设置人行道，但加入项目新生成交通量进行叠加后，该人行道的交通服务水平在商业区低于 C 级或在居住区低于 B 级，则应判定建设项目对评价范围内交通系统产生显著影响。

若路段或平面交叉口未设置立体人行过街设施（人行天桥或地道），当进入交叉口的总人流量达 18000 人次/h；或交叉口某一进口过街行人的人流量超过 5000 人次/h，且同时双向交通量超过 1200 辆/h；或进入环形交叉口总人流量达 18000 人次/h，且进入环形交叉口的交通量超过 2000 辆/h 时，应当考虑设置立体人行过街设施。

6.3.3　公共交通系统交通影响评价

在评价时段内，当建设项目出入口步行范围内的所有公交站点所停靠的线路背景交通剩余载客总容量为负值时，或建设项目新生成公共交通出行量超过背景交通剩余载客总容量时，应判定建设项目对评价范围内交通系统产生显著影响。

公共交通系统的交通影响评价主要对建设项目出入口步行范围内的公共交通系统进行评价，步行范围应根据实际情况在 200～500m 之间取值，对于城市中心区等公共交通覆盖率较高的区域，宜取步行范围的下限；对于城市外围区，宜取步行范围的上限。

当建设项目出入口步行范围内的主要公共交通（含轨道）站点，在评价时段，停靠线路的背景交通剩余载客容量为负值或者建设项目新生成的公共交通出行量超过相应背景公共交通线路剩余载客容量时，应判定建设项目对评价范围内交通系统有显著影响。

公共交通线路剩余载客容量 P_r 应按下式确定：

$$P_r = \sum_i \left[60(S_i - O_i)/f_i \times C_i \right] \tag{6-1}$$

式中　S_i——线路 i 可接受服务水平时的载客率（%），应取额定载客率的 70%；

　　　f_i——线路 i 评价时段发车间隔（min）；

　　　C_i——线路 i 单车载客率（人）；

　　　O_i——线路 i 在项目最近公交站点的评价时段的载客率（%）。

建设项目新生成交通量除能够造成评价范围内公共交通服务水平的下降外，还会对公共交通站场等设施产生影响，如在建设项目出入口增设信号灯时，可能会导致原有的公交站点不符合距离规范要求，需要对其位置进行调整；公共交通客流的增加可能需要对公共交通站台进行改造、扩大站台面积或改造成港湾式公交停靠站。如果建设项目新生成的公共交通出行量导致了评价范围内公共交通站场设施的改建、扩建或新建，应判定该建设项目对评价范围内交通系统产生显著影响。

6.3.4　静态交通影响评价

静态交通影响评价内容包括建设项目的配建停车泊位数量是否满足配建指标的要求，停车场（库）的开口位置是否对道路交通产生显著影响，停车场（库）的上下坡道位置及内部设施的布局是否合理，停车场（库）的内部交通组织流线是否通畅合理，停车泊位尺寸、内部通道尺寸是否满足相应规范的要求、布置是否合理等。

建设项目所生成的停车需求原则上应在项目用地内部解决，否则就会对周围的停车设施造成影响，或造成周边道路通行能力的下降或违章停放行为的出现，当建设项目新生成停车需求超过其配建停车设施能力时，应判定建设项目对评价范围内交通系统有显著影响。因此，必须根据各个城市的实际情况，制定相应的配建停车指标，指导当地的项目停车建设。

1. 停车泊位

《城市停车规划规范》GB/T 51149—2016 规定，建筑物分类按照用地性质、建筑性质、使用对象、建筑类型等特征划分建筑物大类，然后分析各类建筑物停车需求特征，按照停车需求特征差异进一步细分子类。各城市的建筑物停车配建指标应在专题研究的基础上，根据各城市的具体情况确定，机动车及非机动车停车配建指标下限值不应低于如表6-8所示的规定。

建筑物分类与停车配建指标下限值　　　　　　　　　　　　表 6-8

建筑物大类	建筑物子类	单位	机动车	非机动车
居住	别墅	车位/户	1	0.5
	高级公寓	车位/户	0.8	0.5
	普通住宅	车位/户	0.3	1
	商住两用	车位/户	0.6	1
	经济适用房	车位/户	0.2	1
	危改房	车位/户	0.3	1
办公	行政办公	车位/100m²建筑面积	0.4	1
	商业办公	车位/100m²建筑面积	0.4	1
	其他办公	车位/100m²建筑面积	0.4	1
商业	酒店	车位/客房	0.2	0.25
	宾馆	车位/客房	0.2	0.5
	餐饮	车位/100m²建筑面积	0.75	1
	娱乐	车位/100m²建筑面积	0.75	1
	银行、保险	车位/100m²建筑面积	0.25	1
	商业	车位/100m²建筑面积	0.4	1
	商场	车位/100m²建筑面积	0.4	1.2
	配套商业	车位/100m²建筑面积	0.25	2
	大型超市、仓储式超市	车位/100m²建筑面积	0.4	1
	综合市场、农贸市场、批发市场	车位/100m²建筑面积	0.3	1
学校	幼儿园	车位/100 师生	0.45	5
	小学	车位/100 师生	0.5	15
	中学	车位/100 师生	0.5	40
	中专职校	车位/100 师生	0.7	35
	大专院校	车位/100 师生	0.7	30

续表

建筑物大类	建筑物子类	单位	机动车	非机动车
文化体育设施	体育设施	车位/100 座位	1.2	12
	展览馆	车位/100m² 建筑面积	0.4	1
	科技馆、博物馆、图书馆	车位/100m² 建筑面积	0.3	1.5
	会议中心	车位/100 座位	2.5	15
	影剧院	车位/100 座位	2	15
工业	厂房	车位/100m² 建筑面积	0.1	1
	仓库	车位/100m² 建筑面积	0.1	1
交通枢纽	火车站	车位/100 高峰乘客	0.2	2
	港口	车位/100 高峰乘客	0.2	2
	汽车站	车位/100 高峰乘客	0.15	3
	客运广场	车位/100 高峰乘客	0.4	3
	公交枢纽	车位/100 高峰乘客	0.1	4
	机场	车位/100 高峰乘客	0.4	2
游览场所	风景公园	车位/hm² 占地面积	0.015	5
	主题公园	车位/100m² 占地面积	0.02	10
	其他公园	车位/100m² 占地面积	0.01	10
医院	综合医院	车位/100m² 建筑面积	0.4	1.2
	其他医院（包括独立门诊、专科医院等）	车位/100m² 建筑面积	0.3	1.2

另外，各个省市在调研分析的基础上提出了各自的停车指标。北京市规定行政区域内新建、改建、扩建的总建筑面积大于 2000m² 的公共建筑配建机动车停车位应按照表6-9中的规定执行。

北京市公共建筑机动车停车配建指标　　　　表6-9

建筑类别			单位	一类地区 上限	二类地区 上下限	三类地区 上下限	四类地区 下限
行政办公			车位/100m² 建筑面积	0.45	0.45~0.6	0.65~0.85	0.65
商务			车位/100m² 建筑面积	0.35	0.35~0.5	0.5~0.7	0.65
商业	酒店、宾馆		车位/客房	0.3	0.3~0.4	0.4~0.6	0.4
	餐饮、娱乐		车位/100m² 建筑面积	1.5	1.5~1.8	1.7~2.2	2
	商场	≥10000m²	车位/100m² 建筑面积	0.5	0.5~0.7	0.6~0.8	0.7
		<10000m²	车位/100m² 建筑面积	0.6	0.6~0.8	0.7~0.9	0.8
	大型超市、仓储式超市		车位/100m² 建筑面积	0.6	0.6~0.9	1.25~1.75	1.3
	综合市场、农贸市场、批发市场		车位/100m² 建筑面积	—	—	1.1~1.5	1.3
医院	综合医院、专科医院		车位/100m² 建筑面积	1.2	1.2	1.3	1.4
	社区卫生服务中心		车位/100m² 建筑面积	0.6	0.6	0.7	0.8

续表

建筑类别		单位	一类地区	二类地区	三类地区	四类地区
			上限	上下限	上下限	下限
学校	中小学	车位/百教职工	5	5.0～6.0	10.0～15.0	15
	大专院校	车位/百教职工	10	10.0～15.0	20.0～25.0	30
体育设施	体育场≥15000座位，体育馆≥3000座位	车位/百座	1	1.0～2.0	2.0～3.0	3
	体育场<15000座位，体育馆<3000座位	车位/百座	4	4.0～5.0	5.0～6.0	6
文化设施	影剧院	车位/百座	4	4.0～5.5	8.0～10.0	12
	科技馆、博物馆、图书馆	车位/100m²建筑面积	0.4	0.4～0.6	0.6～0.8	0.8
	会议中心	车位/100m²建筑面积	0.6	0.6～0.8	0.6～0.9	0.8
	展览馆	车位/100m²建筑面积	0.3	0.3～0.5	0.7～0.9	1

山东省编制了《城市建设项目配建停车位设置规范》DBJ 14—070—2010，把规划区域划分为三类，其中Ⅰ类区域是指大城市中心区、大城市重要地段；Ⅱ类区域是指中等城市中心区、大城市其他地区；Ⅲ类区域是指小城市、中等城市其他地区。其停车配建指标如表6-10所示：

建筑物停车位指标 表6-10

类别		单位	指标			
			机动车			自行车
			Ⅰ类区域	Ⅱ类区域	Ⅲ类区域	
住宅	≥120m²高档商品房	车位/每套	1.5	1.2	1.0	1.0
	90～120m²高档商品房	车位/每套	1.2	1.0	0.6	1.0
	<90m²普通商品房	车位/每套	0.8	0.6	0.6	1.5
	经济适用房、廉租房	车位/每套	0.5	0.3	0.2	2.0
办公	行政办公	车位/100m²建筑面积	1.2	0.8	0.6	4.0
	商务办公	车位/100m²建筑面积	1.2	0.8	0.6	3.0
	其他办公	车位/100m²建筑面积	1.0	0.6	0.4	5.0
商业	大型市场、商业中心	车位/100m²建筑面积	1.2	0.8	0.6	10.0
	市场	车位/100m²建筑面积	0.8	0.6	0.5	8.0
	其他商业	车位/100m²建筑面积	0.6	0.4	0.3	6.0
	餐饮、娱乐	车位/100m²建筑面积	2	1.5	1.0	3.0
旅馆	三星级以上宾馆	泊位/客房	0.6	0.4	0.3	1.0
	其他普通旅客	泊位/客房	0.4	0.3	0.2	1.0
医院	市级及市级以上医院	车位/100m²建筑面积	1.0	0.6	0.5	4.0

以上配建的停车场指标可以作为交通影响评价中停车配建指标的参考，建设项目若是大型公共建筑、大中型居住小区、交通枢纽、大型停车库（场）、物流园区等吸引了大量

的人流、车流的城市交通设施项目；或者位于城市快速路或主干路两侧、主次干路交叉口附近、城市出入口道路、交通繁忙地区规模较大的公共建筑等区位，则应综合考虑建设项目对外交通需求特征、周边道路交通条件、上层次规划要求等因素，按照安全、便捷、高效、以人为本的原则对建设项目的配建停车场指标进行评价。

2. 出入口评价

根据《城市停车规划规范》GB/T 51149—2016 对停车场出入口规划指标做了详细的规定，具体指标如下：

1）大中型停车场车辆出入口不应少于 2 个，特大型停车场车辆出入口不应少于 3 个，并应设置专用人行出入口，且两个机动车出入口之间的净距离不应小于 15m。

2）停车场宜采用单向出入口形式，在受视野、距离等客观条件的限制时，可采用双向出入口形式。

3）停车场出入口的宽度，双向行驶时应不小于 7m，单向行驶时应不小于 5m。

4）城市公共停车场的出入口不宜直接与城市主干路相连接；在城市道路为三幅路（或以上）的道路上，出入口应先与两侧辅路相连接，然后再根据道路的出入口位置汇入道路主路。

5）城市公共停车场出入口要具有良好的视野，机动车出入口的位置距离人行过街天桥、地道和桥梁、隧道引道应大于 50m，距离道路交叉口停止线应大于 80m，距离公交车站近端点应大于 30m，距离城市道路的规划红线不应小于 7.5m，并在距出入口边线内 2m 处视点的 120°范围内至边线外 7.5m 以上，且不应有遮挡视线障碍物，如图 6-1 所示。

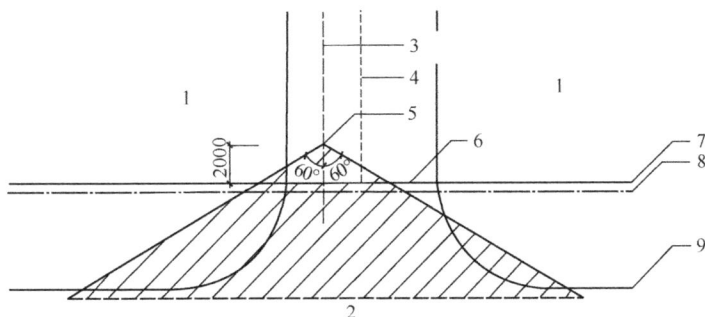

图 6-1 机动车基地出入口通视要求示意图

1—建筑基地；2—城市道路；3—车道中心线；4—车道边线；5—视点位置；
6—基地机动车出入口；7—基地边线；8—道路红线；9—道路缘石线

建设项目出入口与机动车停车场（库）出入口评价的主要内容及评价标准如表 6-11、表 6-12 所示。其他评价内容可参照相应规范标准执行。

建设项目机动车出入口评价标准 表 6-11

指标	内容	评价标准
位置关系	建设项目位于城市快速路或主干路旁	严禁开设在快速路上，严格控制开设在主干路上
	建设项目位于主干路与次干道、支路相交的位置旁	宜设在次干路和支路上
	建设项目位于次干道与支路相交的位置旁	宜设在支路上

指标	内容	评价标准
距离关系	开设在主干路上的建设项目出入口	出入口中线距离路缘石曲线终点长度不应小于80m，或位于基地最远端
	开设在次干路上的建设项目出入口	出入口中线距离路缘石曲线终点长度不应小于50m，或位于基地最远端
	开设在支路上的建设项目出入口	出入口中线距离路缘石曲线终点长度不应小于30m，或位于基地最远端
	与人行天桥、地道口、桥梁隧道引道的距离	不小于50m
	与规划道路交叉口转弯半径中点的垂直距离	不小于30m
数量关系	相邻的建设项目在用地分界线两侧分别设置出入口时	2个出入口应合并为1个
几何条件	双向行驶的出入口车行道净宽	不小于6m
	单向行驶的出入口车行道净宽	不小于4m
	建设项目出入口与城市道路	相交角度为75°～90°，并具有良好的通视条件满足视距要求

机动车停车场（库）出入口评价标准　　　　表 6-12

指标	内容	评价标准
位置关系	建设项目配建的机动车停车场（库）出入口	不宜直接与城市道路连接，应设置在项目内部的道路上
距离关系	车库出入口与城市道路的规划红线距离	不应小于7.5m
	平行城市道路与城市道路斜交时，坡道终点应后退至基地的出入口	不小于5m，转弯半径不小于7m
	机动车停车库出入口之间的净距	当机动车停车泊位数大于50个且小于500个时，不小于10m；当机动车停车泊位数不小于500个时，不小于15m
数量关系	当机动车停车泊位数大于50个且小于500个时	出入口不少于2个
	当机动停车泊位数部小于500个时	不少于3个出入口，并应当单独设置人流专用出入口

第7章 交通影响分析改善措施

当建设项目的影响程度达到显著时，需要采取相应的改善措施保障建设项目不对路网交通产生显著的影响。通常采取的方法有土地利用改善和交通组织优化两种方法。

土地利用改善主要通过土地开发强度的改善和土地利用性质的改善将建设项目的出行量降低至一定范围，使影响程度不显著，这种方法往往以牺牲土地开发强度为代价。

交通组织优化是解决城市交通拥堵的有效手段，优化的方法主要为合理调控交通需求，均衡分担路网流量，在路段层面上进行通行能力匹配、路网流量负荷均分；节点层面上进行信号配时优化，车辆道路渠化精细化，智能交通管理精准化；静态交通层面上进行停车资源与路权分配匹配，采取智慧诱导、动静协调等多项举措进行优化。

7.1 土地利用改善措施

7.1.1 项目开发强度改善

由交通与土地利用的关系可知，项目的开发强度决定其对周边路网的交通影响程度，故降低项目开发强度是从根本上减少交通影响的改善措施。

项目开发强度改善指的是从项目交通生成总量上进行限制。不同的土地利用性质具有不同的交通生成率，因此项目开发强度改善包括容积率的降低，以及与不改变容积率进行各种土地利用性质的优化组合两种方法。

土地开发过程中，通常会对其用地性质进行分类界定，如住宅、商业、办公、餐饮、娱乐、酒店等。针对用地性质比较单一的开发项目，降低其容积率就直接减少了其交通生成总量，针对包含多种用地性质的综合体项目，可同时采用上述两种方法进行改善。

建设项目在立项阶段与方案规划阶段均需对项目的建设性质与规模提出建议，并以此为依据，估算其交通影响费。

7.1.2 土地利用性质改善

当项目对周边道路交通设施的影响较大时，可考虑调整项目的使用功能以减少交通出行。当然，项目的使用功能的调整一般是在用地大类甚至中类不变的前提下进行局部或小类调整，如将公共服务设施里面的商场调整为旅馆，将办公调整为科研；也可以对业态进行调整，如将超市调整为百货，将普通零售调整为品牌专卖；也可以对复合型开发项目或兼容型开发项目的结构进行调整，如对旅馆和商务之间建筑面积进行调整，对商业和餐饮之间建筑面积进行调整。总的原则是在不改变建筑大类功能的前提下，遵循法定的控制性详细规划和控制性规定，对部分建筑的使用功能进行调整。

建筑使用功能的调整应与开发商进行沟通和协调。开发商进行地块的开发是为了获得相应的经济利益，如果过度调整则会损害开发商的盈利，导致地块的开发失去经济盈利点。

7.2 基地出入口与项目内部交通设施改善

7.2.1 基地出入口交通改善

基地对外出入口包括机动车、非机动车、消防、人行出入口，基地出入口通常指的是项目机动车出入口。为减少项目对周边路网的交通影响，项目基地出入口布局与数量需要符合规范的要求，相关参数以当地相关规定为准。

（1）基地出入口布局

基地出入口的布局应该满足第6.2.4节中"2. 出入口评价"相关指标的要求，否则应进行基地出入口交通改善。

（2）停车场交通组织

1）停车场的交通组织应保证进出车辆和人员的交通安全，尽量采取人车分流的措施，避免车流和人流产生交织，并保证车流和人流的顺畅。

2）停车场出入口设置在城市主干道上时，机动车交通组织应采用右进右出的方式，严禁左转直接穿越主干道。

3）停车场出入口设置在城市次干道、支路上时，机动车交通组织宜采用右进右出的方式，在不影响对向道路交通的情况下，可采用左转方式驶入或驶出。

7.2.2 项目内部交通设施改善

1. 内部道路交通改善

城市规划管理技术中规定建筑物需要后退至道路红线外，为人流、车流、消防的紧急疏散提供空间。若在建筑退让区布设机动车临时停车位，需谨慎考虑建筑退让距离，以满足临时停车的交通组织。项目位于交叉口附近，除按规划要求后退至道路红线外，还必须满足视距三角形的要求。为留出足够的开放空间，合理组织和渠化交通，交叉口四周的建筑控制线必须严格遵循相应的技术标准和规定。

影剧院、体育馆、博物馆、大型商场以及重要的交通枢纽等存在大量人流、车流集散的各类建筑，应在建筑红线内增设集散广场，集散广场的大小应由城市规划行政主管部门根据建筑对道路交通的影响核准确定。

项目规划总平面应保证基地内有车辆环形道路或回转场地，并符合机动车车流与上下客及停车库（场）之间交通组织的要求。内部道路常常根据地面停车规模及停车库（场）出入口的布局进行合理组织。常用的组织原则有：内部主要道路应设双车道，其宽度需满足准行车辆的通行要求；地库出入口距离基地出入口不宜过远，以减少地面的人车冲突。

2. 配建停车设施交通改善

配建停车设施交通改善主要包括配建停车设施规模、供需平衡及布局改善、停车场（库）出入口改善与停车场（库）内部关键参数改善等。

（1）配建停车设施规模供需平衡及布局改善

1）停车需求计算与供应复核。

停车需求计算通常以项目规划设计要点、城市管理技术规定等相关规定为依据进行计算。停车供应复核包括停车位数量复核、停车位有效性复核等。

2）平衡分析。

当规划停车设施规模供大于需求规模的情况，对建设项目交通区位进行综合分析，若周边交通设施综合服务水平较高或者位于城市外围区，可以不必减少规划停车设施规模；若项目周边交通设施综合服务水平较低或者位于城市中心城区，可根据交通需求管理原理，建议适当减少停车设施规模。

当停车设施规模供应小于需求规模的情况，通常需要增加规划停车设施规模，以达到供需平衡。若项目确实无法增加规划停车设施规模时，可采用降低项目开发强度或优化土地开发性质组合等措施来适度降低其停车需求的规模；若项目是综合体项目，可分析其是否实现共享式停车，以缓解停车供需矛盾；若项目位于中心城区且交通拥堵严重，可根据交通需求管理原理，适当降低配建指标。

3）布局改善。

配建停车设施布局改善，应根据各类用地的实际停车需求，尽量布局合理，以达到停车方便、减少人车相互干扰和保障交通安全的目的。

（2）机动车、非机动车停车库（场）设计改善

项目停车规模需满足配建标准或规划要求，其车位尺寸、通道宽度、转弯半径、纵坡设置等，需符合《车库建筑设计规范》JGJ 100—2015 等相关规范的规定。

通常随着项目的开发，项目周边交通系统的负荷势必增大，为维持其服务水平在可接受的范围，就须对项目周边交通系统进行综合交通改善，具体包括路段、交叉口、公共交通、交通安全及其他交通改善措施。

7.3　路段交通改善技术

7.3.1　道路宽度优化

1. 横断面布置

影响道路横断面形式与组成部分的因素很多，如城市规模大小、道路红线宽度、交通量、车辆类型与组成、设计速度、地理位置、排水方式、结构物的位置、相交道路交叉形式等。从横向布置分类看，目前使用的横断面从单幅路到八幅路均有，较为常见的是单幅路、两幅路、三幅路和四幅路。从竖向布置分类看，有地面式、高架式和路堑式。本节主要针对横向分类讲解。

（1）单幅路

单幅路一般为机动车与非机动车混合行驶，适用于机动车与非机动车交通量不大的城市道路。由于单幅路道路断面车道布置的灵活性，在中心城区红线受限时，车道划分可以根据机动车与非机动车高峰进行错时调剂使用。但应注意在公共汽车停靠站处采取交通管理措施，以便减少非机动车对公共汽车的干扰。

单幅路适用于机动车交通量不大、非机动车较少、红线较窄的次干路；交通量较少、车速低的支路；以及用地不足、拆迁困难的老城区道路；集文化、旅游、商业功能为一体

且红线宽度在 40m 以上，具有游行、迎宾、集合等特殊功能的主干路，推荐采用单幅路断面。

（2）两幅路

两幅路一般为机动车与非机动车混合行驶，适用于单向两条机动车道以上，非机动车较少的道路对绿化、照明、管线敷设均较为有利。例如，中心商业区、经济开发区、风景区、高科技园区或别墅区道路、郊区道路、城市出入口道路。对于横向高差大、地形特殊的道路，可利用地形优势采用上、下分行分离式断面。两幅路之间需设分隔带，可采用绿化带分隔。

两幅路适用于机动车交通量不大、非机动车较少的主干路；红线宽度较宽的次干路。

（3）三幅路

三幅路一般为机动车（设置辅路时，为主路机动车）与非机动车分行，保障了交通安全，提高了机动车的行驶速度。机非分行适用于机动车及非机动车交通量大、红线宽度大于或等于 40m 的道路。主辅分行适用于两侧机动车进出需求量大、红线宽度大于或等于 50m 的主干路。主、辅路或机、非之间需设分隔带，可采用绿化带分隔。

三幅路适用于机动车和非机动车交通量较大的主干路；需设置辅路的主干路；红线宽度较宽的次干路。

（4）四幅路

四幅路一般为机动车（设置辅路时，为主路机动车）与非机动车分行，保障了交通安全，提高了机动车的行驶速度。适用于机动车车速高、单向机动车车道 2 条以上、非机动车多的快速路与主干路。双向机动车道中间设有中央分隔带，机动车道与非机动车道或辅路间设有两侧带分隔，能保障行车安全。若有较高景观要求时人行道、两侧带、中央分隔带的宽度可适当增加。

四幅路适用于需设置辅路的快速路和主干路；机动车及非机动车交通量较大的主干路。

在道路交通改善措施实施时应根据道路横断面布置形式综合考虑路段交通改善措施。

2. 机动车道宽度设计

机动车道宽度由机动车道数量和每条车道的宽度决定。对于新建城市道路，机动车道数量由规划年设计小时交通量、设计通行能力、道路红线决定；对于改建道路，机动车道数可由规划年设计小时交通量、现状交通运行状况、道路红线、改建工程量等决定。

单车道宽度与道路等级、道路行驶车型、设计车速等相关，直接影响道路通行能力和安全水平。车道过宽，侧向净空增大，行驶速度较高，且车速分布离差增大，会频繁出现超速和超车现象，当流量较大时车辆易违规在同一车道内并行，导致行驶秩序混乱、安全性下降。车道过宽将增加土地资源的占用，效果并不理想。车道宽度过窄，会导致侧向净空降低、行驶速度降低、通行能力下降，还易引起车辆侧向刮擦、增加驾驶人心理压力、导致安全性和舒适性下降等，甚至可能无法满足车辆通行的基本要求。因此，合理设计机动车道宽度可以提高车辆行驶的安全与效率，改善交通秩序，还能够降低土地资源消耗，节省拆迁及建设成本。

机动车车道的宽度主要取决于设计车辆车身的宽度、横向安全距离（车身边缘与相邻部分边缘之间横向净距）以及车辆行驶时的摆动宽度。横向安全距离取决于车辆在行驶中摆动与偏移的宽度，以及车身与相邻车道或人行道路缘石边缘必要的安全距离。横向安全距离的值与车速、路面质量、驾驶技术以及交通秩序等因素有关。

近年来，国内许多城市已就压缩车道宽度问题做了试点，3.25~3.5m 的车道宽度已较为普遍地用在改建和条件受限的新建工程中，例如上海的高架道路等，部分地区采取了较为明显的压缩措施，将车道宽度减至 2.7~2.8m。并且也有不少的研究成果，如北京市市政工程设计研究总院 2008 年完成的《北京市城市道路机动车单车道宽度的研究》，针对北京市的具体情况，对车道宽度变化对运行车辆速度、安全及通过量方面的影响进行了研究，提出了车道宽度的合理取值。从目前的研究成果分析，可以得出以下结论：

1）由于城市交通状况及车辆组成的变化，尤其是车辆性能的提高，横向安全距离以及车速行驶时的摆动宽度，可以适当减小。

2）目前我国的公路和城市道路规范规定的机动车道宽度标准高于许多国家的车道宽度水平，各国车道宽度规定值如表 7-1 所示。

主要国家车道宽度表（单位：m）　　　　　表 7-1

道路等级＼国家		中国	美国	日本	英国	德国
高速公路		3.75	3.6~3.9	3.5	3.65~3.7	3.5~3.75
城市快速路		3.75	3.6~3.9	3.5	3.65~3.7	3.5
城市主干路	大型汽车或大、小型汽车混行（$V\geqslant40km/h$）	3.75	3.3~3.6	3.5	3.65	3.5
	大型汽车或大、小型汽车混行（$V<40km/h$）	3.5	3.3~3.6	3.25~3.5	3.5	3.25~3.5
	小客车车道	3.5	3.3~3.6	3.25	3.35	3.25
城市次干路与支路		3.5	3.3	2.75~3	3.35	2.75~3.25

《城市道路工程设计规范》（2016 年版）CJJ 37—2012 中规定的机动车车道宽度标准（表 7-2）高于《公路工程技术标准》JTG B01—2014 中的规定（表 7-3）。

《城市道路工程设计规范》（2016 年版）CJJ 37—2012 规定的一条机动车道最小宽度

表 7-2

车型及车道类型	设计速度（km/h）	
	＞60	≤60
大型车或混行车道（m）	3.75	3.50
小客车专用车道（m）	3.50	3.25

《公路工程技术标准》JTG B01—2014 规定的机动车车道宽度　　表 7-3

设计速度（km/h）	120	100	80	60	40	30	20
车道宽度（m）	3.75	3.75	3.75	3.50	3.50	3.25	3.00

《城市道路工程设计规范》（2016 年版）CJJ 37—2012 综合考虑目前的实际情况，结

合相关研究成果和工程实例，以设计速度 60km/h 为分界，对《城市道路设计规范》CJJ 37—1990 中对车道宽度的规定进行了修订，相关指标如下：设计速度小于或等于 60km/h 时，大型车或混行车道为 3.5m，小客车专用道为 3.25m；设计速度大于 60km/h 时，大型车或混行车道为 3.75m，小客车专用道为 3.5m。

3. 非机动车道宽度设计

非机动车道宽度需要保证非机动车的通行安全性和连续性，并避免与行人和机动车之间的相互干扰。

（1）宽度设定

非机动车道宽度可参考非机动单车道宽度的整数倍确定，非机动车道路双向行驶的最小宽度宜为 3.5m，最小宽度不得小于 2.5m，混有其他非机动车的，单向行驶的最小宽度应为 4.5m。可以进一步根据非机动车高峰小时交通量和单车道设计通行能力来确定非机动车道的条数。非机动车单车道宽度可取 1.0m；路段可能的通行能力推荐值在有分隔设施时可取 2100pcu/(h·m)，在无分隔设施时可取 1800pcu/(h·m)。

（2）隔离措施

非机动车道与机动车道之间可用绿化带、栅栏或白实线的方法进行隔离，尽量避免机非混行。人行道有足够宽度时，可以让非机动车在人行道行驶，用绿化带或不同铺装将行人流和非机动车流加以隔离或区分。

（3）改建道路关于非机动车道的考虑

1）如果非机动车的交通量较小，同时压缩后的人行道有足够的宽度可以将非机动车道改造成机动车道，让非机动车在人行道行驶。此时，要保证非机动车道和人行道有足够宽度，且符合技术标准要求。

2）如果非机动车道的宽度不小于 7m，而非机动车流量较小，可将非机动车道分为两部分，分别供机动车与非机动车使用。但应处理好车辆停靠点、公交停靠站和交叉口区域各类交通流的混行情况，以确保交通的安全性。

3）如果非机动车交通量存在明显的时变性，可对非机动车道进行动态管理。如果在非机动车早、晚高峰时段，禁止机动车利用非机动车道通行；平峰时段可以允许机动车出入非机动车道或临时停车，甚至可以变非机动车道为机动车道，而让非机动车在人行道行驶。此时，要保证非机动车道和人行道有足够的宽度，且符合技术标准要求。

4. 人行道宽度设计

路段人行道的设计要充分考虑行人通行的安全性、畅通性和舒适性，尽量避免与车辆共用通道。人行道宽度指专供行人通行的部分，应满足行人通行的安全和顺畅的需求。人行道宽度按下式计算。

$$w_p = N_w / N_{wl} \tag{7-1}$$

式中 w_p——人行道宽度（m）；

N_w——人行道高峰小时行人流量（人/h）；

N_{wl}——1m 宽人行道的设计通行能力（人/h·m）。

根据调查资料，我国城市道路中人行道宽度一般为 2~10m，商业街、火车站、长途汽车站附近路段人流密度大，携带的东西多，因此应设置为比一般路段人行道宽。

人行道宽度除了满足通行需求外，还应结合道路景观功能，尽量与横断面中各部分的宽度协调，各类道路的单侧人行道宽度宜与道路总宽度之间有适当的比例，其比值可参考如表7-4所示的选用。对行人流量大的道路应采用大值。行人通道的宽度应根据行人通行需求和人行道设计通行能力确定，最小宽度不得小于1.5m。

单侧人行道宽度与道路总宽度之比值参考表　　　　　　　　　　　表7-4

道路类别	横断面形式			道路类别	横断面形式		
	单幅式	两幅式	三幅式		单幅式	两幅式	三幅式
快速路	—	1/6~1/8	—	次干路	1/4~1/6	—	1/4~1/7
主干路	1/5~1/7	—	1/5~1/8	支路	1/3~1/5	—	—

在人行道靠近非机动车道或机动车道一侧，宜设置绿化带（行道树或灌木）用来分隔行人与车辆，也可以避免行人的不当穿越；当人行道较宽、行人和非机动车可共用时，宜采用不同的铺装形式，并用绿化带或街具将行人人流和非机动车车流加以隔离或区别。

人行道与非机动车车道之间，一般预留一定的分隔空间，用来设置公共设施，如公共电话亭、灯杆（慢行交通辅助灯）、防火栓、街具和各类标志标牌等，且附属设施不得妨碍行人和自行车的正常通行。另外，考虑到身体不便者和老幼出行者的通行需求，应做好无障碍设计，在交叉口或道路步行空间有变化处做好盲道设计。

5. 分隔带宽度设计

道路分隔带包括中央分隔带、机非分隔带及行人与非机动车之间的人非分隔带。分隔带用以分隔不同类型的交通流，同时可以调节道路景观环境、布置附属设施。通常道路资源相对紧缺，分隔带设计宽度往往取用满足其交通功能条件下的最小值。

（1）中央分隔带设计

中央分隔带分隔对向较高速度行驶的机动车车流，避免因相向行驶交通流的相互干扰而发生事故；设置适当的植物，以增加城市的景观效果；提供路中行人驻足等待空间；在交叉口内为左转车道提供有益的待行空间；为城市道路的发展预留用地空间。因此，中央分隔带的设计对其宽度、绿化、附属设施以及管线布设形式均有一定的要求，应满足设置掉头车道、行人过街待行区、绿化种植、交叉口进口道展宽或预留车道等的要求。

1）设置掉头车道的中央分隔带宽度。设置中央分隔带的城市主干路以快速通行为主，一般禁止机动车辆中途左转进出路侧的单位，因此需要在适当的位置设置掉头车道，以满足车辆进出单位的需求。同时，有条件时，为了保证掉头车辆及路段行驶车辆的安全，车辆完成掉头后须在辅道上行驶一段距离后再汇入主线。当中央分隔带宽度不足时，可通过路面标线加以渠化。

2）设置行人过街待行区的中央分隔带宽度应满足一辆非机动车安全待行的需要。

3）种植绿化的中央分隔带宽度。若在中央分隔带中设置各种景观，则应以满足植物存活的基本需要确定其宽度，一般不应小于1.5m。

4）考虑交叉口展宽的中央分隔带宽度。道路交叉口进口道一般在靠近中央分隔带一侧作适当拓宽，以增加左转车道。因此，中央分隔带设计应考虑这一展宽的需求。交叉口展宽一般与路段车道数、路段车道宽度和进口道车道宽度等相关，基本关系如表7-5所示。

考虑交叉口展宽的中央分隔带宽度要求表 表7-5

路段单向车道数	交叉口进口道车道数	交叉口进口道宽度（m）	中央分隔带削减宽度（m）	中央分隔带宽度（m）
2	3～4	10～13	1.5～3	3～4.5
3	5	16	2.5～3	4～4.5
4	6	19	2.5～3	4～4.5

注：交叉口展宽也可利用中央分隔带和机非分隔带，一般情况下两侧展宽宽度大致相等。

（2）机非分隔带设计

机非分隔带的主要作用是：分隔机动车与非机动车，避免其相互影响；为设置交通标志牌、路灯和设置地下管线提供空间；防止非机动车和行人违法穿越道路；设置公交停靠站等。因此，对机非分隔带宽度及绿化选择均有一定的要求。对于未设置公交停靠站的机非分隔带，考虑其中的设置交通标志牌、路灯、排水管道的需要，一般取其宽度为1.5m。

7.3.2 交通标志标线优化

1. 交通标志设置原则

设置交通标志是以确保交通畅通和行车安全为目的，应结合道路线形、交通状况、沿线设施等情况，根据交通标志的不同种类进行设置。以利于向道路使用者提供正确、及时的信息，使其通过交通标志的指令引导，能顺利、快捷地抵达目的地，不致发生违规等错误行驶。道路交通标志的设置除了应该符合《道路交通标志和标线》（第1部分～第3部分）GB 5768.1—2009～GB 5768.3—2009规定外，还应该遵循以下原则：

1）交通标志以确保交通畅通与行车、行人安全为目的，应结合道路线形、交通状况、沿线设施及环境等情况，按交通标志种类的不同要求进行设置，以便为道路使用者方便、正确、及时地提供信息，通过标志的引导指示，可顺利、快捷地到达目的地。交通标志应设在车辆行进的正前方，最易于看见的地方，视具体情况设置于道路右侧、中央分隔带或行车道上方，对于同一地点需设置两种以上的标志时，可以安装在同一根标志柱上，但最多不得超过四种，并避免出现相互矛盾的内容。标志牌在一根柱上应按警告、禁令、指示的顺序先上后下、先左后右排列。

2）交通标志的设置应根据实际需要进行总体布局设计，结合具体情况合理设置，防止出现信息不足或过载的现象，对于重要的信息应给予必要的重复。

3）统一性和连续性相结合，交通标志的设置应充分考虑道路使用者的行动特性，即充分考虑在动态条件下发现、判读标志及采取行动的时间和前置距离。

① 统一性是指在一定的距离内，交通标志和其他交通设施之间应该是协调的，即不相互矛盾。总体考虑布局，避免出现标志内容相互矛盾、重复的现象，尽量用最少的标志把必要的信息展现出来。另外，交通标志和交通标线、隔离墩、交通信号应该是统一设置的。

② 连续性是指交通设施的设置要使驾驶员在其观念上有时空上的连续性。一般驾驶员对城市的交通标志设置有一个从不熟悉到熟悉、不习惯到习惯的转变过程，形成相对稳定的观念。若交通标志的设置地点、标志内容发生突然变化，则驾驶员对交通标志所具有时空上的连续性观念就会中断，会造成驾驶员心理紧张，发生辨认错误。故设置交通标志

时，应充分考虑驾驶员的心理特点，并做好宣传。

统一性是从整体上考虑布设交通标志，连续性是从时空顺序上考虑布设交通标志，两者之间既有联系，又有区别。

4）交通标志的设置，应充分考虑道路使用者的生理、心理特征和行动特性，即在高速或动态条件下发现、识别、判读及采取行动所需的时间和前置距离。

5）昼夜性作用标志的照明或反光性，除了少数交通标志只在白天起作用外，大部分标志都是昼夜起作用的。故交通标志必须设置在照明条件较好，或者有发光或反光装置的位置，否则将不能保障夜间行车安全。夜间交通量较大的道路，应尽量采用反光标志。

6）解除限速，即解除禁止超车的标志，干路先行、停车让路、减速让行，会车先行，会车让行等标志均应单独设置，路侧标志应尽量减少对驾驶人的眩光，在装设时应尽可能与道路中线垂直或偏转一定的角度，禁令和指示标志为 $0°\sim45°$，指路和警告标志为 $0°\sim10°$。

2. 交通标志设置的尺寸标准

交通标志的版面设计参照《道路交通标志和标线》（第 1 部分～第 3 部分）GB 5768.1—2009～GB 5768.3—2009 和《城市道路交通标志和标线设置规范》GB 51038—2015。需要根据有关国家标准提出对交通标志的版面设计方案，同时考虑视认性等因素。

驾驶员的视认距离由汉字高度决定，汉字的尺寸越大，驾驶员的视认距离越远，汉字高度是由车速参照有关国家标准对指路标志的字体设计要求决定的。汉字高度参照如表 7-6 所示的执行。

汉字高度与车速的关系　　　　　　　　　　表 7-6

车速（km/h）	100～120	71～99	40～70	<40
汉字高度（cm）	60～70	50～60	35～50	25～30

现有的交通标志的版面设计各式各样，对于版面尺寸来说，会随设计的版面形式和文字的多少而变化，由于标志安放在路侧，尺寸太大会对路侧行人造成影响，尺寸太小导致字体模糊，驾驶员视认能力受限制。版面尺寸需要参照有关国家标准对指路标志的具体规定，其他文字的高度和设计尺寸都应该根据汉字高度确定。如表 7-7、表 7-8 所示。

其他文字与汉字高度的关系　　　　　　　　　表 7-7

其他文字		与汉字高度 h 的关系
拼音字母、拉丁字母或少数民族文字	大小写	$1/3h\sim1/2h$
阿拉伯数字	字高	h
	字宽	$1/2h\sim4/5h$
	粗笔划	$1/6h\sim1/5h$

文字设置取值表　　　　　　　　　　　　表 7-8

文字设置	与汉字高度 h 关系
字间隔	$1/10h$ 以上
粗笔划	$1/14h\sim1/10h$
字行距	$1/5h\sim1/3h$
距标志边缘最小距离	$2/5h$

3. 交通标线设置原则

道路交通标线包括行车道线、人行横道线、停止线、车行道中心线、车道分界线、导向箭头等，在设置时应考虑路段和交叉口的形式、交通量、车行道宽度、转弯车辆的比例、非机动车混入率等因素。道路交通标线的设置除了应该符合《道路交通标志和标线》（第1部分～第3部分）GB 5768.1—2009～GB 5768.3—2009规定外，还应该遵循以下原则：

1）道路交通标线的颜色。传统的道路交通标线采用白色，因为白色比较醒目，尤其在沥青路面的色度对比下，它的视认性效果较好。黄色标线作为分隔限制道路上对方向车流的相互跨越和干扰。过多的样式和颜色设置容易让驾驶员无所适从，往往适得其反。

2）道路交通标线的施划要求。白色虚线画于路段时，用以分隔同向行驶的交通流或作为行车安全距离识别线；画于路口时，用于引导车辆行进。白色实线画于路段时，用以分隔同向行驶的机动车和非机动车，或指示车行道的边缘；画于路口时，可用作导向车道线或停止线。黄色虚线画于路段时，用以分隔对向行驶的交通流；画于路侧或缘石上时，用于禁止车辆长时间在路边停放。黄色实线画于路段时，用以分隔对向行驶的交通流；画于路侧或缘石上时，用以禁止车辆长时间或临时在路边停放。双白虚线画于路口时，作为减速让行线；画于路段时，作为行车方向随时间改变的可变车道线。双黄实线画于路段时，用以分隔对向行驶的交通流，车辆不得跨越。

7.3.3 车道管理优化

1. 单向交通

单向交通又称单行线，是指道路上的车辆只能按单个方向行驶的交通。当城市道路上的交通量超出其自身的通行能力时，会造成城市交通拥塞、延误及交通事故增多等。此时，在道路交通系统中，若对某条或几条道路，甚至对某些路面较宽的巷、弄考虑组织单向交通，采取微循环的方式组织交通，则将会使上述交通问题明显地得到缓解和改善。单向交通是在城市道路交通系统中充分利用现有的城市道路的路网容量，缓解城市交通拥挤的一种经济、有效的交通管制措施。

应该强调指出，在旧城区街道狭窄、路网密度很大的地方，可以考虑在一些街道上组织单向交通。

（1）单向交通的种类

1）固定式单向交通。对道路上的车辆在全部时间内都实行单向交通，称为固定式单向交通。常用于一般辅助性的道路，如立体交叉桥上的匝道交通多是固定式单向交通。

2）定时式单向交通。对道路上的车辆在部分时间内实行单向交通，称为定时式单向交通。如城市道路交通在高峰时间内规定道路上的车辆只能按重交通流方向单向行驶，而在非高峰时间内，则恢复双向运行。所谓重交通流方向，是指方向分布系数大于2/3的车流方向。实行定时式单向交通时，应给非重交通流方向的车流以足够的通行权，否则会带来交通混乱。

3）可逆性单向交通。可逆性单向交通，是指道路上的车辆在部分时间内按一个方向行驶，而在另一部分时间内则按相反方向行驶的交通。这种可逆性单向交通常用于车流流向具有明显不均匀性的道路上。

4）车种性单向交通。车种性单向交通是指仅对某一类型的车辆实行单向交通。这种单向交通常应用于具有明显的方向性及对社会秩序、居民生活影响不大的车种。实行这类单向交通的同时，对公共汽车和自行车仍可维持双向通行，目的是充分利用现有道路的通行能力。

（2）单向交通的优缺点

1）单向交通的优点。

单向交通在路段上减少了与对向行车的可能性冲突，在交叉口上大量减少了冲突点，故单向交通在改善交通方面具有以下较为突出的优点：

① 简化交叉口交通组织，提高通行能力。在交叉口，大量的机动车及非机动车汇集于此，由于车辆的行驶方向和交汇方式不同，会形成许多冲突点和交织点。实施单向交通后，可以大大减少在交叉口的冲突点数和交织点数。机动车与机动车，机动车与非机动车之间的干扰也明显减少，因而也就提高了交叉口的通行能力。

② 提高路段通行能力。由于单向交通减少了对向行车的可能冲突及减轻了快慢车之间的干扰，故道路通行能力将会有明显的提高。

③ 降低交通事故。冲突点可被看成是交通事故可能发生的地点。由于单向交通能起到大量减少冲突点数目的作用，即一些交通事故的可能发生点将不存在，自然地，行车的安全性将会有明显的提高。

④ 提高行车速度。实行单向交通可以减少交通拥堵，通过减少延误使行车速度得以提高，行程时间得以缩短，这些都已被实践所证明。

⑤ 其他优点。单向交通道路，有利于实施各个交叉口间的交通信号协调控制。单向交通有助于解决停车问题。狭窄道路上的双向交通如有停车，就会引起交通阻塞；若能允许路旁停车，而将留下的道路改为单向交通，则能有效地解决窄路上停车困难及交通阻塞的问题。此外，单向交通可充分利用狭窄的街巷，减轻主干道上的交通负荷，可在一定程度上避免旧城道路的改建，并带来较大的经济效益。

2）单向交通的缺点：

① 增加了车辆绕道行驶的距离，增加了绕行的交通量，进而增加附近道路上的交通量。

② 给公共车辆的乘客带来不便，增加了乘客的步行距离。

③ 对于不熟悉情况的外地驾驶员，容易导致迷路。

④ 增加了为单向管制所需的道路公用设施。

2. 变向交通

变向交通，是指在不同的时间内变换某些车道上的行车方向或行车种类的交通。变向交通又称"潮汐交通"。变向交通按其作用可以分为方向性变向交通和非方向性变向交通。

1）方向性变向交通，是指在不同时间段内变换某些车道上的行车方向。这类变向交通可以使车流量方向分布不均匀的现象得到缓和，从而提高道路的利用率。

2）非方向性变向交通，是指在不同时间段内变换某些车道上的行车种类。它可以分为车辆与行人、机动车与非机动车之间相互变换使用的变向车道。这类变向交通对缓和各种类型的交通在时间分布上的不均匀性的矛盾具有较好的效果。例如，在早晨自行车高峰时间，变换机动车外侧车道为非机动车道；到了机动车出行高峰时间，则变换非机动车道为机动车道。另外，在中心商业区变换车行道为人行道及设置定时步行街等，这些都是非方向性的变向交通。

变向交通的优点：合理使用道路，充分提高道路的利用率，从而提高了道路的通行能力，这对解决交通流方向和各种类型的交通在时间分布上的不均匀性的矛盾都有较好的效果。

变向交通的缺点：增加了交通管制的工作量和相应的设施，对管理者和出行者都提出了新的要求，且要求驾驶员有较好的素质，需集中注意力。

（1）方向性变向交通的实施条件

与实行单向交通需要一定的实施条件一样，实行变向交通也是有其实施条件的，具体如下：

1）道路上机动车道数应为双向 3 车道以上。

2）交通量方向分布系数大于 2/3。

3）重交通方向在使用变向车道后，通行能力应得到满足；轻交通方向在去掉变向车道后，剩余的通行能力应能满足该方向交通量的需求。

4）在城市道路上使用时，需考虑在信号控制交叉口进口道上相应地增加进口道的车道数以满足交通需求。

（2）非方向性变向交通的实施条件

1）自行车借用机动车道仅适用于一块板和两块板的道路，借用后机动车车道的剩余通行能力应能满足机动车交通量的需求。

2）机动车借用非机动车道后，剩余车道应能保证自行车通行的安全。

3）行人借用车行道适用于中心商业区，除定时步行街外，要对机动车流进行分流疏导和控制。

（3）变向交通的管制设施

1）对于方向性和非方向性变换车道中机动车和非机动车道相互借用的情形，可采用变换车道标志门和交通信号灯显示进行动态控制，使用锥形交通路标进行分隔。

2）对于非方向性变换车道中行人借用车行道的情形，可采用报纸、电视、广播等宣传公告及轻质材料护栏等分隔设施。

3）在高速公路上，除采用门式变换车道标志外，还可使用液压式栏式缘石来分隔车道。

4）在变换车道上应配备警力，加强警车巡逻，及时清除和处罚违章者，以确保交通安全。

3. 禁行车道

为了调节道路上的交通流，将一部分交通流量均分至其他负荷较低的道路上去，或满足某些特殊的通行要求，根据道路条件和交通条件，实行对机动车和非机动车的某种限制通行的管理，称为禁行管理。禁行管理大致有以下几种情形：

（1）时段禁行

根据机动车和非机动车的不同高峰时段，安排其不同的通行时间，如在某一时段禁止载货车辆进入城市中心地区道路。

（2）错日禁行

例如，某些城市实行单双号通行，可以减少近一半的流量，工作日尾号禁限措施可以减少近 1/5 的流量。

（3）车种禁行

例如，禁止某几种车型进入城市道路和城市中心区。

（4）转弯禁行

在某些交通拥挤的交叉口，禁止机动车和非机动车左（右）转弯，以及为了配合信号协调控制，禁止机动车和非机动车左转弯，如图 7-1 所示。

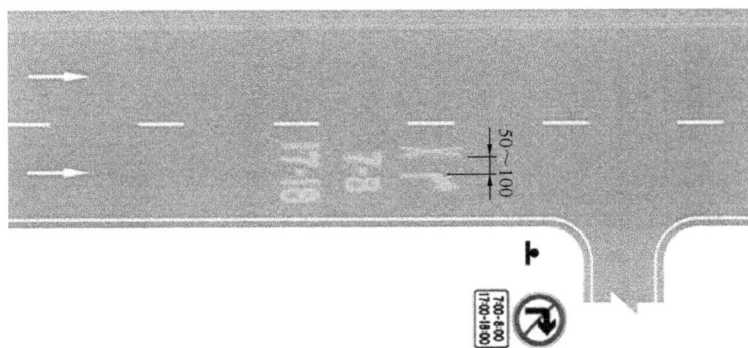

图 7-1　禁止车辆右转设置

（5）重量（高度等）禁行

规定机动车和非机动车按规定的吨位（高度）通行。

4. 专用车道

规划专用车道（或专用道路系统）是缓解城市交通问题的途径之一。专用车道包括多乘员车辆专用道、公交车专用道和自行车专用道。

（1）多乘员车辆专用道

多乘员车辆专用道（HOV 车道），是指为多乘员车辆提供专门通行的车道。多乘员车辆专用道为高承载车辆提供专用的通行空间，从而减少道路上机动车总出行量，减轻道路拥堵程度。同时，车道受外界因素影响较小，可以提供较为可靠的服务。这种车道较多地应用在高峰期道路上阻塞最为严重、时间节约显得尤为重要的路段。

（2）公交车专用道

公交车辆载客量大，人均占用道路面积小，且可以有效利用道路。采用公交车专用道的办法提高公交车辆的运行效率和服务水平，达到减少城市小汽车交通量的目的，使整个城市的交通服务质量得到改善，带来较大的社会经济效益。

根据道路断面形式及服务对象的不同，常见的公交车专用道主要有以下 5 类：

1）公交车专用车道。

公交车专用车道，是指在城市道路路段上通过特定的交通标志、标线或其他隔离设施将其中一条或多条车道分隔出来，仅供公共汽车在全天或某天中的某一时段使用，而社会车辆在该时段内禁止使用。公交车专用道是实施路段公交优先通行的有效技术措施。

需要和可以设公交专用车道的条件：除特殊要求外，公交车交通量大于 100 辆/h，单向最好有 3 条以上机动车道；特别是路段上有 3 条车道，而交叉口进口道最多只有 5 条时，更应设公交专用车道。

公交车专用车道是车行道的一部分。为了同其他车辆分离，常采用路面交通标示的方法，或在对向式公交车专用车道上采用实物分隔的方法，使这种公交车专用的车道与其他车道严格分隔开来。

2）公交车专用道路。

公交车专用道路，是指专门供公交车行驶的道路。在建设卫星城时可考虑建设这种道路，它可以连接居住区和工厂或商业区。一般来说，公交车专用道路是公交车的"高速道路"，站距长、速度快。在这种道路上，要求有比其他道路更完善的交通安全设施和严格的交通管理措施。

3）公交车专用进口车道。

公交车专用进口车道，是指在交叉口的进口车道中设置一条或若干条专门供公交车行驶的车道，这可以提高公交车在交叉口的通过率，减小在交叉口的延误。

以上公交车专用道的实施应充分考虑道路条件、交通条件以及公交线路自身的特点进行设置。

7.4 交叉口交通改善技术

7.4.1 交叉口的几何构造改善

在城市化进程中，老城区由于早期缺少相关规划，异形交叉口比较常见，这是主要的交通瓶颈，也是交通事故多发地。因此，针对老城区的建设项目交通影响评价，必须处理好异形交叉口的改善。

异形交叉口，也称畸形交叉口，其常见的形式有 X 形交叉口、Y 形交叉口、多路交叉口等。

针对异形交叉口的交通改善通常有两类方法：一是补充型改善，即根据具体的情况进行交通标志标线的改变，该类方法通常是城市改造过渡时期的改善方法；二是交叉口的几何构造改善，即改变交叉口对应道路线形，这会与周边的土地利用情况发生冲突，实施起来存在较大的难度，通常会伴随城市改造进行。

X 形交叉口、Y 形交叉口的几何构造改善通常包括对进入交叉口之前的道路线形进行改造、用地与红线调整、路缘石半径调整、增设人行过街天桥或修建地下人行通道等。

多路交叉口是指五路以及五路以上的交叉口，它往往是路网中重要的交通转换节点，交通聚集程度高，情况复杂，对城市道路交通影响较大，出现的问题也较多，所以在改善时需要考虑的因素较多，常用的改善方法有：

（1）调整交叉口形式

根据实际情况调整交叉口形式。在相交道路等级较低，或者交通量不是很大的情况下可以采用环形交叉口形式。通常环形交叉口占地较大，造型美观，但通行能力低，一般适用于市郊次要道路之间形成的交叉口。对于由城市主要道路形成的多路交叉口，具体可通过设置分离式立交桥或者形成组合交叉口等措施来解决。

1）设置分离式立交桥。采用上跨或者下穿的形式分离主要流向交通。实践中因受建设资金等限制，通常采用近期、远期相结合的方式进行规划设计。

2）形成组合交叉口。对相交道路交通功能性进行分析并定位，把多路交叉口改变为主要道路的十字交叉口与丁字交叉口（次要道路与主要道路相交）的组合形式。需要配套的交通管控措施以及保障组合交叉口的顺利运行。

（2）优化交通组织

优化交通组织在不减少相交道路数量的情况下，满足主要道路的通行要求，减少或限制次要道路部分流向，如禁止左转、禁止右转甚至禁止直行等。具体措施应视相交道路的等级、交通组织等情况确定。

7.4.2　交叉口渠化优化

相应的优化交通组织措施包括：交叉口进口渠化；合理布置交叉口进口车道，特别是左转交通的组织优化；优化布置行车轨迹（如相同相位车辆轨迹不冲突，尽量增加转弯半径）；设置安全岛，导流机动车交通，为行人、非机动车过街提供等候空间；通过设置公交专用道、专用相位等实现公交优先，减轻公交车对交叉口的影响等。

（1）交叉口功能区车道拓宽

当交叉口功能区车行道的宽度不足，又必须划分左转、直行及右转车道时，为了提高交叉口的通行能力，常采用向道路单侧或两侧拓宽的办法，以增加交叉口进口车道数来提高道路的通行能力。

交叉口拓宽的形式一般是向进口道左侧或右侧拓宽。向左侧拓宽时，可利用中央分隔带，或占用部分对向车道等；向右侧拓宽时，可利用行车道右侧绿化带，占用部分人行道或拆除部分建筑物等。

交叉口功能区拓宽渠化设计时，除了对进口进行拓宽以外，还可以对出口进行拓宽，交叉口出口拓宽同样是增设车道。交叉口的进口拓宽和出口拓宽常常同时采用。如图 7-2 所示，为交叉口进口双侧拓宽的案例，由单向 3 车道展宽为单向 5 车道，通行能力有了大幅度提升。

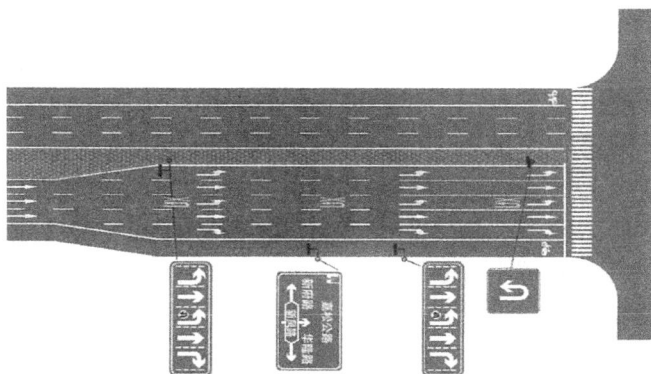

图 7-2　交叉口进口展宽示意图

对于新建、新改建道路，可以直接将交叉口展宽理念引入道路设计中来，提高道路交叉口进口通行能力。

（2）减少冲突面积

对于大宽交叉口,存在通过交叉口的时间长、冲突面宽、不利于管理等一系列问题。可以通过对交叉口进行渠化、设置交通导流岛、规范车辆行驶轨迹,减小交通流在交叉口的冲突范围,降低车辆和慢行过街时发生碰撞的危险,如图7-3所示。

图7-3 十字形交叉口压缩面积效果图

(3)调整交叉角度

调整交叉角度,使对向车流尽可能成直角交叉,减少车辆行驶冲突的面积。缩短交叉时间,可为驾驶员提供判断车辆相对位置和速度的最佳条件。

(4)减小合流角度

交通流以10°~15°的合流角度,以最小的速度差进行合流,使汇合车辆更好地利用最小车头间距合流。

(5)缩小进口道宽度

缩小交叉口进口道宽度或使进口道路弯曲,使交叉口的车辆通过减少驾驶员行驶道路空间、约束驾驶员操作行为并减速行驶,尽可能减少对干道车流的影响。

(6)分车道转弯

减少过多的机动车道,减少路基路面工程量,降低工程造价,并减轻右转车辆对直行、左转车辆的影响。

(7)设置行人过街安全岛

合理利用交叉口空间布设交通岛,缩短行人单次过街的时间和距离,减少行人与车流的冲突,从而保障行人的安全,并提高车辆运行速度。如图7-4所示。

(8)设置转弯候驶车道或区域

通过布置渠化岛,提高车辆运行速度,划分左转、右转专用车道或等候驾驶区域,使车辆各行其道,避免相互干扰,如图7-5所示。

图 7-4　行人过街安全岛示意图

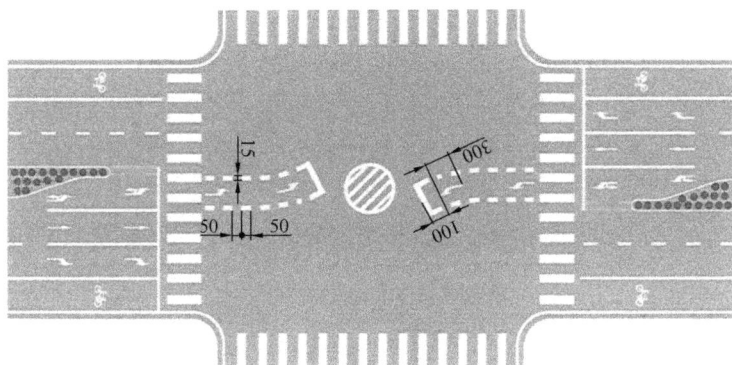

图 7-5　左转弯待转区设置图

（9）非机动车渠化

根据自行车交通的基本特性、自行车在道路交叉口的交通管理原则的考虑，为了充分利用交叉口的空间资源，交叉口自行车渠化设计方法可分别采用左转二次过街、机动车设置双停车线、非机动车停车线前移以及自行车与行人一体化设计等方法。

7.4.3　交通信号控制优化

1. 交通信号控制设置依据

通常，对于主次通行权分明以及交通量较低的交叉口，一般采用停车让行控制或减速让行控制；对于交通量较大的交叉口则一般采用信号控制。决定是否应将停车让行控制或减速让行控制改变为信号控制时，应主要考虑两个因素：交叉口的通行能力和延误。若继续采用停车让行控制或减速让行控制是否能满足交叉口交通通行要求，以及改为信号控制后交叉口的平均延误水平是否得到改善。

停车让行控制或减速让行控制交叉口的通行规则约定：道路上拥有优先通行权的车流行驶不受次要道路上行驶车辆的影响；而次要道路上的车辆到达交叉口时则需先减速或停车，等待主要道路上的车流出现可穿越的间隙后方可穿行通过交叉口。不难发现，随着主

139

要道路车流量的增大，次要道路的通行能力逐渐减小，当主要道路的交通量接近通行能力值时，次要道路车辆穿越主要道路车流通行已变得困难，排队长度和延误也迅速上升，此时也应考虑将该交叉口的控制方式改为信号控制。

停车让行控制或减速让行控制的通行规则使得主要道路车流通过交叉口几乎无任何延误，然而这是以牺牲次要道路车辆的利益为代价的，可能导致次要道路的车辆延误很大。信号控制可以有效降低次要道路车辆的平均延误，但必然造成主要道路上部分车辆延误的增加。因此，当考虑是否将停车让行控制或减速让行控制改为信号控制时，还应当考察改变前后的交叉口车辆平均延误的变化情况。

当交叉口流量较小时，信号控制下的延误要高于停车让行控制和减速让行控制下的延误；随着交叉口交通量的增大，这两种控制方式的延误水平越来越接近，直至交通量增大到某一临界值时，两种控制方式的延误水平相同；随后，当交通量继续增大时，停车让行控制或减速让行控制方式的延误时间迅速上升，明显高于信号控制方式下的延误水平。

设置交通信号控制虽有一些理论依据，但这些理论依据大多包含大量的复杂模型，不便于交通工程人员的实际应用，且世界各国的交通条件又各有差异。因此，各国都根据上述理论依据，充分考虑各自交通实际状况，制定出合适的交通信号控制设置标准。我国国家标准《道路交通信号灯设置与安装规范》GB 14886—2016 对信号灯的安装做出了如下规定：

1）路口机动车高峰小时流量超过表 7-9 所列数值时，应设置信号灯。

路口机动车高峰小时流量   表 7-9

主要道路单向车道数/条	次要道路单向车道数/条	主要道路双向高峰小时流量（pcu/h）	流量较大次要道路单向高峰小时流量（pcu/h）
1	1	750	300
		900	230
		1200	140
1	≥2	750	400
		900	340
		1200	320
≥2	1	900	340
		1050	280
		1400	160
≥2	≥2	900	420
		1050	350
		1400	200

注：1. 主要道路指两条相交道路中流量较大的道路。

2. 次要道路指两条相交道路中流量较小的道路。

3. 车道数以路口 50m 以上的渠化段或路段数计。

4. 在无专用非机动车道的进口，应将该进口进入路口非机动车流量折算成当量小汽车流量并统一考虑。

2）路口任意连续 8h 的机动车平均小时流量超过表 7-10 所列数值时，应设置信号灯。

路口任意连续 8h 机动车小时流量　　　　　　　　　　　　表 7-10

主要道路单向车道数/条	次要道路单向车道数/条	主要道路方向任意连续 8h 平均小时流量（pcu/h）	流量较大次要道路单向任意连续 8h 平均小时流量（pcu/h）
1	1	750	75
		500	150
1	≥2	750	100
		500	200
≥2	1	900	75
		600	150
≥2	≥2	900	100
		600	200

对于处于规划中的城市道路交叉口，我国《城市道路交叉口规划规范》GB 50647—2011 对是否采用交通信号控制也作了说明。对以下几类情况，该规范建议采用信号控制方式：

1）规划中的主干路与主干路交叉口；

2）规划中的主干路与次干路交叉口；

3）规划中的次干路与次干路交叉口。

对于规划中的主干路与支路交叉口、次干路与支路交叉口以及支路与支路交叉口在选择交通控制方式时，需结合规划道路建成后预计的流量情况和交通管制情况加以考虑。

《建设项目交通影响评价技术标准》CJJ/T 141—2010 规定对信号灯交叉口增设信号灯，应按表 7-9 的规定确定。

由此可见，增设信号灯的标准有很多，在交叉路口信号灯配时设计时应以上述标准为依据，同时也要尽可能根据实际情况考虑交通组成、交通安全、发展趋势、经济效益、行车方便等各有关因素，做到依据标准，从实际出发，实事求是，科学合理。

2. 固定周期单点交叉口信号控制

固定周期信号控制是最基本的交叉口信号控制方式，这种控制方式设备简单，投资最省、维护方便。

（1）控制原理

按事先设计好的控制程序，在每个方向上通过红、绿、黄三色灯循环显示，指挥交通流，在时间上实施隔离。

（2）基本概念

信号相位：一股或多股交通流在一周期时间内不管任何瞬间都获得完全相同的信号灯

色显示。信号相位是按路口车流获得信号显示的时序来划分的，有多少种不同显示时序排列就有多少个信号相位。

信号阶段：根据路口通行权在一个周期时间内的变更次数来划分的，一个信号周期内通行权有几次更迭就有几个信号阶段。

（3）主要参数

1）周期时间。

① 最佳周期时间（C_0）。对于一个独立、交通流稳定、各进口流量相等、车辆到达的时间为随机的交叉口，使车辆延误最小的最佳周期时间可由下式计算：

$$C_0 = \frac{1.5L + 5}{1 - Y} \tag{7-2}$$

式中　L——一个周期内总的损失时间（s）；

　　　Y——路口各相位 y 值的总和：$Y = \sum y$，y 为流量与饱和流量之比。

② 最小周期时间（C_m）。能使到达路口的车流量刚好全部通过路口的周期时间，一般可由下式确定：

$$C_m = \frac{L}{1 - Y} \tag{7-3}$$

由于采用最小周期时间，常引起较大的车辆延误，故实际中很少采用。

2）绿信比。

绿信比为一个周期的绿灯显示时长同周期时长之比，以百分数（%）表示，亦即一个周期内可用于车辆通行的时间比例。各相位的绿灯时间 G 采用下式确定（表 7-11）。

$$G = 2.1x + 3.7 \tag{7-4}$$

式中　x——周期内的来车数。

m-x 数值用表　　　　　　　　　　　　　　　　　　　表 7-11

置信度85%	置信度90%	置信度75%	周期内来车数	置信度85%	置信度90%	置信度75%	周期内来车数
m	m	m	x	m	m	m	x
—	0.0~0.1	0.0~0.2	0	4.7~5.4	5.5~6.2	6.9~7.7	9
0.0~0.3	0.2~0.5	0.3~0.9	1	5.5~6.1	6.3~7.0	7.8~8.6	10
0.4~0.8	0.6~1.1	1.0~1.7	2	6.2~6.9	7.1~7.8	8.7~9.5	11
0.9~1.3	1.2~1.7	1.8~2.5	3	7.0~7.7	7.9~8.6	9.6~10.4	12
1.4~1.9	1.8~4.0	2.6~3.3	4	7.8~8.4	8.7~9.4	10.5~11.3	13
2.0~2.6	2.5~3.1	3.4~4.2	5	8.5~9.2	9.5~10.3	11.4~12.2	14
2.7~3.2	3.2~3.8	4.3~5.0	6	9.3~10.0	10.4~11.1	12.3~13.1	15
3.3~3.9	3.9~4.6	5.1~5.9	7	10.1~10.8	11.2~11.9	13.2~14.0	16
4.0~4.6	4.7~5.4	6.0~6.8	8	10.9~11.6	12.0~12.8	14.1~14.9	17

续表

置信度85%	置信度90%	置信度75%	周期内来车数	置信度85%	置信度90%	置信度75%	周期内来车数
m	m	m	x	m	m	m	x
11.7~12.4	12.9~13.6	15.0~15.9	18	16.6~17.4	18.0~18.8	20.6~21.5	24
12.5~13.2	13.7~14.5	16.0~16.9	19	17.5~18.2	18.9~19.7	21.6~22.4	25
13.3~14.0	14.6~15.3	17.0~17.8	20	18.3~19.0	19.8~20.6	22.5~23.3	26
14.1~14.9	15.4~16.2	17.9~18.7	21	19.1~19.9	20.7~21.5	23.4~24.3	27
15.0~15.7	16.3~17.0	18.8~19.6	22	20.0~20.7	21.6~22.3	24.5~25.2	28
15.8~16.5	17.1~17.9	19.7~20.5	23	—	—	—	—

3）绿灯间隔时间。

前一个信号相结束放行，到后一个信号相开始放行之间的间隔时间，即失去通行权的相位绿灯结束到得到通行权的相位的绿灯开始之间的间隔时间，称为绿灯间隔时间。

4）黄灯时间。

为了将已经进入交叉口并正在前进的车辆从交叉口内予以清除所设置的时间，亦可看成一种安全措施。该时间由车速和交叉口的宽度决定，而与交通量的大小无关，一般定为3~5s。

5）行人过街时间。

行人过街绿灯信号时间，一般可由下式确定：

$$G = R + (W) + 2(N-1) \tag{7-5}$$

式中 G——行人过街绿灯信号时间（s）；

R——行人反应时间，一般采用2~3s；

N——行人过街的排数；

W——人行横道的长度单位（m）。

3. 感应式单点交叉口信号控制

（1）全感应式自动信号控制

感应控制是在交叉口入口引道上设置车辆检测器，信号灯配时方案由计算机或智能化信号控制机计算，可随检测器检测到的车流信息而随时改变的一种控制方式。

感应式自动信号控制机的工作原理：当一相位启亮绿灯时，信号控制器内预设一个初期绿灯时间 g_i，到初期绿灯结束时，如在一个预置的时间间隔内无后续车辆到达，则即可更换相位。这个初期绿灯时间 g_i 加上单位绿灯延长时间 g_0 就是最短绿灯时间 g_{min}；如检测器测到有后续车辆到达，则每测得一辆车，绿灯就延长一个预置的单位绿灯延长时间，即只要在这个预置的时间间隔内，车辆中断，切换相位；如果连续有车辆到达，则绿灯连续延长。绿灯一直延长到一个预置的极限延长时间 g_{max} 时，即使检测到后面仍有来车，也中断这个相位的通车权。实际绿灯时间 g 大于最短绿灯时间 g_{min} 而小于绿灯极限延长时间 g_{max}，如图7-6所示。

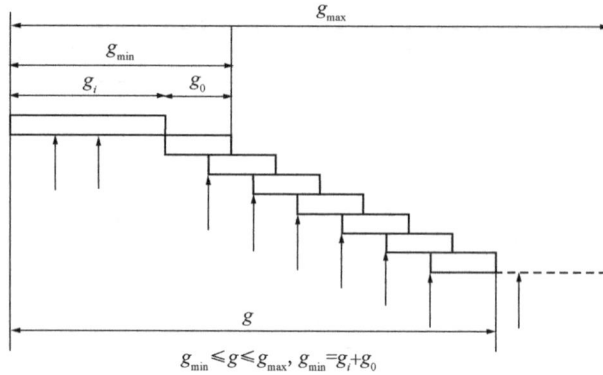

$$g_{min} \leqslant g \leqslant g_{max}, \quad g_{min} = g_i + g_0$$

图 7-6　感应信号工作原理图

g_0：单位绿灯延长时间；g_i：初期绿灯时间；g_{min}：最短绿灯时间；

g_{max}：绿灯极限延长时间；g：实际绿灯时间

（2）半感应式自动信号

这种信号机特别适用于主干路与次干路相交的交叉口上，在主干路上无检测器，主干路总是维持着持续不变的绿灯，除非是次干路上有车辆和行人要通过并提出要求时，才变换灯色为红灯。在给予次干路绿灯之前，主干路保持最小绿灯时间。这种信号机的检测器反安装在次干路上。当然，对于次干路而言，其出现的初始绿灯时间和车间时距比较短。

4. 干线交叉口信号协调控制

由于密集的土地开发，在城市道路网络中，相邻交叉口之间的距离通常较近，交通量通常也较大。当采用交通信号灯控制的相邻交叉口距离较短时，就非常有必要协调相邻交叉口交通信号灯的绿灯启亮时间和信号配时方案，使车辆高效率地通过相邻的两个或多个交叉口。为了保持城市主干道的畅通，经常对主干道上的信号控制交叉口采取协调控制，通常称之为干线交叉口信号协调控制，或简称为干线协调控制。

（1）协调控制的主要参数

1）周期时长。

除了那些非常复杂的情形，干线协调控制要求系统内所有的信号灯均采用统一的周期时长。单就某个交叉口而言，协调控制时采用的周期时长很可能不是这个交叉口的最佳周期时长，交通信号的协调控制可能增加了车辆在该交叉口的停车时间。然而，从全局的角度看，交通信号的协调控制可以改善整个系统的运行效果。如果整体效果没有改善，协调控制就失去了意义。

2）绿信比。

在信号控制系统中，各个交叉口信号的绿信比是根据各个交叉口各向交通量的流量比来确定的。因此，协调控制系统中，各个交叉口信号的绿信比不一定相同。

3）相位差。

相位差有绝对相位差和相对相位差之分。可以将相位差予以标准化，将其表示为一个小于周期时长的非负数。

① 绝对相位差。绝对相位差是指各个信号灯的绿灯或红灯的起点相对于某一个标准

信号灯的绿灯或红灯起点的时间之差。

② 相对相位差。相对相位差是指两相邻信号灯的绿灯或红灯的起点之间的时间之差。两个信号灯的相对相位差等于其绝对相位差之差。可以将相位差定义为绿灯启亮时间之差，按照下游的信号灯绿灯启亮时间相对于上游的信号灯绿灯启亮时间来计算。

（2）协调控制需要考虑的主要内容

道路系统的空间布局和主要交通流的空间分布是交通信号的协调控制必须要考虑的内容。

首先，应考虑道路系统的类型：单向行驶的主干道路、双向行驶的主干道路、单向行驶的道路网、双向行驶的道路网、由单行道和双行道所构成的混合式道路网。以当前的道路网络为基础进行信号协调控制通常可以获得一定的效果，然而，有时候即使是最优的交通信号协调控制方案依然不能满足道路使用者和道路管理者的要求，此时，工程设计人员必须考虑改变道路系统的结构。在重新设计道路系统时，应对道路两个方向的通行能力及其他相关的问题都给予谨慎、详细的分析和研究，考虑各种备选方案及其可能的结果。

其次，必须对需要协调控制的交通流进行详细的分析和研究。在一个双向行驶的主干道路上，可以对某一个方向的交通流进行协调控制，也可以对两个方向的交通流都进行协调控制。如果需要对两个方向的交通流都进行协调控制，这两个方向的协调控制通常会存在一些冲突：优化某个方向协调控制效果的同时会损害另外一个方向协调控制的效果。因此，需要在这两个方向的协调控制之间达成某种程度的妥协和折中。在一个由交通信号灯所控制的道路网络中，必须确定需要优先考虑的路线方向，即在该方向上运行的交通流进行协调控制。

然后，需要设定信号灯协调控制的目标，可以选择的目标包括：最大带宽（运行车队连续通过一系列信号控制交叉口的"绿波带"）；最小延误时间；最少停车次数；停车次数和延误加权综合的最小化。

（3）影响协调控制效果的主要因素

有许多因素会对交通信号的协调控制带来不利影响，使得协调控制的效果无法达到预期的目标。主要的影响因素包括以下几个方面：

1）主线交通流中存在大量的转出交通流。

转出交通流从主线密集排列的车队中转移出去，会对主线车流保持高密度的车辆队列带来影响，甚至破坏整个主线车队的形成，使得主线车辆之间产生大量的空隙，从而影响信号协调控制的效果。此外，从主线左转出去的交通流会影响对面直行车队的运行，给交通信号的协调控制带来更大的问题。

2）主线交通流中存在大量的转入交通流。

大量的转入交通流会使停车次数和延误增加，从而削弱设置某个特定的相位差（例如，理想相位差）所可能带来的好处。转入交通流可能会在主线车队通过交叉口之后的某个时刻转弯进入主线，此时，交叉口的绿灯时间可能已经结束，转入的车辆将无法获得信号灯协调控制所预期的服务水平。因此，转入的交通流量越大，信号灯协调控制的效果也就越差。

3）主线交通流存在大量的路侧交通干扰。

在道路两侧经常发生车辆的停放行为和路边装卸货物等现象，这会干扰主线车辆的运行，影响信号灯协调控制的效果。另外，主要道路两侧如果有大量的支路接人、转人或者转出支路的车辆也会对主线的车流运行带来严重的影响，不利于信号的协调控制。

4）需要进行多相位信号控制的复杂交叉口。

由多条道路相交而成的多路交叉口具有非常复杂的交通冲突（例如五路交叉口），往往需要采取多相位控制，以便有效地化解复杂的交通冲突。而多相位的信号控制方案通常难以获得理想的协调控制效果。

5）信号交叉口之间的距离。

在干线街道上，信号交叉口的间距可能在100～1000m范围内变化。信号交叉口之间的距离越远，线控效果越差，一般不宜超过600m。

6）街道运行条件。

单向交通运行有利于线控系统的实施，且实施效果也较为显著，因而对干道实施单向交通应优先考虑采用线控系统。

另外，交叉口通行能力的不足以及路段上各种车辆的行驶速度具有较大的差异等因素也会对信号协调控制带来各种不利的影响。

（4）协调控制的理想相位差

如前所述，在交叉口信号协调控制中，相位差的设置具有非常重要的意义，将直接影响协调控制的效果。

1）协调控制的时间—距离图。

协调控制的时间—距离图，是将信号灯灯色的显示作为时间函数而绘制的两个及两个以上信号灯的协调控制图。时间是距离图按照一定的比例显示交叉口之间的距离，可以直观地将车辆的空间位置表达为关于时间的函数曲线。

2）理想相位差。

相位差是相邻交叉口的信号灯绿灯启亮时间之差，也就是下游的信号灯绿灯启亮时间减去上游的信号灯绿灯启亮时间。通常可以将相位差表示为一个介于零和信号周期时长之间的非负数。在一些特殊的情形之下，相位差也可以是一个负数。

理想相位差的定义：使得特定的目标最优地得到满足的相位差。如果预定的目标是延误最小，则理想相位差就是使得延误最小的相位差。

通常可将交通信号协调控制的理想相位差理解为：使得信号灯的协调控制达到最理想状态的相位差，即当车队中的首车刚刚到达下游交叉口时，信号灯刚好变绿。通常假定车队在通过上游交叉口时，车队处于运动状态，因此不存在车队的启动时间。

7.5 停车设施改善技术

7.5.1 停车设施供需平衡管理方法

机动车停车设施的充分供应通常会刺激道路交通需求的增长，而停车设施的管理不善也会影响道路交通的运行效率。因此，以提高停车需求的合理性和停车资源供给的有效性为目标，机动车停车设施的管理重点主要包括两个方面：一是必须取得停车设施容量和道路设施容量的协调发展；二是尽量减小静态交通设施设置对动态交通运行的影响。

（1）城市不同用地功能片区停车泊位供需差异化管理

城市不同区域土地利用的多样性带来交通需求的差异，不同片区停车泊位供需差异化管理的目的就是从城市交通的全局出发，针对各区域的不同特点，从空间上进行不同停车供应指标的控制，以最少的资源实现停车效率最大化和保障城市综合交通体系最佳和谐发展。

1）停车泊位供需总量分区调控。

① 停车泊位限制供应措施。适用于道路设施系统容量不足，同时在城市交通战略发展定位中确立了以公共交通为主体的发展目标的区域。该区域的停车泊位供给应采用"总量控制、适度供给"的原则，抑制机动车的出行量。停车设施供应水平适当低于城市交通需求水平，在停车泊位供应上采取限制供应模式，使白天停车需求，特别是长时间停车需求保持适度短缺状态。通过需求管理限制车辆的使用，并可以规定配建车位的开放比例，以提高停车设施使用效率，缓解车位不足的矛盾。该类分区的停车设施供应调控系数建议取 0.8～0.9。

② 停车泊位平衡供应措施。适用于交通矛盾不突出、公共交通线网不够密集，同时在城市交通发展战略定位中，公交供应水平无法确立主体引导地位的区域。停车泊位供应宜采取适度发展的"平衡供应"模式，提供相对充裕的泊位，基本满足停车需求，停车设施供应调控系数建议取 0.9～1.1。

③ 停车泊位扩大供应措施。适用于片区处于建设、发展阶段，同时区域的公共交通无法承担主体引导功能，并允许小汽车与公共交通的友好竞争发展的条件。该片区停车泊位以公共建筑物配建为主，指标考虑一定的弹性，全面满足此类地区基本停车位需求的增长，以适应未来机动化发展。停车设施供应调控系数建议可取 1.1～1.3。

④ 交通枢纽区域停车泊位供应措施。应根据其区位、功能等，确定不同的供需调节方式。对位于城市中心区的枢纽，应注重非机动车的停车泊位设置，小汽车停车泊位设置标准不宜取高，停车设施供应调控系数建议取 0.8～0.9；对于中心外围区域的交通枢纽，特别是城市外围主要出入口、大型公交场站、轨道交通枢纽等，应建设大容量"停车＋换乘"设施，鼓励"P＋R"的出行方式，促进停车换乘的发展，在停车设施供应上体现超前引导的思想，调控系数可取 1.1～1.3。

2）城市中心区停车泊位供应措施。

城市中心区通常是城市中用地开发强度最高的地区，一般集中了大量的金融、商贸、文化、服务以及大量的商务办公和酒店、公寓等设施，交通吸引强度最大，也是停车供需矛盾最为突出的地区。对城市中心区停车泊位供应的管理措施应该有不同的选择，并对应不同的效果，包括分区域供给停车泊位数量、分时间供应停车设施、停车泊位使用价格调整以及停车设施之间的相互整合利用等。

① 中心区的停车设施一般应采取限制供应的对策，发展以公共交通为主的出行方式结构，通过有限的停车设施供应引导居民出行方式向公共交通转变。同时，中心区的停车设施供应要和服务业发展相协调。

② 对于中心区工作目的出行的停车，如果采用分区域供给停车设施的策略，在部分区域减少停车供给特别是减少配建，则上班出行可能更换交通方式或者将车辆停到其他区域，可以有效减少中心区的小汽车交通吸引强度。

③ 对于中心区购物目的的出行停车，如果采取对部分区域减少停车供给，有可能导致两方面的结果：一方面，进入中心区的车流量减少，人们通过其他交通方式进入中心区；另一方面，也可能导致中心区的商业吸引力下降，逐渐衰落。因此，在确定分区域供给停车位数量时，应综合考虑商业发展、交通引导、公交配套等因素。

④ 根据中心区交通流和停车的时间分布特性，为了有效减少平日的交通量，在适当供给停车设施数量的同时，依据交通流的情况，可以在中心区的适当位置划定限时和不限时的路内停车泊位，以缓解中心区购物出行停车难的问题，均衡不同时间段停车供应的矛盾。例如，在中心区商业中心周边的次干路或支路上，在不影响交通的前提下，划定周六、周日的临时停车泊位，以缓解周末停车困难问题；在中心区的消费场所周边，利用晚间交通非高峰时间划定部分临时停车位。

3）城市居住区停车泊位供应措施。

城市居住区的停车泊位供应主要由建筑物配建停车场提供，对处于城市不同停车分区、不同类型的居住区，可分别采取相应的停车供应对策。

① 对于停车供应限制区内的居住区，应结合公共交通的发展，采取低配建的停车供应指标，鼓励利用公交出行；对于停车供应扩大区内的居住区，应采取高配建的停车供应指标，并引导车辆合理分布。

② 对于高档住宅区，例如别墅、复式住宅等应采用高配建停车指标，而对于一般的公寓住宅应采取适中的配建停车指标。

③ 老式居住区可以通过小区内改造设置半地下停车设施，或充分利用小区内部道路实现停车和行人分离，利用小区周边支路设置限时路内停车泊位，利用周边公共停车设施晚间空闲资源等措施，缓解居住小区停车问题。新建小区应根据所在停车分区和开发住宅类型，合理选用停车配建指标。在交通引导发展成为约束性标准的条件下，应按照停车设施的配置规定安排居住用地类别，建设相应的居住建筑。

4）就业密集区停车泊位供应措施

对于就业密集区的停车供应，总体上应采取限制泊位供应对策，一般可采取以下主要方法缓解就业密集区停车难问题。

① 通过用地布局引导交通减量，减少就业通勤需求。一是通过就业用地和居住用地混合建设，就近布局，促进交通减量，减少就业密集区停车；二是就业用地带状布局，以利于形成走廊式交通和停车需求，鼓励居民利用公交出行，从而有效减少和分散就业停车需求量。

② 大力发展城市公共交通，减少就业通勤停车需求。将就业设施，特别是劳动密集型设施尽可能结合公交走廊集中布局，通过发展公共交通，方便居民通勤并鼓励居民更多地利用公共交通方式出行，减少私人机动车出行需求，从而缓解就业密集区的停车问题。

③ 鼓励合乘方式，减少就业密集区停车需求。城市的交通效率不应以车辆的通行能力来衡量，而是要以车辆所运输的人和货物的数量来衡量。从 20 世纪 70 年代开始，国外部分城市道路中开始出现 HOV 专用车道，以鼓励 HOV 的使用，取得了非常好的效果。

在我国一些大城市，可以尝试鼓励合乘方式，缓解城市中心区的交通及停车问题。

5）旅游地区停车泊位供应措施。

城市旅游用地的停车需求特性突出表现为：节假日和工作日需求差异显著，以及停车需求高峰和其他用地需求高峰的错时段表现。因此，进行停车泊位供应的管理措施应有其针对性，可以采取直接扩大规模、周边停车设施共享以及辅助公交换乘三种方法。

① 直接扩大停车设施的规模，需结合旅游地区用地条件、环境保护要求、进出景区道路交通状况等因素综合考虑，在满足条件的基础上适当建设停车设施。

② 周边停车设施共享。主要是利用周边已建成的停车设施，应对周边（指人们可接受的从停车点步行到景区的距离）可供使用的停车设施数量进行调查，根据景区旺季一般需要的停车位数量确定可以合作的停车设施，制定并发布每个停车点详细的位置和车位数量。

③ 辅助公交换乘。开通从酒店到旅游地区公共交通，采用这种方法可使自驾车乘客能够从酒店改乘公交快速方便地到达景点，能够有效地减少景点自身的停车设施供给压力。另外，采取丰富季节景观、拓宽旅游范围、完善休假制度等措施，都可以有效缓解景区景点的停车矛盾。

6）枢纽地区停车泊位供应措施。

枢纽地区的停车设施布局必须与交通枢纽、主要道路相结合，与公交线路规划、场站设置等同时进行，动态调整，引导个体出行方式向公共交通方式转换。

在城市对外换乘枢纽区域内，应提供足够的停车设施，同时枢纽周边的道路条件应能够满足设施停车的集散要求。由于城市所具有的公共交通方式不同，公共交通换乘枢纽地区的停车设施供应方式和对策也应有所区别。如表 7-12 所示，列出了不同城市类型枢纽地区停车泊位供应的对策建议。

不同类型城市枢纽地区停车供应措施　　　　表 7-12

城市类型	城市布局结构特点	交通方式结构	枢纽地区停车供应对策
城市带地区	城市密集地区，由于郊区城市化的作用，城市地域出现连片成带的趋势	以区域公交，如城际和市域轨道交通等为骨干，联系城市带内的主要城镇	在城市带的重要节点处设置换乘枢纽，引导居民使用区域公交实现城市间出行，在枢纽地区实行停车换乘的优惠政策，鼓励停车换乘
特大城市	多中心布局结构	以轨道交通为骨干，以常规公交为主体的多样化交通方式结构	在轨道交通节点周边安排停车换乘；城市中心区的公交换乘枢纽布置非机动车停车设施；鼓励自行车与公交的换乘；停车换乘枢纽预留停车设施用地；制定停车换乘优惠收费政策
大城市	组团型或带型城市	以地面快速公交或常规公交为主，多方式共同发展	整合现有的公交首末站和大型公交换乘枢纽，建立公交换乘体系，在公交枢纽站点布置自行车停车设施

（2）城市不同类型停车泊位供需差异化管理

不同类型停车泊位供需差异化管理的目的，合理确定不同停车片区的路外公共停车设施、路内公共停车设施、建筑物配建停车设施的比例和规模，通过停车设施不同类型的供应达到调控优化分区土地利用、交通流分布、交通方式结构等效果。在停车设施规划与管理中，应该贯彻"以建筑物配建停车为主、路外公共停车设施为辅、路内公共停车设施为补充"的分类供应原则。针对不同城市以及城市的不同区域，根据实际情况合理地确定各类型停车设施的供应结构比例。

1）路内与路外停车设施泊位供应措施。

路内和路外停车设施供应往往会出现两个极端，一是路外停车发展缓慢，路内随意停车现象严重，导致城市停车秩序非常混乱；二是只重视发展路外停车，不加区别地限制路内停车。正确的管理措施应处理好路内与路外停车设施供应结构、空间布局的关系，促进二者协调发展。路内与路外停车设施的供应量应满足停车设施利用效率最大化的根本要求。

路内、路外停车设施的发展需要根据城市道路条件及交通状况、停车设施建设等进行综合考虑并加以确定，要在保证城市道路通畅和交通秩序良好的前提下设置路内停车泊位，强制缩短路内停车时间，使更多停车者选择路外停车设施。当路外公共停车设施建成投入使用后，应对其周围一定范围内的路内停车设施及时进行调整。从城市停车设施的总体发展要求看，路内停车泊位所占的比例应予严格的控制。

2）公共与配建停车设施泊位供应措施。

公共建筑物配建停车设施主要面向主体建筑物内部人员使用，使用对象的单一性往往容易导致配建停车位的使用效率低下，特别是在主体建筑物停车高峰以外的其他时段，车位资源浪费现象严重。在城市公共停车设施供应短缺，而配建停车设施又大都利用率不高的情况下，应鼓励其向社会开放，既可有效地缓解停车供需矛盾，又有助于提高配建停车位利用率，还可以合理地获得直接经济效益，使现有的停车设施资源得到充分的利用。

（3）城市停车泊位供需的分时管理

停车泊位供需的分时管理措施是根据不同出行目的的停车需求时间的分布特征，针对停车设施利用率时间差异性较大的特点，明确不同时段的停车设施供应对策，以调控道路交通流的峰谷值，并提高停车设施利用率。

1）车辆停放的分时供应措施。

如果车辆停放的高峰和平峰的差距明显，则停车设施利用率将会受到较大的影响。分时供应策略就是通过调节停车供应时间分布，使停车设施利用在高峰和平峰期之间更加均衡，从而实现停车设施资源的充分利用。分时供应措施还可以调节区域交通流量的时间分布，缓解高峰时段的交通压力。

2）停车泊位的错时使用措施。

错时使用措施也称为停车共享措施。不同的土地利用性质在一天或一周中会有不同的停车需求高峰，这使得相邻用地之间的泊位共享成为可能。在城市停车设施规划和管理中，如果能将停车需求高峰时刻不同的一些用地相邻布置统一进行停车设施错时使用，从而最大程度上实现停车泊位之间的共享，将能够提高停车设施利用率，并节约停车设施总用地。如公共建筑的配建停车设施夜间可向社会停车开放，居住区停车设施白天可向社会停车开放，综合性建筑内停车设施也可错时使用。

当一天中有不同停车需求且有条件共同使用停车空间的混合用地，即可采用错时（共享）停车管理。混合用地之间的高峰停车需求在一天、一周或一年不同季节的变化越明显，停车共享的效果越显著。这种情况下，混合用地实际所需的总停车空间要比各类用地单独的停车空间累计量小得多。

停车泊位的错时使用，其最重要的是进行不同时段的停车需求调查，得到具体的数据，这样才可以进一步实施泊位共享。根据美国的调查，在工作日需求方面，办公与零售、旅馆与娱乐、零售与娱乐、办公与宾馆可以错时停车；在季节需求方面，学校与短期培训、需求高峰不同的季节性消费品销售可以错时停车。

3）收费价格的分时供应措施。

在高峰、平峰时段收取不同停车费用，将引导停车者选择不同时段停车或缩短停车时间。分时定价包括两个方面：一是按停放单位时间累计收费，对于城市中心区，应鼓励缩短停放时间，提高停车泊位的周转率，因此对短时间停放车辆可制定低价或不收费，对长时间停放车辆可制定高价；二是不同时间段区别定价，高峰时间高收费，非高峰时间低收费。

（4）城市停车泊位供需的分价管理

停车收费是指采用经济手段对进入某些停车区域（或停放点）的车辆收取停车费用，以增加车主的出行成本，达到调节交通需求和缓解交通拥挤的目的。

一般来说，停车收费对停车需求的影响包括以下几个方面。

1）停车需求的空间分布：不同的停车收费策略会引起停车需求在空间位置上分布的变化，例如从停车拥挤区域转向非拥挤区域。

2）停车需求的时间分布：是指停车需求在一天时间内的重新分配，比如说将部分高峰小时的停车需求转化为非高峰小时的停车需求。

3）出行方式的转变：是指出行需求在不同出行方式（例如步行、自行车、公共交通出行等）之间的重新分配，从而改变总的停车需求量。

停车泊位供需的分价管理是针对中心与外围、路内与路外、地面与地下的停车设施以及私人车辆与公用车辆等差异，建立起不同地区、不同类型、不同车种的停车设施分价供应对策，通过价格杠杆调节各类停车设施利用率，从而保证城市停车设施供需平衡。

1）不同用地功能片区的分价供应措施。

① 对于限制供应区，应采用高费率，拉开与其他地区的停车收费差距。充分发挥停车价格杠杆作用，调节限制供应区的停车需求，鼓励出行者使用便捷的公交系统，并通过提高停车收费改善停车经营状况。

② 对于平衡供应区，停车收费定价应综合考虑车位建设的投资回报、停车经营盈利和使用者的经济承受能力，使停车建设与经营成为市场经济行为，并充分运用价格杠杆调节停车需求，提高各类停车设施的运转效率，达到停车需求和供应的相对平衡。

③ 对于扩大供给区，可实行停车低收费和计次收费的方法，提高停车设施利用率。在城市外围轨道交通和公共交通换乘车站提供足量、低费用乃至免费的停车泊位，鼓励车辆出行者换乘轨道交通和公共交通。

2）不同停车设施类型的分价供应措施。

根据不同的停车费率，可将停车设施分类为低费率停车设施和高费率停车设施。一般而言，对高周转率的停车设施采用高收费，而通过低费率停车设施可满足长时间的停车需求。同一停车设施的停车费率也可变化，例如，可大幅提高路内停车泊位白天的停车收费，夜间则少收费或不收费，进行分时和分价的双调控，也可针对不同用地功能区域拉开停车收费差距，进行分区和分价的双调控。

坚持"停车收费路内高于路外、地面高于地下"的原则，运用价格杠杆调节路外公共停车设施、路内停车、建筑物配建停车收费，使各类停车的发展走上良性循环道路，最大程度上优化配置停车设施资源。

3）不同车辆种类的分价供应措施。

根据城市功能布局和路网容量，通过采取不同车种的分价供应措施，对某些类型的车辆在规定的时间、路段和区域进行分离，可以净化车种，提高停车设施及道路的利用效率。

如前所述，城市停车设施按不同功能可以分为中心区、居住区、就业密集区和交通枢纽地区的停车设施，每种停车设施都有性质不同的交通流。因此，在采取不同车种的分价供应对策时，应根据停车设施不同的服务对象来确定分价调控的内容。对于城市不同的功能区域，车种禁限的需要是不同的。在城市中心区，结合道路交通组织，可以对白天的货车停放采取高收费，鼓励夜间货运。对于停车困难的就业密集区，可以对合乘车辆的停放采取优惠措施。对于风景旅游区，可对自驾游的车辆采取较高收费费率，促使其转乘旅游公交。

7.5.2 路内停车交通管理方法

设置路内停车带的基本流程如下：

1）选择需要设置路内停车的路段，选择过程要根据道路条件与交通量状况，对路段能否设置路内停车带做初步判断。

2）确定路内停车的设置目标：①泊位数量的设置尽可能满足周边停车需求；②车辆停放对路段交通运行的干扰达到最小化。

3）对设置条件进行分析，主要包括道路条件与交通量条件两个方面：道路条件包括路段宽度和道路横断面形式（包括机动车道数、机非车道隔离方式等）；交通量条件包括路段机动车、非机动车和行人的流量。如果道路和交通量条件无法满足设置路内停车带，则需要对道路进行改造，如果道路难以改造或即使改造之后还难以满足要求，则表明该路段不适合设置路内停车带或需要重新选择其他道路。

4）研究路内停车带合理位置的选择，分析路内停车带与信号交叉口和建筑物出入口及人行横道的间距关系，以及受地形条件及特殊交通环境的限制等。

5）对路内停车带泊位的设计方法及其适用性进行研究，并在此基础上考察路内停车带的设置是否满足设计目标，如果不满足，则还需重新设计路内停车带。

《城市停车规划规范》GB/T 51149—2016 规定，设置路内停车位时，道路条件应符合如表 7-13 所示的规定。

设置路内停车位的道路车行道宽度标准　　　　　　　　　　　　表 7-13

交通组织形式	车行道宽度	路内停车设置
分隔的非机动车道	非机动车道≥5m	容许单侧停车
	非机动车道<5m	禁止停车

续表

交通组织形式	车行道宽度	路内停车设置
双向通行道路	≥12m	容许双侧停车
	8～12m	容许单侧停车
	<8m	禁止停车
单向通行道路	≥9m	容许双侧停车
	6～9m	容许单侧停车
	<6m	禁止停车
街、巷混行道路	≥9m	容许双侧停车
	6～9m	容许单侧停车
	<6m	禁止停车

在路内设置停车位时，道路交通服务水平需满足交通顺畅的要求，且单方向道路高峰小时 V/C 应符合如表 7-14 所示的规定。

设置路内停车位的路段交通服务水平　　　　　　　　表 7-14

服务水平	交通状况	单方向道路高峰小时（V/C）	路内停车位设置
A	自由流	≤0.6	容许设置
B	稳定流（轻度延误）	0.6<V/C≤0.7	容许设置
C	稳定流（可接受延误）	0.7<V/C≤0.8	禁止设置
D	接近稳定流（可忍受延误）	0.8<V/C≤0.9	禁止设置
E	不稳定交通流（拥挤）	0.9<V/C≤1.0	禁止设置
F	强制交通流（堵塞）	—	禁止设置

路内停车位的设置不得侵占消防通道，在距离公共汽车站和急救站 30m 范围内不得设置停车位。交叉路口、铁路道口、弯路、窄路、桥梁、陡坡、隧道、环岛、高架桥、立交桥、引桥、匝道以及距离上述地点 50m 以内的路段不得设置路内停车位。路内停车位的设置不应妨碍行车视距，并保证车辆通行安全，对居民生活影响较大的道路上不宜设置路内停车位。

7.5.3　路外停车交通管理方法

路外停车场的设置对城市动态交通的直接影响主要在于停车场出入口的设置对路段车流的影响。因此，停车设施出入口的管理和优化设计是路外停车设施交通管理的重点。

（1）路外停车场入口管理

1）停车场出入口处交通管理及设计原则。

① 城市公共停车场出入口的位置距离道路交叉口宜大于 80m，距离人行过街天桥、地道、桥梁或隧道等引道口应大于 50m，距离学校、医院、公交车站等人流集中的地点应大于 30m。

② 出入口应符合行车视距要求，安全视角不小于 120°，宜右转驶入临近道路。出口、入口宜分开设置，不应布置在主要道路上。为避免造成交叉口处交通组织的混乱，停车场

出入口应尽量设置在次干道上，如设置在主干道旁，则应尽可能远离道路交叉口。

③ 大型地面停车场出入口数量不应少于 4 个，大、中型地面停车场出入口数量不应少于 2 个，出入口之间的间距应大于 20m。出入口宽度不应小于 7m，转弯半径综合考虑车型、车速和道路条件进行确定，纵坡不宜大于 3%。

④ 地下停车场与停车楼宜为小型车提供停车服务，特大型地下停车场与停车楼出入口数量不应少于 3 个，大、中型地下停车场与停车楼的出入口数量不应少于 2 个，出入口之间的净距应大于 15m，宜设置人流专用出入口，双向行驶时出入口宽度不应小于 7m，单向行驶时出入口宽度不应小于 5m，直线坡段纵坡不宜大于 15%，曲线坡段纵坡不宜大于 12%。

⑤ 出入口设置在城市主干路的城市公共停车场，机动车交通组织宜采用右进右出的方式，限制左转直接驶入（出）主干路；出入口设置在城市次干路、支路上的城市公共停车场，机动车交通组织宜采用右进右出的方式，在不影响对向道路交通的情况下，可采用左转方式驶入（出）。

⑥ 为尽量减少车辆出入停车场时对某些要求环境安静的建筑物产生噪声、废气污染的影响，停车场的出入口距某些建筑物应留有一定距离。

注：特大型停车场指标准停车泊位大于 500 个的公共停车场，大型停车场标准泊位为 301~500 个，中型停车场标准泊位为 51~300 个，小型停车场标准泊位小于或等于 50 个。

2）路外停车场入口处交通管理。

停车场入口对城市动态交通的影响主要体现在停车场的车辆驶入率、相应入口通道长度的设计以及路外停车场的类型。

如果停车场的车辆驶入流量较大，入口通道设计过短，会造成车辆排队等待，从而影响路段上车辆的通行。如果入口道设计过长，则既浪费土地资源又增加建设成本。

从停车场的建造类型分析，地下停车库从入口到停车位有较长的距离，可以为车辆进入停车场的排队提供较为充分的驶入空间；地上平面停车场可达性好，其中泊位较少的停车场对车辆的收费及服务还可以在停车场内进行，因此入口通道的排队现象较少，对路段动态交通的影响也较少；立体停车库由于其空间特性，内部的入口通道不可能设计得过长，车辆的驶入和排队通常是依靠停车场外的连接道路实现，因此其入口应设置在通行能力不大的道路上或是与主干道有一定距离的支路上。

（2）路外停车场出口处交通管理

影响停车场出口设置的主要影响因素包括：与停车场出口通道连接道路的等级、停车场泊位规模、高峰小时驶出率以及出口处动态交通流量的组织状况。

1）道路等级条件。停车场（库）的出口设在不同等级的道路上，对汽车的可达性有较大的差异。如果设置在干道上，则进出车辆因交通条件和道路条件而承受延误的概率较小，但同时也可能直接干扰道路交通；而设置在支路上，则可能因其附加的交通量而产生拥塞。我国相关规划标准指出：城市高速路和快速路强调通过性交通，禁止两侧用地直接开口；主干路以通过性交通为主，原则上禁止两侧用地直接开口；次干路和支路以进出性交通为主，允许两侧用地直接开口。

2）道路交通流条件。对停车场出口处车流通行能力的分析，不仅包括路段上已有车流的分析，还包括由进出停车场产生的附加交通流，以及两种车流因相互干扰造成的延误排队和道路通行能力的变化。

3）车辆停放属性。路外停车场自身的泊位容量及车辆高峰小时的驶出率对停车场出口通道的设置同样具有较大影响。停车场具有的泊位容量决定了高峰小时最大停车数量以及高峰小时停车的疏散速度。若停车场规模设置不合理，不但可能导致出口处车辆的拥塞，干扰路上车辆通行，还会因为疏散时间过长而影响停车场的服务水平，降低停车场使用效率。

（3）停车场相关设计标准

我国相关规范规定了停车位设计尺寸标注。《道路交通标志和标线》（第 1 部分～第 3 部分）GB 5768.1—2009～GB 5768.3—2009 规定，停车位标线按两种车型规定尺寸，上限尺寸长度为 1560cm，宽度为 325cm，适用于大中型车辆，下限尺寸长为 600cm，宽为 250cm，适用于小型车辆。在条件受限时，宽度可适当降低，但最小不应低于 200cm。《车库建筑设计规范》JGJ 100—2015 给出了机动车停车场最小停车带、停车位、通道宽度的建议值，如表 7-15 所示。在标准选用时应结合两个标准规范的数据指标综合确定。

机动车停车场最小停车带、停车位、通道宽度（单位 m）　　表 7-15

停车方式		垂直通道方向的最小停车带宽度		平行通道方向的最小停车带宽度	通道最小宽度
		W_{e1}	W_{e2}		
平行式	后退停车	2.4	2.1	6.0	3.8
斜列式	30° 前进（后退）停车	4.8	3.6	4.8	3.8
	45° 前进（后退）停车	5.5	4.6	3.4	3.8
	60° 前进停车	5.8	5.0	2.8	4.5
	60° 后退停车	5.8	5.0	2.8	4.2
垂直式	前进停车	5.3	5.1	2.4	9.0
	后退停车	5.3	5.1	2.4	5.5

注：W_{e1} 为停车位毗邻墙体或连续分隔物时，垂直于停车通道（停）车道的停车位尺寸；W_{e2} 为停车位毗邻时，垂直于停车通道（停）车道的停车位尺寸。

对于停车库的具体设计，我国也提出了相应的技术标准。《车库建筑设计规范》JGJ 100—2015 指出，车库基地出入口的设计应符合下列规定：

1）基地出入口的数量和位置应符合现行国家标准《民用建筑设计统一标准》GB 50352—2019 的规定及城市交通规划和管理的有关规定。

2）基地出入口不应直接与城市快速路相连接，且不宜直接与城市主干路相连接。

3）基地主要出入口的宽度不应小于 4m，并应保证出入口与内部通道衔接的顺畅。

4）当需要在基地出入口办理车辆出入手续时，出入口处应设置候车道，且不应占用城市道路；机动车候车车道宽度不应小于 4m、长度不应小于 10m，非机动车应留有等候空间。

5）机动车车库基地出入口应具有通视条件，与城市道路连接的出入口地面坡度不宜大于 5%。

6）机动车车库基地出入口处的机动车道路转弯半径不宜小于 6m，且应满足基地通行车辆最小转弯半径的要求。

7) 相邻机动车车库基地出入口之间的最小距离不应小于 15m，且不应小于两个出入口道路转弯半径之和。

7.5.4 解决停车问题的策略

（1）科学地进行城市停车需求和供给分析

城市停车设施规划中，确定城市停车泊位供给规模要以停车需求预测作为依据，尽量满足停车需求，所以停车需求量预测准确与否，对停车规划的影响巨大。充分重视停车需求的预测工作，提高预测的准确程度，可以大大减少由于规划设计失误所造成的损失与浪费，使社会经济效益显著提高。

停车泊位供给还受其他多种因素的影响，在进行停车泊位供给规模的规划时，如果停车泊位供给不足，将影响城市的经济发展和适度的机动化水平，也有可能由于车辆寻找停车位绕行而产生新的交通量，从而引起道路交通拥挤。而停车设施过量会造成资源的巨大浪费，而且也有可能引发更多的交通量，造成道路交通拥挤。总之，规模适宜的停车设施是交通畅达的基本保证。

（2）对城市中心区的停车设施布局进行合理规划

使城市中心区的任一区域内都能给合理出行的车辆提供足够的停车空间，调整路外与路边停车设施的比例，尽量使车辆停于路外至车场，节约占用道路的空间，最大程度上减小停车对动态交通的影响。选择适当地点建造有一定规模的停车场，以聚散入市的汽车。现在设有的公共停车场，规模一般不大，且位置分配不尽合理，以至于司机寻找停车位不易，即使找到也不一定有位置停放。

（3）对城市中心区停车实行控制政策

限制中心区停车的同时，对中心区的停车设施建设也进行合理的控制，从而达到控制停车需求及供给的目的，这样可以有效地改善中心区的停车状况。

（4）加大对路边停车的管理力度及处罚措施

严禁路边乱停乱放，同时应控制路边停车场的设立，减小路边停车对道路交通流的影响。严格控制车辆密度过大场所的停车数量，运用经济杠杆进行有效调节。可以考虑给予在高峰时刻停车的车辆适当提高其停车费，让确实需要停放于此的车辆多掏点钱，其余车辆不至从众停放。中心区收费路边的停车场所实行咪表管理，并且对停车时间进行限制，可以提高路边停车的周转率，有效利用路边的停车位。

（5）制定合理的建筑物配建停车场指标

通过制定合理的建筑物配建停车场指标，对于保持城市的停车需求与供应的平衡关系、改善中心区的交通状况具有很好的控制和调节功能。因此，合理提高建筑物配建停车位的指标是改善城市中心区停车状况的有效手段，并且应根据城市适当的发展阶段对其指标进行相应的调整，同时在实施过程中要加大管理力度，确保建筑物，尤其是居住区的停车位应按指标值配建。

（6）鼓励市民培养步行、骑自行车、乘坐公交出行的良好习惯。

此措施一是有利于缓解停车难，二是有利于节约能源、环境保护，符合我国建设节约型社会、和谐社会的需要。

7.6　公共交通改善措施

城市公共交通是由公共汽车、电车、轨道交通、出租汽车、公共自行车等交通方式组成的公共客运交通系统，是重要的城市基础设施，是关系国计民生的社会公益事业。随着经济的发展和城市的扩大，一些城市交通拥堵、出行不便等问题日益突出，治理此类由供需矛盾造成的交通问题，大力发展公共交通是强有力的措施。

总体而言，在建设项目交通影响评价中，公共交通改善包括宏观、中观与微观三个层次。宏观上包括大力发展大运力快捷公交方式、设置公交专用道、提供公交出行信息服务等；中观上通常是指公交线路运力与运量的平衡改善、公交线路布局优化改善；微观上是指项目紧临公交站场与站点的布设形式改善。

（1）发展大运力快捷公交方式

大运力快捷公交方式有 BRT、轻轨和地铁等，通常在综合交通规划修编与专项规划中进行规划。

在建设项目交通影响评价中，根据对周边公共交通的调查分析，若常规公交通过综合优化较难满足公交需求时，可建议发展大运力快捷公交方式。

（2）公交智能信息系统

发展公共交通智能信息系统，应是我国城市公共交通改革的重要内容，应积极利用先进技术对传统的公共交通运营系统进行改造，全面整合信息资源，以信息化为基础，推动智能公共交通系统建设，充分收集公交信息，通过 GPS 实现系统之间的动态管理，促进建立有效、科学的服务系统。

（3）公交专用道与专用相位

设置公交专用道与专用相位是公交优先的强有力措施，可以充分提高公交运能，通常在路段设置公交专用道，在交叉口设置与之对应的公交车专用相位，从而在空间上、时间上优先公交的通行权。

在建设项目交通影响评价中，根据对周边路网的公共交通的调查分析，可建议设置公交专用道与专用相位来提高周边路网的服务水平。

（4）公交站选型

常规公交系统中公交站分为港湾式与非港湾式公交站，其中港湾式公交站对路段的通行能力影响明显小于非港湾式。

在建设项目交通影响评价中，根据对周边路网的公共交通的调查分析，若路网条件允许，建议适当区段公交站采用港湾式。

7.7　交通安全改善措施

随着我国经济的发展，机动车保有量不断增加，同时由于驾驶人素质、守法意识和道路状况、车辆性能等因素，造成我国目前道路交通事故量、交通事故伤亡人数及经济损失居高不下。

根据我国道路交通事故发生的规律和特点，我国的交通安全对策措施研究主要从交通参与者、车辆、道路和环境等方面展开，利用多学科知识，如土木工程、机械工程、管理工程、信息处理技术、人体工程等领域，系统地研究预防对策，改进和完善交通安全管理体系以及相关的技术措施。

（1）改善道路条件

道路条件包括道路与人相适应的几何条件、光线照明条件、安全防护、道路等级与功能划分、路面条件、附属工程技术条件等方面。改善道路条件的措施如下：

1）道路的线形组合。改善平面线形、裁弯取直、消除瓶颈、消除路边障碍物，确保交叉口和弯道的视距；避免用短直线连接两个同向曲线，道路直线路段不应过长，沿途景观应有变化，减少驾驶人的视觉疲劳等。

2）道路路幅的布置方式。车行道、路缘带、路肩以及中央分隔带的形式和尺寸，都应根据使用功能、交通量、交通组成以及安全行车要求进行合理设计，并做到连续性和一致性。

3）加强路面防滑处理，限制车速。

4）道路平面交叉口存在车流交叉和交织运行、方向和速度改变等影响驾驶反应的多种因素，对交叉处采取增大视距、减缓纵坡、渠化转弯行驶、进行交通管制等措施。

（2）完善交通安全管理设施

交通安全管理设施包括标志、标线、信号、通信等；安全防护设施包括各种路侧护栏（护墙）、分隔带护栏、桥梁栏杆等设施，隧道的通风、照明、消防、报警等设施。应加强交通事故多发地点的鉴别与改善，整改不符合要求的交通标志、标线以及各种交通安全设施，夜间易出事的路段应增设凸起路标和照明设备。

7.8 其他综合性改善措施

在交通影响评价实践过程中，通常根据项目的具体方案及所在的交通环境，有针对性地提出交通改善措施，其所包含的内容往往是综合的、相互关联的。

往往有些项目的周边路网在评价年之前（通常称为过渡期）未能按规划建成，故而需要针对具体的过渡期方案提出综合性的交通改善措施。

第8章 交通影响评价报告编制主要内容

交通影响评价报告统一的文本格式和内容要求，一方面有利于交通影响评价编制单位把握其尺度和所包含的内容，另一方面也便于政府相关部门对交通影响评价报告的审查，是整个交通影响评价环节规范化和标准化的具体体现和要求。

《建设项目交通影响评价技术标准》CJJ/T 141—2010 规定，交通影响评价报告内容应包括建设项目概况、评价范围与年限。评价范围现状与规划情况、现状交通分析、交通需求预测、交通影响程度评价、交通系统改善措施与评价，以及结论与建议。

1）概述部分，介绍项目的背景情况以及开展交通影响评价所依据的标准、规范和相关资料；

2）现状分析部分，主要分析用地现状、现状路网、公交、停车以及行人和自行车等交通量和相关交通设施情况；

3）规划部分，介绍目标年的用地规划、道路设施规划、公交及轨道交通规划、停车设施以及其他相关交通设施规划；

4）交通预测部分，主要预测项目背景交通量及项目生成交通量，然后通过方式划分、交通分布、交通分配得到有无项目情况下路网流量及负荷；

5）项目交通组织部分，包括项目内部交通组织以及项目外部交通组织；

6）交通影响评价部分，基于上述研究结果，对路网负荷、公交影响、停车设施的满足程度以及交通安全性等方面进行评价；

7）改善措施部分，包括为缓解由于建设项目的实施而带来的影响所进行的相关改善措施，对于有条件的地区还可以进行交通影响费用的计算；

8）结论与建议部分，对建设项目的性质、规模等进行评价并对交通系统的改善提出建设性的意见和建议。

8.1 建设项目概况

应包括建设项目主要规划设计条件、主要技术经济指标和业态、建设方案等。可以包含以下内容：

（1）项目位置

详细说明项目的具体位置，项目所属区县及周边范围，并在城市路网图中标明采用市域及局部区域路网图。

（2）项目来源及所处阶段

介绍项目委托方与被委托方大致情况以及委托时间等相关事宜。描述项目当前所处阶段，并详细介绍所描述地块的属性及归属变更过程。

（3）性质与规模

要求说明项目所处地块的现状用地性质、项目的性质以及总用地面积、建设用地面积、总建筑面积、地上建筑面积（说明主要用途）、地下建筑面积（说明主要用途）、容积率、绿化率、机动车和非机动车停车位（包括地上地下，且必须与委托方提供的设计图纸一致）；居住项目要说明住宅户数、居住人数，医院需要说明床位数、门诊量，购物中心需要说明营业面积和雇员人数，办公楼需要说明入住办公人数。要求对以上参数汇总为表格进行详细说明。

（4）方案要点

描述评价对象的设计方案（建筑平面布置、停车场位置及出入口、内外部出入口等）。

（5）编制依据

主要包括与规划设计相关的标准和规范，与项目相关的政府文件、批文、相关合同、说明等内容，以及报告中所参考的上述内容之外的文献资料。

8.2　评价范围与年限

评价范围与年限应该按照《建设项目交通影响评价技术标准》CJJ/T 141—2010 中的规定确定。

（1）确定目标年

目标年是指交通影响评价的计算年份，要按照《建设项目交通影响评价技术标准》CJJ/T 141—2010 中的规定确定目标年。

（2）确定研究范围

一般情况下应该以项目周边城市主要干道及节点围合区域作为研究范围，项目规模越大研究范围应该就越大。

8.3　评价范围现状与规划情况

介绍评价范围内现状、规划的土地利用和交通发展情况，建议包括以下内容：

（1）用地规划

阐述项目所处地块及周边地块控制性规划的性质及相关指标。

（2）道路交通设施规划

阐述研究范围内规划路网、节点布局及实施计划、路网等级构成、路网密度等；应列出规划道路的红线、道路等级、横断面等基本要素。

（3）公共交通系统规划

1）公交线路规划。说明项目周边公交线路规划或实施计划。

2）轨道交通规划。说明研究范围内轨道交通线路位置、站点布置的规划和实施计划以及与项目的距离。

3）公交场站等设施规划。说明研究范围内公交场站的规划和实施计划以及与项目的距离。

（4）停车设施规划

说明项目周边停车设施规划，包括类别、位置、容量、交通组织、距离远近、与项目关系等；分析项目周边的停车需求与供给情况。

（5）行人及自行车交通规划

说明研究范围内特别是项目周边行人及自行车交通设施规划，包括类别、位置、容量、交通组织、距离远近、与项目关系等；分析项目周边的行人及自行车交通设施需求与供给情况。

（6）其他规划

说明研究范围内在目标年其他与交通相关的规划，主要涉及交通政策、交通管理等方面。

8.4　现状交通分析

现状交通分析包括下列内容：

（1）用地现状

阐述研究范围内建设项目所在地块及与项目相邻地块的现状用地性质和规模等情况。要求附照片进行说明。

（2）道路交通及设施

应对评价范围内的现状道路、公共交通、自行车、行人、停车等交通系统的管理措施、供需和运行状况进行分析，提出现状交通系统存在的主要问题。

1）路网概况。说明研究范围内现状路网的基本情况，包括路网的布局、路网密度、现状道路等级、横断面、路况，是否实现规划等，并进行评价。说明研究范围内现状路网中主要交叉口及出入口的几何特征、交通组织及管理方式（包括立交和平交），并进行评价。

2）交通量及负荷。应对评价范围内各种交通方式的交通流特征、交通设施、交通管理政策及措施进行说明。调查研究范围内主要道路和交叉口的交通量，计算其负荷度并进行评价。

3）存在问题。对研究范围内的路网、道路、交叉口以及交通量等进行综合评价，分析指出其存在的问题。

（3）公共交通线路及设施

1）公交线路。对研究范围内的所有公交线路进行调查，给出线路名称、首末站、运营时间、满载率及运营方式；项目周边车站名称、与项目距离、几何特征等。

2）轨道交通。对研究范围内的轨道交通进行调查，给出线路名称、首末站、运营时间及满载率；项目相邻车站的站点名称、与项目距离等。

3）存在问题。对研究范围内的公共交通和轨道交通的线路、运营状况以及站点布置、场站设施等进行分析和评价，指出其存在的问题。

（4）停车状况

1）停车现状。对项目周边的机动车和非机动车的停车设施位置、容量等状况进行说明，阐述其需求程度。

2）停车问题分析。对项目周边的机动车和非机动车停车设施存在的问题进行说明，阐述与本项目之间在停车方面的影响关系。

（5）行人及自行车交通

1）行人交通。对项目周边行人设施及交通组织方式和行人流量进行调查，评价行人交通设施的系统性、便利性和安全性。

2）自行车交通。对项目周边自行车交通设施及交通组织方式和交通流量进行调查，评价自行车交通设施的系统性、便利性和安全性。

（6）分析结论

汇总现状用地、道路交通设施、公共交通、停车、行人与自行车交通以及交通组织方面分析的主要结论。

8.5 交通需求预测

应对各评价年限、各评价时段的背景交通和项目新生成的交通量进行预测，分析评价范围内交通系统的交通量分布和运行特征。

（1）交通预测方法

详细说明交通预测的方法和步骤以及所采用的软件，一般应采用四阶段预测法，给出小区划分图。

（2）背景交通预测

详细说明背景交通量的来源。

（3）项目交通预测

1）项目交通生成预测。说明项目的高峰小时时段及依据，给出高峰小时交通产生和吸引量。当有类似项目的出行数据可用时，详述交通生成率指标的依据，包括参考数据的来源、对本项目的适用性等。当缺乏类似项目出行结构数据时，必须进行调查并附有原始数据调查记录，说明调查对象与本研究项目的相似性、调查过程、调查数据处理结果。

2）交通分布。给出分布结果。

3）方式划分。给出出行方式的划分比例，包括各种可能的出行方式。

4）交通分配。给出项目自身附加交通的分配结果。

（4）有项目交通预测

背景交通量与项目自身交通量叠加，即得到有项目情况下的交通量。给出所采用的交通分配预测方法及交通分配的结果，并分析主要道路高峰小时的交通量、负荷度等数据。给出研究范围内各路段本项目产生交通量及所占背景交通量的比例，同时应给出项目产生交通量对相关道路负荷度的贡献率。给出研究范围内的主要交叉口不同车道交通流量，详述项目产生交通量对交叉口各方向交通流量的影响。

（5）公交需求预测

给出公交需求预测结果，包括需求量和方向分布。

（6）停车需求预测

给出机动车和非机动车停车需求预测方法以及预测结果。

（7）行人及自行车交通需求预测

阐述行人及自行车交通需求预测方法以及预测结果。

8.6　交通影响程度评价

交通影响程度评价应对评价范围内的主要交通问题进行分析，通过交通系统供需分析和交通影响程度评价，提出评价范围内交通系统存在的主要交通问题。评价建设项目新生成交通需求对评价范围内交通系统运行的影响程度。评价对象应包括范围内各种交通系统的评价，包括机动车、公共交通、停车、自行车和行人等。具体应包括下列内容：

（1）评价指标论述

阐述建设项目交通影响评价所采用的指标体系、各个指标的阈值以及综合评价方法。

（2）机动车影响评价

路段及交叉口负荷度评价说明本项目所产生的交通量在各个路段和交叉口的比例以及对各个路段和交叉口负荷度的影响，并指明这种影响是否超过给定阈值。

（3）公交影响评价

本项目产生的公交出行在项目周边主要公交线路上的负荷量及比例。

（4）停车设施影响评价

停车设施供给是否能够满足本项目所产生的停车需求。

（5）行人及自行车交通设施评价

从行人和自行车交通设施的供给与满足需求的程度方面进行定量或定性评价。

（6）内外部交通组织评价

从内部交通组织和外部交通组织的系统性、合理性、安全性以及本项目所产生出行对外部交通影响的角度，对内部交通组织和外部交通组织进行评价。

（7）总结性评价

依据所提出的综合评价方法，从上述各个方面的评价中得到项目交通影响的综合评价。

8.7　交通系统改善措施与评价

交通系统改善措施与评价主要包括改善措施和改善措施的实施效果。改善措施主要指当本项目出行对周边的道路、交叉口、公交系统、停车系统、行人和自行车系统等所产生的影响超过评价指标的阈值，并且项目业主仍然需要进行本项目的建设时，须给出相应的具体改善措施，直至其影响程度在容许范围内。改善措施的实施效果主要是指定量和定性分析采取以上改善措施后的实施效果，要求对改善前后的效果进行对比分析；对于有多项改善措施的项目，需要进行敏感性分析。具体内容如下：

（1）外部交通组织

1）机动车交通组织。详细叙述本项目产生的交通流量在外部路网上的流向，并分析对外部路网产生的影响，特别要分析主要交叉口的交通流向。分析项目与外界连接的各个进出口对外部道路所产生的影响，评价进出口设置的合理性。

2）行人与自行车交通组织。说明项目周边行人交通组织线路、自行车线路、与机动车之间存在的冲突、自行车停车设施的位置及容量等。

（2）内部交通组织

1）机动车交通组织。详细叙述内部机动车的交通组织方案，特别要注意与消防通道之间的连接以及对消防通道的影响，分析项目内部交通冲突点的位置及解决办法。

说明内部停车泊位的设置以及内部停车场（库）出入口的设置，评价其合理性。

2）行人与自行车交通组织。说明项目内部行人交通组织线路、自行车线路、与出入口及停车区域的连接关系、自行车停车设施的位置及容量等。

（3）主要结论

对上述内外部交通组织的系统性、便利性、安全性等进行评价。

8.8 结论与建议

交通影响评价的结论及建议应包括评价结论、必要性措施和建议性措施，应包括以下内容：

1）评价结论应明确项目建成对评价范围内交通系统的影响程度，明确交通改善后建设项目的交通影响是否可被接受，以及是否需要对建设项目的选址和（或）报审方案进行调整。

2）必要性措施是保证建设项目交通影响可接受的前提条件。

3）建议性措施包括对改善现状交通、减少交通影响程度以及提高内外部交通系统的安全性等方面提出建设性意见。对评价范围内交通系统影响为显著影响的建设项目，应明确必要性措施。

第9章 某住宅类建设项目交通影响评价案例分析

9.1 概述

9.1.1 研究背景和意义

1. 研究背景

某住宅类建设项目一期工程位于××区××街东段北侧，北区规划建筑面积 36 万 m^2，地上 29 万 m^2，地下 7 万 m^2。如图 9-1 所示。主要建设内容为普通商品房、配套公建和地下停车场等设施。通过交通影响评价和道路组织设计通过研究新建项目和土地变更及其他因素变化下，对产生的新增交通量和对周围的交通环境进行分析评定，对交通路线的组织设计，在满足一定的服务水平的条件下提出对策，减小项目带来的负面影响，缓解项目产生的交通量对周围道路的交通压力。

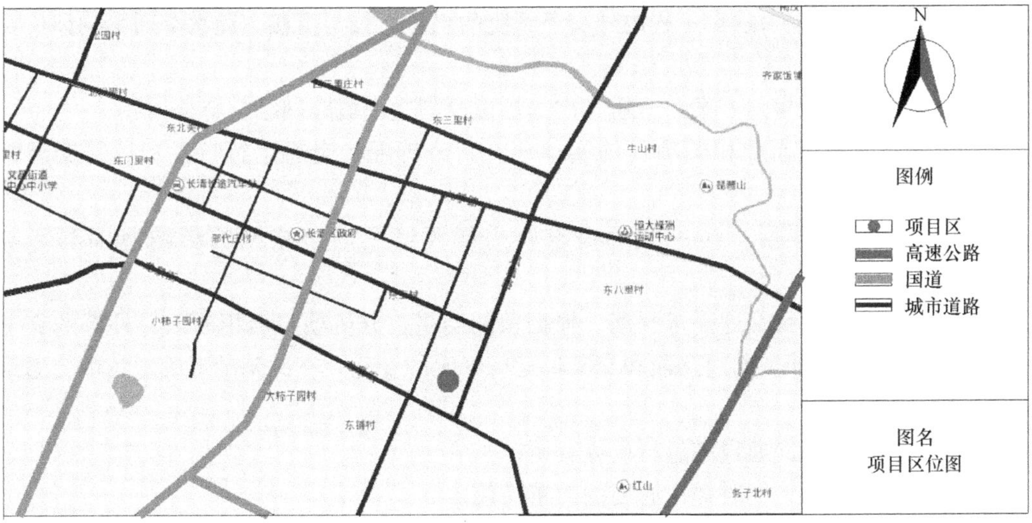

图 9-1 项目区位图

2. 研究的目的和意义

城市用地由专门的政府部门管理或监督使用。土地管理部门的主要职责是，依据城市总体规划设立的城市发展目标，制定具体的用地政策，确定详细的地块使用性质和红线范围。在城市建设发展过程中，当发展商申请使用某一地块，或欲改变某一用地的性质和红线时，特别是当这一用地开发将明显地改变局部地区的用地强度时，土地管理部门应对此展开评估和审核。当在地产商与发展商、发展商与发展商之间产生用地纠纷时，土地管理部门也有责任参与调停。在土地管理部门对有关土地使用开发进行评估、审核和协调的过程中，交通影响分析能够提供一些重要依据。具体来说，交通分析与组织设计有助于解决以下一些问题：

1）在争取获准改变某一用地的使用性质时，如由居住用地改为商业用地，发展商可通过交通影响分析来论证这种改变的可能性；

2）市政部门在道路改建的过程中，常常需要调整道路红线。道路红线的变更有时会给沿线的商业带来直接的影响；

3）针对同一用地，当出现两种不同性质的开发意志时，是作为居民用地开发还是作为商业用地开发，这可以借助于交通影响分析来进行相关的比较研究；

4）许多发展商在评估项目开发的潜在效益时，越来越注重运用交通影响分析技术进行土地开发的成本效益分析；

5）交通影响分析通常是针对确定的用地开发规模，评估用地开发后对道路交通设施带来的影响。

9.1.2 研究目标和重点

本项目交通分析与组织设计目标是通过定量分析预测该住宅类建设项目施工过程中对周围路网及交通环境的影响，采用定性与定量相结合的方法评价本项目开始施工后对交通通行、交通安全、交通环境的影响效应，提出相应的交通改善措施，减少项目对周边交通负荷的影响，保障本项目建设工程内外交通系统的正常运行与衔接。此次交通影响评价要达到以下目的：

1）结合本项目的规划方案，分析其内部环境及周边区域路网结构特征；

2）通过对道路交通和相关项目的实地调查，分析现状交通运行特性和公共交通系统等；

3）新增项目建成后产生的交通需求对内部环境及周边路网的影响范围和影响程度；

4）对建设项目进行交通需求预测。根据预测结果，分析项目启用后内、外部的交通需求和供给关系及内部及周边路段和交叉口运行状况的变化，在此基础上确定各项交通组织方案；

5）对项目的静态交通设施进行研究分析；

6）给出评价结果，同时提出必要的改善建议。

本项目交通分析与组织设计的重点是根据项目建设工程规模和性质评价其对外围交通的影响程度，根据建筑设计方案提出建设工程及周边合理的交通设施布局关系、交通组织方法及交通管理策略，并提出切合实际的改善措施与建议。

9.1.3 研究原则

为使研究成果具有一定的参考价值和指导意义，在研究过程中坚持了以下原则：

1. 科学性原则

科学性原则是指在研究中应用科学的方法，以事实为基础，以合理的实践理论为指导，正确解决现状问题并预测"潜在问题"。

2. 前瞻性原则

前瞻性原则是指在研究中，对问题以及结论要结合未来进行评价并提出相应的解决措施。

3. 全面性原则

全面性原则是指要做到在问题研究中全面考虑各种因素，以便得到合理正确的结论，所得到的成果（结论、意见）能够解决可能发生的多种情形，避免因单一结论导致的极端错误。

4. 特殊性原则

特殊性原则是指在研究中遇到的问题有特殊性，要做特别考虑，而不是一概而论。

5. 实用性原则

实用性原则是指通过借鉴成熟的专业方法、理论得出合理的预测和评价，研究成果（或结论）具有可信性和可行性，并具有保证实用性，以实现项目建成期间的交通组织可以有序、顺利地进行。

9.1.4　研究依据

进行建设项目交通分析与组织设计工作所依据的标准和规范如下：

1)《建设项目交通影响评价技术标准》CJJ/T 141—2010；

2)《城市综合交通体系规划标准》GB/T 51328—2018；

3)《城市道路平面交叉口规划与设计规程》DGJ 08-1996—2001；

4)《城市道路设计规范》CJJ 37—2012；

5)《道路交通标志和标线》(第 1 部分～第 8 部分)GB 5768.1—2009～GB 5768.8—2018；

6)《停车场规划设计规则（试行）》；

7)《××市城市总体规划（2006～2020 年)》；

8) 项目周边区域交通现状调查资料；

9) 其他城市规划及交通规则的有关规定及标准。

9.1.5　研究内容

按照交通影响分析的方法和步骤，运用交通工程的理论和技术手段，进行相应的评价。具体研究内容如下：

1. 区域背景资料分析

包括项目所在区域的非项目交通量、土地利用、社会经济数据、交通系统情况等，通过这些背景资料与由于项目建设引发的变更数据对比分析，做出评价结论并提出改善措施。

2. 项目交通预测

预测目标年项目产生的交通影响，包括以下内容：交通生成、交通方式分担、交通分布与交通分配。

3. 非项目交通预测

除项目交通量会影响目标年的交通系统状况外，研究区域内计划审批的其他项目以及区域外的变化同样也会产生影响。未来交通需求包括项目交通、区域内其他已审批同意建设项目的交通以及区域现状交通乘以自然增长率的总和。

4. 项目影响评价

评价项目交通影响并制定交通改善方案应包括以下几个方面：

（1）交通总量预测与荷载能力分析

将项目交通量和非项目交通量叠加，得出交通总量，通过对比路段、交叉口等交通基础设施的流量、负荷度等技术指标，评价交通系统能否满足增长的交通需求。

（2）项目出入口与交通组织

项目进出城市道路的出入口的设置应使进出车辆安全、有效，尽量避免影响非项目交通，出入口的大小要满足服务车辆的大小和运行的要求。以此作为标准，评价现状出入口的设计是否满足要求，并提出必要的合理化建议。

（3）停车设施供需平衡分析

项目要提供适当的停车位，满足项目产生的交通需要，并符合地区交通政策。

（4）交通安全

分析区域内有无事故多发地点，找出原因，并在规划设计上提出改进意见。

项目的内部交通组织和外部出入口的设置要尽量减少与行人的冲突，从停车场站到建筑出入口的行人路线，都应考虑安全问题。

9.1.6 研究范围

交通影响分析与组织设计范围，也就是研究的区域。交通评价是预测开发设施所产生的交通量对各连接路及附近主要干道所带来的影响。而项目的评价范围则由开发项目所在的位置、发展类别、现有及未来道路网络决定。

《建设项目交通影响评价技术标准》CJJ/T 141—2010 给出了交通分析与组织设计范围的确定方法。它是根据建设项目规模与启动阈值之比的大小来确定的。

《建设项目交通影响评价技术标准》CJJ/T 141—2010 中列出了不同类建设项目交通分析与组织设计启动阈值的取值范围，如表9-1所示。

住宅、服务、商业、办公类项目交通影响评价启动阈值　　　　　表 9-1

城市和镇人口规模（万人）	项目位置	建设项目新增建设面积（万 m²）	
		住宅类项目	商业、服务、办公类项目
≥200	城市中心区	3～8	1～3
	中心城区除中心区外的其他地区/卫星城中心区	5～10	2～5
	其他地区	10～20	4～10
100～200	城市中心区	2～5	1～2
	其他地区	3～8	2～5
<100	—	2～8	1～5

住宅（T01）、商业（T02）、服务（T03）、办公（T04）类建设项目，交通影响评价启动阈值的取值范围应符合上述规定。场馆与园林（T05）和医疗（T06）类建设项目的启动阈值应为：配建机动车停车泊位 100 个。

该住宅类建设项目的建筑面积 36 万 m²，地上面积 29 万 m²，地下面积 7 万 m²，已经超过了启动阈值范围。因此，需要对该住宅类建设项目进行交通影响评价。

《建设项目交通影响评价技术标准》CJJ/T 141—2010 中给出了建设项目交通分析与组织设计范围确定方法，如表 9-2 所示。

建设项目交通影响评价范围　　　　　　　　　　　　　　表 9-2

建设项目规模与启动阈值之比（R）	交通分析与组织设计范围
R<2	建设项目临近的城市干路围合的范围
特大城市 2≤R<3	建设项目临近的城市主干路或快速路围合的范围
特大城市 R≥5	建设项目邻近的第二条主干路或快速路围合的范围
其他城市和镇 R≥3	

针对本项目所处区域的特点，为了较为准确地把握该项目周边的交通状况，以及项目对周边道路所产生的影响，结合该项目的土地利用情况、交通道路情况、社会经济情况、人口指标以及由于项目新增而可能对特定区域造成的影响，该项目的研究范围东至××路、南至××街、西至××路、北至××街。其影响范围如图 9-2 所示。

图 9-2　项目影响范围图

9.1.7　评价年限

目标年的选择应力求反映研究范围内交通基本稳定的情况下，项目对周围地区的交通的影响，而且能较为准确预测其交通量。根据××市的《××市城市总体规划》近、中、远期的具体规划，对比现状路网及区域背景资料与目标年路网、目标年区域发展状况之间的差异，应主要考虑以下内容来合理确定目标年：

1）研究区域内的现状道路网与规划路网差别；

2）研究区域内未来年是否有轨道交通经过或是否对项目内部及周围地区出行方式产生影响；

3）研究区域内非项目用地的用地性质变更情况。

交通影响评价属于近期区域交通规划，它的远景规划年的规定一般是短期的，其选定与区域规划目标年限、开发工程的建设阶段及交通系统的变化情况有关。其取决于项目实施的年限和道路交通系统改善的期限，同时考虑与城市交通规划战略模型预测年限的一致性。根据《建设项目交通影响评价技术标准》CJJ/T 141—2010 规定，有明确定量启动阈值的建设项目，其交通影响评价年限如表 9-3 所示。

建设项目交通影响评价年限

表 9-3

序号	建设项目规模指标与启动阈值之比	交通分析与组织设计年限
1	特大城市＜5，其他城市和镇＜3	正常使用初年
2	特大城市≥5，其他城市和镇≥3	正常使用初年
		正常使用第五年

由此，根据拟建项目区域内及周边现状道路、交通结构及周围用地性质基本上已经成形，即与规划年差别较小，则目标年可为项目全部投入使用的年份或全部建成后一定时期（稳定后）的年份。根据上述标准，综合项目规模和特点，并结合现状年的交通状况，将交通影响评价年限定为正常使用初年，具体年限取值如下：

基准年：2019 年；

建成年：2019 年。

9.1.8 研究方法与技术路线

首先，搜集现状资料，系统地开展交通调查，研究区域的用地特征及其周围道路的交通现状，总结该地区的规律与特征，诊断现状存在的问题，对现状进行评价并提出解决措施。

其次，预测交通需求和供给，分析可能产生的交通问题，并给出相应的组织方案和解决措施。

然后，结合上述研究，从交通设施和交通组织两个方面制定规划方案。

最后，采用定量分析的方法验证方案的合理性和可操作性。

技术方案如图 9-3 所示。

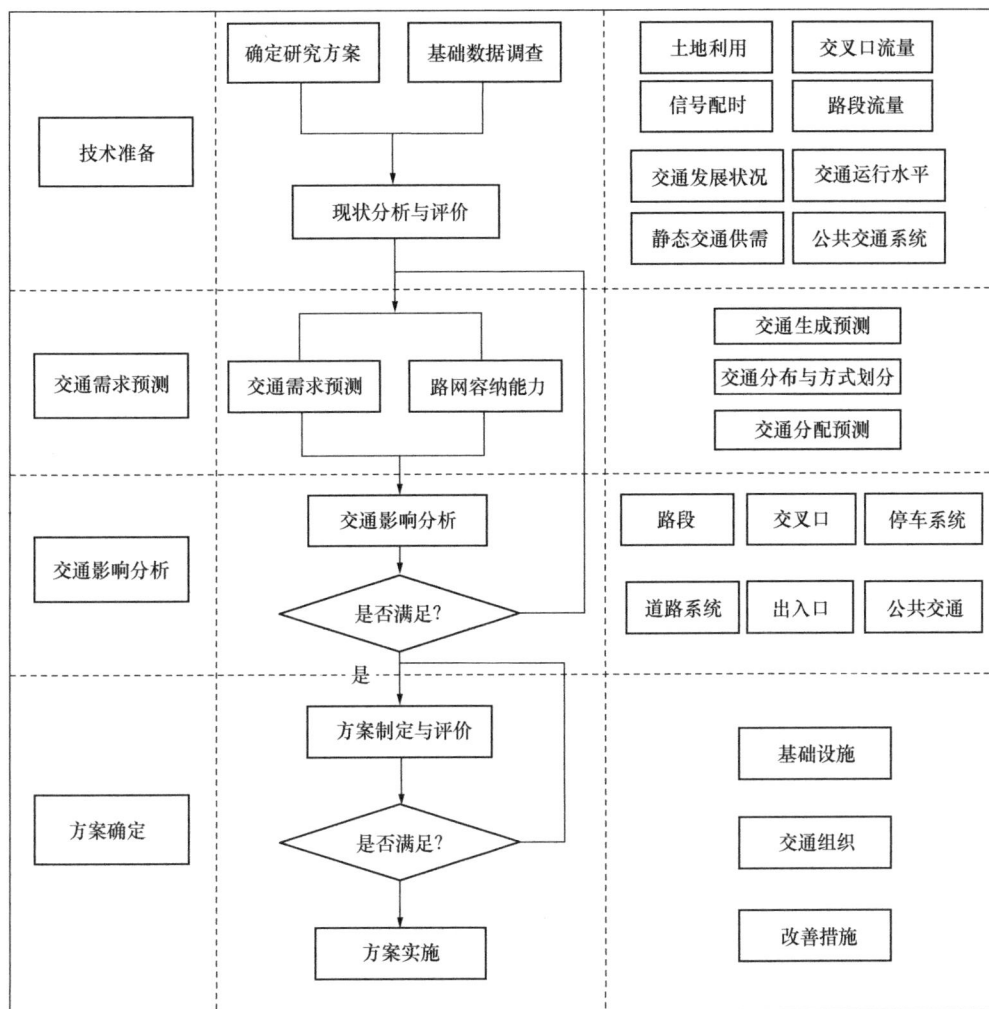

图 9-3　交通分析与组织设计技术线路图

9.2　项目概况与规划资料分析

9.2.1　项目概况

某住宅类建设项目位于××区××街东段北侧，北区规划建筑面积 36 万 m^2。主要建设内容为普通商品房、配套公建和地下停车场等设施。项目区域规划指标见表 9-4。

规划指标　　　　　　　　　　　　　　　　　　　　　　　　表 9-4

项目	单位	数量
规划用地面积	m^2	15 万
总建筑面积	m^2	36 万

项目		单位	数量
其中	地上建筑面积	m²	27 万
	地下建筑面积	m²	9 万
停车位		辆	900

注：因篇幅所限，此表格仅列出主要指标，其他指标在此省略。

9.2.2 区位分析

该建设项目位于××区××街东段北侧，随着项目周边支路的建成通车，小区地理优势及价值将会升高。

项目周边用地以商业、居住等功能为主。北侧紧邻××购物、餐饮商业圈以及最大的电子城，中山路北侧还分布有××购物中心等集商场、餐饮、休闲娱乐于一体的商业设施；项目东侧为××花园酒店，其优质的入住环境、就餐条件以及会议设施等每天都会吸引大量的客流；项目西侧为成熟的居住区××大厦，南侧用地正在进行拆迁改造，根据相关规划，将建设成为××特色旅游街。

9.2.3 土地利用分析

根据《××市城市总体规划（2006～2020 年)》，××市该片区城市土地利用以学校用地为主。综合分析可知，项目区为住宅区。从用地功能的分布、土地使用强度看，项目周边土地利用基本上以民用住宅区用地和教育用地为主。从用地性质和规模看，目前该项目已具备生成一定的交通量和吸引交通量的条件，随着土地开发强度的不断扩大，该区域的交通吸引量将会进一步增长，将生成和吸引一定的交通量。从用地分布看，该区域住宅服务所针对的对象不仅包括周边区域，还包括××市其他区域。可见，在交通影响分析中，应该考虑这种项目的对外交通生成和分布。

9.2.4 道路交通分析

1. 项目周边主要道路

根据《××市城市总体规划》和《××市综合交通规划》并结合目前道路建成后使用性质的定位，明确各类道路的性质，从而确定其使用性质。建设项目所在区域路网系统由城市主干路、次干路和支路构成。

（1）城市主干路

城市主干道的功能是承担城市组团间长距离交通，汇集和疏散快速路的交通流，并与快速路系统共同组成城市交通的道路骨架，为城市内部主导交通提供通道；采用机动车与慢速交通实物分隔的半封闭道路形式，原则上与其他干道采用平面交叉形式，设计车速40～60km/h，红线宽度 40～60m。项目影响区域内的城市主干路主要有××路、××街等 6 条道路。

（2）城市次干路

城市次干道的功能是满足××市相邻组团及片区内的交通联络，对城市主干道交通进行集散，并与城市主干道形成城市干道系统，是城市主干道和支路的传承媒介；基本为开放式，原则上次干道不进入居住区，交叉口采用平面形式，设计车速 30～40km/h，红线宽度 30～50m。项目影响区域内的城市次干路主要有：××街等 3 条道路。

（3）城市支路

城市支路的功能是承担各片区出入及内部交通，服务于干道和小区内部道路间的连接，是城市道路网的可达部分，为弱交通空间；限制穿越干线，设计车速 20～30km/h，红线宽度 15～30m。项目影响区域内的支路主要有：××街、××巷等 7 条道路。

项目评价各相关道路的等级、断面布置及功能现状如表 9-5 所示。

现状道路的等级、断面布置及功能　　　　　　　　　表 9-5

道路名称	道路等级、断面布置及功能
××街	××街是项目附近东西方向主干路之一，道路红线宽度 50m，横断面为三块板，双向六车道，设有机非分隔带，且两侧设有人行道，道路两侧为新规划居民住宅生活区

注：因篇幅所限，其他表格仅列出道路示例，其他道路数据在此省略。

2. 项目周边主要交叉口

考虑到项目建设对周边路网的影响程度以及项目周边路网的现状，确定××街与××路交叉口等 8 个交叉口为重要影响交叉口，交叉口概况如表 9-6 所示。

现状交叉口概况　　　　　　　　　　　　　　表 9-6

交叉口名称	交叉口概况
××街与××路交叉口	××街和××路交叉口采用信号控制的平面交叉方式，运行状况良好，机动车以小客车为主，交叉口交通秩序良好

注：因篇幅所限，其他表格仅列出交叉口示例，其他交叉口数据在此省略。

3. 项目周边主要交通枢纽

××市客运站位于影响范围内，其技术性质为中等规模首末站，业务性质为客运站，等级为二等站。主要负担××区的乘客中短途运输，由于其主要为客运，运行主要朝市中心方向，对交通运行尚未引起较大影响。

9.3　交通调查与分析

9.3.1　调查的目的与意义

交通调查是一种用客观手段测定道路交通流以及与其有关现象的数据，并进行分析，从而了解与掌握交通流的规律，其目的是准确掌握交通现状及其变化规律、预测未来交通量、向交通城建规划与环保以及公安交通管理等部门提供改善、优化道路交通的实际参考资料和数据。

本次交通调查主要针对该住宅类建设项目区现状周边的机动车需求预测、慢行交通需求、道路交通运行水平、道路交通流、道路交通系统、公共交通系统、交通环境、交通事故及其关联设施调查分析。为后续的交通影响分析提供可靠的依据，为规划交通需求预测及规划设计方案的制定提供强有力的数据支撑以及对相关政策及建议的提出提供切实可行的依据。

9.3.2 交通调查实施过程

1. 规划调查内容

本项目对交通调查的内容涵盖了道路基础设施以及交通基础数据的调查。具体内容有以下几个方面：

1）道路基础设施。

2）交通流量调查。

3）公交线路调查。

4）停车设施及其利用状况调查。

5）交通控制调查。

2. 调查实施方法

本调查采取实地调查的方式，利用人工计数和现场测绘的手段，重点调查区域影响范围内的道路基础设施、交通流量、公交线路、停车设施及利用状况、交通控制方案等内容。

调查历时 4 天（20××年×月×日～20××年×月×日），总投入人员 10 人。其中，道路基础设施调查及控制设施调查 2 天，交通流量和公交线路调查 2 天。在交通流量调查时，为保证调查的交通数据的可靠性和科学性，调查时间包括工作日及双休日，以区分周末流量及工作日流量，具体时间段为 6:00～18:00，调查结果令人满意。

9.3.3 道路基础设施

交通影响评价研究范围内有××路等 3 条主干路，××路等 3 条次干路。道路基础设施调查是为了了解现状区域内主要道路设施的实际情况。道路基本信息如表 9-7 所示。

道路属性一览表　　　　　　　　　　　　　　　　　　　表 9-7

道路编号	道路名称	道路等级	车道数	横断面形式	交通组织形式
1	××路	次干路	4	三块板	实体机非分离

9.3.4 交通流量调查

交通运行水平调查是通过搜集道路交通量资料，了解现有交通量在时间和空间上的分布规律，为道路通行能力、交叉口管理和控制、道路交通状况评价提供基础数据。

1. 机动车流量

采取人工计数的方式对机动车的流量进行全日调查，地点选择在区域影响范围内××街与××路交叉口等 6 处。将所调查的车辆分为大型车、中型车、小型车，通过调查道路交叉口进口各个方向上三种类型机动车的数量，进而计算推导出区域内每个交叉口及路段的交通流量，具体情况如表 9-8 所示。

××街与××路交叉口机动车早高峰流量表（单位：pcu/h）　　　**表 9-8**

OD	东出口	南出口	西出口	北出口	进口总流量
东进口	0	20	480	308	808
南进口	112	0	148	152	412
西进口	540	32	0	296	868
北进口	564	48	284	0	896
出口总流量	1216	100	912	756	2984

项目研究范围内的交叉口流量流向如图 9-4 所示。

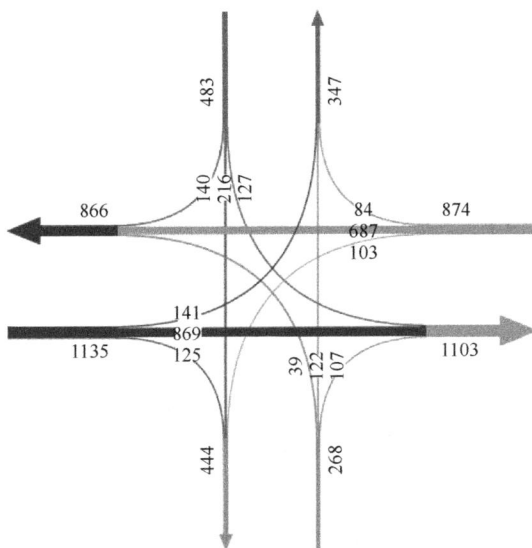

图 9-4　现状年××街与××路交叉口机动车高峰小时各方向流量图

项目影响范围内关键路段高峰流量统计如表 9-9、表 9-10 所示。

项目影响范围关键路段早高峰小时流量表　　　　　**表 9-9**

序号	路段名称（早高峰）	方向	流量（pcu/h）
1	××街（××路—××路）	由东向西	528
		由西向东	868
		合计	1396

项目影响范围关键路段晚高峰小时流量表　　　　　**表 9-10**

序号	路段名称（早高峰）	方向	流量（pcu/h）
1	××街（××路—××路）	由东向西	510
		由西向东	868
		合计	1378

2. 慢行交通流量

慢行包括非机动车和行人，采用人工计数的方法进行交通流量调查。经过调查分析可知，项目区交叉口早高峰时段为 7：30～8：30，晚高峰时间段为 17：30～18：30。具体结果如表 9-11、表 9-12 所示。

××街与××路交叉口早高峰小时慢行流量

表 9-11

进口道 \ 流量	非机动车（pcu/h）	行人（人/h）
东进口	208	16
南进口	164	16
西进口	528	16
北进口	452	192

××街与××路交叉口晚高峰小时慢行流量

表 9-12

进口道 \ 流量	非机动车（pcu/h）	行人（人/h）
东进口	236	83
南进口	116	36
西进口	272	40
北进口	172	84

9.3.5 交通控制调查

交通控制调查主要是调查区域内道路交通组织状况及交叉口管制方式，经调查，项目区区域内主要交叉口为××街与××路交叉口等共 6 处，均为信号灯控制。其路段××路 5 处交叉口相位控制及信号配时情况统计如图 9-5 所示。

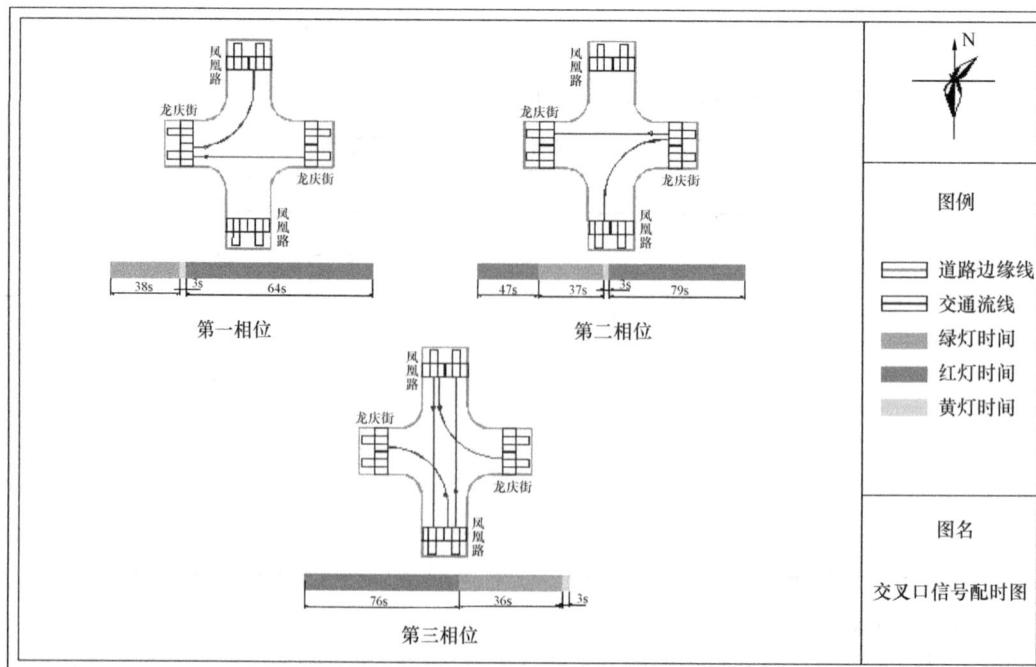

图 9-5 ××街与××路交叉口信号配时图

9.3.6 公交系统调查

该区域有公交服务线路 5 条、公交站点 9 处，具体统计如表 9-13、图 9-6 所示。

项目影响范围内公交线路统计表   表 9-13

站点编号	站点名称	公交线路名称
1	××路	24 路、25 路
2	××小区	K101 路、K2 路
3	××小区	K101 路
4	××小区	K2 路
5	××路	K25 路

图 9-6 项目影响范围内公交站点分布图

对高峰时段主要线路的发车间隔、满载率、最大承载能力以及剩余承载能力等基本情况进行调查，调查统计如表 9-14～表 9-16 所示。

项目影响范围内公交线路服务情况统计表   表 9-14

公交线路	发车间隔（min）	首末站点	运营时间
25 路/K25 路	30	公交营运中心—××街	06:30～19:00
K101 路	15	××商场—××小区	07:00～19:00
K24 路	30	××小区—公交运营中心	07:15～20:45
K2 路	30	汽车站—长途汽车总站	05:10～18:30

线路	线路上行	
	发车间隔（min）	满载率
25路/K25路	30	8％
K101路	15	15％
K24路	30	17％
K2路	30	5％

该建设项目公交上行数据　　　　　　　　　表9-15

该建设项目公交下行数据　　　　　　　　　表9-16

线路	线路下行	
	发车间隔（min）	满载率
25路/K25路	30	11％
K101路	15	28％
K24路	30	50％
K2路	30	20％

9.4 交通承载力分析

9.4.1 分析思路与方法

交通承载力是指在研究范围和研究时段内，城市交通设施能够实现的人或物的最大移动量，它取决于交通设施的总资源和交通个体的时空消耗需求。根据服务对象，交通设施的总资源分为道路设施时空资源和公共设施服务能力两个方面。

分析以交通小区（地块或者具体建设项目）为研究对象，通过静态交通设施时空资源的分析确定各项目在空间上的交通资源条件，通过中微层面的模型仿真分析确定不同项目生成交通个体的交通时空需求特征，通过交通系统适应度评估在空间上定位交通需求与设施资源存在不适应性的区域，通过动态交通网络测试分析寻找资源配置优化与协调方案，从土地开发和交通设施供给两个方面制定缓解策略。

9.4.2 路段机动车承载力

单向路段的设计通行能力 C_a 由式（9-1）确定。

$$C_a = C_0 \times \gamma \times \eta \times \alpha \times \beta \qquad (9\text{-}1)$$

式中　C_a——单向路段的设计通行能力（pcu/h）；

C_0——单连通的基本通行能力；

γ——自行车影响修正系数；

η——车道宽度影响修正系数；

α——交叉口影响修正系数；

β——车道数修正系数。

其中，单车道的基本通行能力 C_0 由式（9-2）确定。

$$C_0 = 3600/h = 1000v/L \tag{9-2}$$

式中　C_0——单车道的理论通行能力（pcu/h）；

h——饱和连续车流的平均车头时距（s）；

v——行驶车速（km/h）；

L——连续车流的车头间距（m）。

其中，我国《城市道路工程设计规范》（2016 年版）CJJ 37—2012 建议单车道理论通行能力如表 9-17 所示。

建议单车道理论通行能力　　　　　　　　　　　　表 9-17

v（km/h）	20	30	40	50	60
C_0（pcu/h）	1400	1600	1650	1700	1800

修正系数 γ、η、α、β 确定如下。

（1）非机动车道修正系数 γ

1）非机动车道修正系数应考虑有无隔离带及非机动车道交通负荷的大小。

2）机动车与非机动车道之间有分隔带时，路段上自行车对机动车几乎没有影响，取 $\gamma=1$。

3）机动车与非机动车之间无分隔带时，但非机动车道不饱和，对机动车正常运行几乎没有影响，取 $\gamma=0.8$。

4）机动车与非机动车道之间无分隔带时，但非机动车道超饱和负荷，自行车将侵入机动车道，会影响机动车正常运行。此时，γ 取值如下：

$$\gamma = 0.8(-Q_b/[Q_b] + 0.5 - W_2)/W_1 \tag{9-3}$$

式中　Q_b——自行车交通量（辆/h）；

$[Q_b]$——每米宽非机动车道的实际通行能力（辆/h）；

W_2——单向非机动车道宽度（m）；

W_1——单向机动车道宽度（m）。

（2）车道宽度影响修正系数 η

车道宽度对行车速度有很大影响，在城市道路设计中，取标准车道宽度为 3.5m。当宽度大于此值，有利于车道行驶，车速略有提高；当宽度小于此值，车辆行驶自由度受到影响，速度降低。其中，车道宽度影响修正系数 η，一般由下式确定：

$$\eta = \begin{cases} 50 \cdot (W_0 - 1.5) & (\%) \quad W_0 \leqslant 3.5\text{m} \\ -54 + 188W_0/3 - 16W_0^2 & (\%) \quad W_0 > 3.5\text{m} \end{cases} \tag{9-4}$$

式中　W_0——单条机动车道宽度（m）；

当车道宽为标准宽度时，$\eta=100\%$，车道宽度与影响系数之间的变化关系如表 9-18 所示。

η 与 W_0 关系表　　　　　　　　　　　　表 9-18

W_0（m）	2.5	3	3.5	4	4.5	5
η（%）	50	75	100	111	120	126

（3）交叉口影响系数 α

交叉口影响修正系数，主要取决于交叉口控制方式及交叉口间距。间距过小，不利于路段通行能力发挥及车速提高；间距增大能够充分利用道路空间，提高路段运行速度。其中，交叉口影响修正系数一般由下式确定：

$$\alpha = \begin{cases} \alpha_0, & s \leqslant 200\mathrm{m} \\ \alpha_0(0.0013s + 0.73) & s > 200\mathrm{m} \end{cases} \tag{9-5}$$

式中 s——交叉口间距（m）；

α_0——绿信比。

如果由上式计算得到的 $\alpha > 1$，则取 $\alpha = 1$。

（4）车道数修正系数 β

我国一般采用车道利用系数来表征车道修正系数，其采用值如表 9-19 所示。

车道数修正系数采用值 表 9-19

车道数	1	2	3	4	5
修正系数	1	1.87	2.6	3.2	3.61

通过计算各修正因子，得出项目区周边路段现状与规划年机动车通行能力，如表 9-20、表 9-21 所示。

周边路段机动车早高峰通行能力一览表 表 9-20

主要路段	由东向西（pcu/h）	由西向东（pcu/h）
××街（××路—××路）	1067	2652
××路（××街—××街）	695	1757
××路（××街—××街）	1259	850
××街（××路—××路）	899	824
××路（××街—××街）	728	1154

周边路段机动车晚高峰通行能力一览表（单位：pcu/h） 表 9-21

主要路段	由东向西	由西向东
××街（××路—××路）	1067	2832
××路（××街—××街）	1055	1757
××路（××街—××街）	1259	850
××街（××路—××路）	899	889
××路（××街—××街）	728	1154

9.4.3 交叉口机动车承载力

交叉口通行能力 CAP 由式（9-6）确定：

$$CAP = \sum_i CAP_i = \sum_i S_i \cdot \lambda_i \tag{9-6}$$

式中 CAP_i——第 i 条进口车道的通行能力（pcu/h）；

S_i——第 i 条进口车道的饱和流量（pcu/h）；

λ_i——第 i 条进口车道信号相位的绿信比。

由上式可得，影响范围内交叉口各个方向进口道机动车通行能力（表 9-22、表 9-23）。

××街与××路交叉口现状年早高峰时段机动车通行能力一览表（单位：pcu/h） **表 9-22**

进口道	东进口	南进口	西进口	北进口
通行能力	2652	1757	2652	1757

××街与××路交叉口现状年晚高峰时段机动车通行能力一览表（单位：pcu/h） **表 9-23**

进口道	东进口	南进口	西进口	北进口
通行能力	2832	1757	2832	1757

9.4.4 交叉口非机动车承载力

非机动车道路交叉口的交通设施即为交叉口的非机动车道，其通行能力主要受到车道宽度及交通流组成的影响（表 9-24）。

$$C_{\text{非}} = W \times \eta_1 \times f_1 \times f_2 \tag{9-7}$$

式中　W——非机动车道宽度（m）；

η_1——非机动车道某服务水平下的通行能力因子；

f_1——混合交通修正系数；

f_2——交叉口段的折减系数。

建议的非机动车道通行能力（单位：pcu/h） **表 9-24**

分割情况	不受平交路口影响路段	受平交路口影响路段	交叉口进口路段
栅栏隔离	2100	1000～1200	800～1000
标线分离	1800	800～1000	500～1000

经实地调查，得到项目影响范围各个交叉口的各个方向进口处人行横道宽度，由此计算得到交叉口各个方向进口道非机动车通行能力，如表 9-25、表 9-26 所示。

××街与××路交叉口现状年早高峰时段非机动车通行能力一览表（单位：pcu/h） **表 9-25**

进口道	东进口	南进口	西进口	北进口
通行能力	1532	1532	1532	1532

××街与××路交叉口现状年晚高峰时段非机动车通行能力一览表（单位：pcu/h） **表 9-26**

进口道	东进口	南进口	西进口	北进口
通行能力	1820	1820	1820	1820

9.4.5 交叉口行人承载力

人行横道的设计通行能力见式（9-8）、表（9-27）：

$$N_{\text{bc}} = \frac{3600 V_{\text{pc}}}{S_{\text{p}} b_{\text{p}}} t_{\text{gh}} \cdot r_1 \cdot r_2 \tag{9-8}$$

式中 N_{bc}——单位宽度人行横道的基本通行能力［人/（h·m）］；

   V_{pc}——行人过街步行速度（m/s），一般采用1～1.2m；

   t_{gh}——1h内允许行人过街时的信号绿灯时间（s）；

   S_p——行人行走时纵向间距（m），采用1m；

   b_p——一条步行带上每个行人占用的横向宽度（m），采用0.75m；

   r_1——综合折减系数，取0.5；

   r_2——设计通行能力折减系数。

步行设施的设计通行能力宽度因子   表 9-27

步道类型	折减系数（反应服务水平）			
	0.75	0.8	0.85	0.9
人行道	1800	1900	2000	2100
人行横道	2000	2100	2300	2400
人行天桥、人行地道	1800	1900	2000	2100
车站码头的人行天桥、人行横道	1400	1500	1600	1700

经实地调查，项目影响范围交叉口的各个方向进口处人行道横道宽度均为6m，由此计算得到交叉口各个方向进口道行人通行能力如表9-28、表9-29所示。

××街与××路交叉口现状年早高峰时段行人通行能力一览表（人/h） 表 9-28

进口道	东进口	南进口	西进口	北进口
通行能力	1679	1679	1679	1679

××街与××路交叉口现状年晚高峰时段行人通行能力一览表（人/h） 表 9-29

进口道	东进口	南进口	西进口	北进口
通行能力	1975	1975	1975	1975

9.5 交通需求预测

交通分析与组织设计的关键是预测项目产生的新增出行需求及其在周边路网上的分布。为了评估项目对周边道路交通设施运行的影响程度，交通需求预测需要从微观层面着手，通过深入细致地研究，为项目用地周边的细部道路结构和交通条件给出可靠的交通预测数据。为了更好地完成后继评价工作，要求预测得到的交通流量数据须具体到周边路网每一路段上的流量变化，以及每一交叉口转向流量的变化。

对项目影响区域的交通需求预测包括两个方面：背景交通量的预测和项目建设项目新生成交通量预测，将两个方面的预测量叠加得到影响项目区域的交通需求预测。

9.5.1 交通需求预测的目的

城市交通系统是一个复杂的动态系统，交通需求和供给只是一种暂时的平衡关系。由于交通需求是社会经济发展过程中的派生需求，随着时间的推移，其"质"和"量"的要求都会发生不同程度的变化。所以，有必要预测未来年的交通需求状况，并通过定量分析的方法研究项目建设所带来的交通影响及其程度，判断这种影响是否在未来交通网络承载能力可以接受的范围内，以便合理地制定交通组织方案。交通需求预测即对项目交通量进行预测，是建设项目交通影响分析的核心及前提。

9.5.2 交通需求预测的方法和步骤

本项目的交通需求预测包括背景交通需求预测和项目建设项目新生成交通分析需求预测两部分，具体方法与步骤如下：

1) 背景交通量的需求预测，即根据实际调查的交通流量预测项目建成年的背景交通流量。背景交通需求量主要考虑交通需求的自然增长，可以根据城市的经济增长指标和社会发展水平等因素综合确定项目建成年的背景交通需求量。

2) 建设项目新生成交通需求量是指由于项目建设新增的交通产生量和吸引量。可以根据项目的性质和建设规模确定其吸引率，最终得到建设项目新生成交通需求量。

3) 将两部分交通需求预测量叠加并分配到路网上，并据此计算该项目影响区域路网的负荷度等指标，进而评估对路网的影响程度。

9.5.3 背景交通需求预测

进行交通影响评价时，背景交通量的变化对研究范围内道路交通带来的影响往往不低于新增交通量的影响。因此，背景交通量预测是决定道路交通改善方案的关键因素之一，必须对其进行准确预测。背景交通量预测是指根据研究范围内的土地开发现状和相关资料的收集情况，选择预测方法中的一种或几种，对规划年及远期分析年的背景交通量进行预测。国内外交通影响评价背景交通预测方法，常用的预测方法主要有弹性系数法、基于土地利用的交通预测模型法、叠加法、趋势分析法、交通规划法、类比法六种。

对背景交通量采用弹性系数法进行预测，建立的预测模型为：

$$q_i = q_0 \cdot (1 + \mu\gamma)^i \tag{9-9}$$

式中　q_i——未来年背景交通量；

q_0——基准时间背景交通量；

i——项目建成时间；

μ——国民经济增长率；

γ——弹性系数。

根据以上模型，综合考虑项目建成期济南的经济增长情况、土地利用情况、居民出行率等因素，确定模型中的具体参数如下：模型中的项目建成时间是一年，国民经济增长率为 7.5%，弹性系数为 0.4。由此，可以预测出项目建成年区域内的背景交通量。

1. 建成年背景交通需求预测

建成年背景交通需求预测结果如表 9-30～表 9-35 所示。

××街与××路交叉口机动车早高峰流量表（单位：pcu/h） 表 9-30

OD	东出口	南出口	西出口	北出口	进口总流量
东进口	0	20	480	308	808
南进口	112	0	148	152	412

续表

OD	东出口	南出口	西出口	北出口	进口总流量
西进口	540	32	0	296	868
北进口	564	48	284	0	896
出口总流量	1216	100	912	756	2984

××街与××路交叉口机动车晚高峰流量表（单位：pcu/h）　　　表 9-31

OD	东出口	南出口	西出口	北出口	进口总流量
东进口	0	56	796	668	1520
南进口	160	0	72	64	296
西进口	444	132	0	292	868
北进口	392	236	272	0	900
出口总流量	996	424	1140	1024	3584

项目影响范围关键路段早高峰小时建成年背景流量表　　　表 9-32

序号	路段名称	方向	流量（pcu/h）
1	××街 （××路—××路）	由东向西	528
		由西向东	868
		合计	1396

项目影响范围关键路段晚高峰小时建成年背景流量表　　　表 9-33

序号	路段名称	方向	流量（pcu/h）
1	××街 （××路—××路）	由东向西	510
		由西向东	868
		合计	1378

××街与××路交叉口早高峰小时慢行流量　　　表 9-34

流量进口道	非机动车（pcu/h）	行人（人/h）
东进口	208	16
南进口	164	16
西进口	528	16
北进口	452	192

××街与××路交叉口晚高峰小时慢行流量　　　表 9-35

流量进口道	非机动车（pcu/h）	行人（人/h）
东进口	236	83
南进口	116	36
西进口	272	40
北进口	172	84

2. 目标年背景交通需求预测

规划年背景交通需求预测如表 9-36～表 9-41 所示。

××街与××路交叉口早高峰规划年背景交通流量（单位：pcu/h）　　表 9-36

OD	东出口	南出口	西出口	北出口	进口总流量
东进口	0	21	494	317	832
南进口	115	0	152	157	424
西进口	556	33	0	305	894
北进口	581	49	293	0	923
出口总流量	1252	103	939	779	3073

××街与××路交叉口晚高峰规划年背景交通流量（单位：pcu/h）　　表 9-37

OD	东出口	南出口	西出口	北出口	进口总流量
东进口	0	58	820	688	1566
南进口	165	0	74	66	305
西进口	457	136	0	301	894
北进口	404	243	280	0	927
出口总流量	1026	437	1174	1055	3692

项目影响范围关键路段早高峰小时背景流量表　　表 9-38

路段序号	路段名称	方向	流量（pcu/h）
1	××街（××路—××路）	由东向西	544
		由西向东	894
		合计	1438

项目影响范围关键路段晚高峰小时背景流量表　　表 9-39

路段序号	路段名称	方向	流量（pcu/h）
1	××街（××路—××路）	由东向西	525
		由西向东	894
		合计	1419

××街与××路交叉口早高峰小时慢行背景流量　　表 9-40

流量进口道	非机动车（pcu/h）	行人（人/h）
东进口	214	16
南进口	169	16
西进口	544	16
北进口	466	198

××街与××路叉口晚高峰小时慢行背景流量　　表 9-41

流量进口道	非机动车（pcu/h）	行人（人/h）
东进口	243	85
南进口	119	37
西进口	280	41
北进口	177	87

9.5.4 建设项目新生成交通需求预测

1. 建设项目新生成交通量预测

城市的交通状况同城市的土地利用模式密切相关。城市各类用地往往是交通产生的源头，城市内不同的用地布局决定了不同的城市交通流量与流向。不同的土地利用布局、不同的土地利用性质和不同的土地利用强度都会引发不同的交通需求。

建设项目新生成交通量是指由于本项目的建设而带来的发生、吸引交通量。主要是根据项目的建设性质及规模，预测规划年的项目交通生成量，即交通产生量与吸引量。在此基础上进一步对其进行方式划分和交通分配，将因项目而产生的交通量分配到周边道路上，得到与项目相关的交通量。

本项目为住宅类用地，出行高峰一般发生在早高峰和晚间，项目出行高峰期与早高峰高度重合，与晚高峰重合不明显。项目区高峰小时建设项目新生成出行量预测如表 9-42 所示。

根据平均增长率法：

$$f = 1/2(G_i/G_i^{(0)} + A_j/A_j^{(0)}) \tag{9-10}$$

式中　G_i、A_j ——各交通小区将来的发生交通量和吸引交通量；
　　　$G_i^{(0)}$、$A_j^{(0)}$ ——现在的发生交通量和吸引交通量。

项目区高峰小时建设项目新生成出行量预测　　　　　　　表 9-42

指标	机动车交通量（pcu/h）	非机动车（辆/h）	出行人次（人/h）
早高峰进小区流量	20	50	30
早高峰出小区流量	20	50	90
晚高峰进小区流量	88	160	17
晚高峰出小区流量	17	83	22

2. 建设项目新生成交通分布预测

根据××市城市总体规划用地类型情况、各类规划用地面积以及济南城区的人口分布情况，对高峰小时建设项目新生成出行进行了交通分布预测，具体如表 9-43 所示。

高峰小时项目建设项目新生成分布比例　　　　　　　　表 9-43

流向	沿××路向南	沿××路向北
比例	40%	60%

3. 规划年项目区行人交通方式划分

进出小区的行人交通量主要来源有两部分：一部分为一次步行到达或离开小区的交通形式；一般为机动车，非机动车和步行的交通形式。借鉴类似项目区域的交通出行方式比例，并结合 2016 年××市居民出行调查以及《××市城市综合交通规划》，确定目标年进出项目区行人交通量在两种交通方式的分担率，如表 9-44 所示。

项目影响区域高峰时段交通方式划分　　　　　表 9-44

出行方式	机动车	非机动车	步行
分担率	40%	35%	25%
早高峰吸引量（pcu/h）	182	157	117
早高峰出行量（pcu/h）	240	231	162
晚高峰吸引量（pcu/h）	212	178	138
晚高峰出行量（pcu/h）	244	214	152

4. 交通需求预测结果

（1）路组函数选择

本项目采用路组函数模型确定机动车交通量的分配，具体函数模型如下：

$$t = t_0 [1 + \alpha (V/C)^\beta] \tag{9-11}$$

式中　t——路段行驶时间（min）；

　　　t_0——路段之间的行驶时间（min）；

　　　V——路段机动车交通量（辆/h）；

　　　C——路段实用通行能力（辆/h）；

　　　α——一般取 0.15；

　　　β——一般取 4。

（2）机动车建设项目新生成交通流量分配

通过计算不同车流交通分布方向的路阻函数，并将机动车建设项目新生成交通流量分配到路网上，得到项目影响范围内各交叉口及主要路段的建设项目新生成交通流量分配如表 9-45～表 9-47 所示。

××路与××路交叉口早高峰建设项目新生成交通流量表（单位：pcu/h）　　表 9-45

OD	东出口	南出口	西出口	北出口	进口总流量
东进口	0	4	107	68	179
南进口	25	0	33	34	91
西进口	120	7	0	66	193
北进口	125	11	63	0	199
出口总流量	270	22	202	168	663

项目影响范围关键路段早高峰小时建设项目新生成流量表　　　表 9-46

序号	路段名称	方向	流量（pcu/h）
1	××街（××路—××路）	由东向西	117
		由西向东	193
		合计	310

项目影响范围关键路段晚高峰小时建设项目新生成流量表　　　　表 9-47

序号	路段名称	方向	流量（pcu/h）
1	××街（××路—××路）	由东向西	113
		由西向东	193
		合计	306

（3）慢行建设项目新生成交通流量分配

慢行流量包括非机动车出行方式和步行出行方式，其具体的预测结果如表 9-48、表 9-49所示。

××街与××路交叉口早高峰小时慢行建设项目新生成流量　　　　表 9-48

流量进口道	非机动车（pcu/h）	行人（人/h）
东进口	46	4
南进口	36	4
西进口	117	4
北进口	100	43

××街与××路交叉口晚高峰小时慢行建设项目新生成流量　　　　表 9-49

流量进口道	非机动车（pcu/h）	行人（人/h）
东进口	52	18
南进口	26	8
西进口	60	9
北进口	38	19

9.5.5　交通需求预测结果

根据预测的背景交通量和建设项目新生成交通量，对其进行相应的叠加，得到规划年机动车、非机动车和行人的流量表。如表 9-50～表 9-53所示。

××街与××路交叉口早高峰规划年交通流量（单位：pcu/h）　　　　表 9-50

OD	东出口	南出口	西出口	北出口	进口总流量
东进口	0	21	494	317	832
南进口	115	0	152	157	424
西进口	556	33	0	305	894
北进口	581	49	293	0	923
出口总流量	1252	103	939	779	3073

××街与××路交叉口晚高峰规划年交通流量（单位：pcu/h）　　　　表 9-51

OD	东出口	南出口	西出口	北出口	进口总流量
东进口	0	58	820	688	1566
南进口	165	0	74	66	305

续表

OD	东出口	南出口	西出口	北出口	进口总流量
西进口	457	136	0	301	894
北进口	404	243	280	0	927
出口总流量	1026	437	1174	1055	3692

项目影响范围关键路段规划年早高峰小时流量表　　　　表 9-52

序号	路段名称（早高峰）	方向	流量（pcu/h）
1	××街（××路—××路）	由东向西	544
		由西向东	894
		合计	1438

项目影响范围关键路段规划年晚高峰小时流量表　　　　表 9-53

序号	路段名称（晚高峰）	方向	流量（pcu/h）
1	××街（××路—××路）	由东向西	525
		由西向东	894
		合计	1419

9.6　交通影响分析

交通影响分析作为城市交通与微观土地利用协调发展的控制手段，对背景交通服务水平较高的地区可适度鼓励其开发，对背景交通服务水平交通较低的地区可适度限制其开发，从而避免城市交通需求过于集中，确保城市健康、有序的发展。

9.6.1　交通影响分析内容

1）主要路段交通影响分析与评价；

2）交叉口交通影响分析与评价；

3）停车出入口交通影响分析与评价；

4）慢行交通影响分析与评价；

5）公共交通交通影响分析与评价。

9.6.2　服务水平分析指标

（1）道路路段的服务水平

城市道路路段的服务水平参照美国道路通行能力手册，采用饱和度指标表示，依照饱和度的不同将服务水平划分为 6 个等级，如表 9-54 所示。

城市道路基本路段服务水平划分标准　　　　表 9-54

服务水平	饱和度（V/C）	交通状况
A	<0.4	畅行车流，基本上无延误
B	0.4~0.6	稳定车流，有少量延误

服务水平	饱和度（V/C）	交通状况
C	0.6～0.75	稳定车流，有一定延误，但司机可以接受
D	0.75～0.9	接近不稳定车流，有较大延误，但司机还能忍受
E	0.9～1.0	不稳定车流，交通拥挤延误很大，司机无法忍受
F	＞1.0	强制车流，交通严重阻塞，车辆时开时停

（2）信号交叉口机动车服务水平

《建设项目交通影响评价技术标准》CJJ/T 141—2010 规定，信号交叉口的机动车服务水平确定，应符合如表 9-55 所示的规定。当交叉口现状的饱和度大于 0.85，必须计算延误指标；当延误饱和度对应的服务水平不一致时，则应以延误对应的服务水平为准。计算规划年交叉口服务水平时，信号周期长不得大于 150s。

信号交叉口机动车服务水平　　　　　　　　　　表 9-55

服务水平	交叉口饱和度 S	每车信控延误 T（s）
A	$S \leqslant 0.25$	$T \leqslant 10$
B	$0.25 < S \leqslant 0.50$	$10 < T \leqslant 20$
C	$0.50 < S \leqslant 0.70$	$21 < T \leqslant 35$
D	$0.70 < S \leqslant 0.85$	$36 < T \leqslant 55$
E	$0.85 < S \leqslant 0.95$	$56 < T \leqslant 80$
F	$0.95 < S$	$80 < T$

（3）非机动车道交叉口服务水平

我国建议的非机动车道交叉口服务水平标准如表 9-56 所示。

建议的非机动车道交叉口服务水平标准　　　　　　　　　　表 9-56

服务水平等级	A	B	C	D	E
过交叉口行驶速度(km/h)	＞16	13～16	9～13	6～9	4～6
占用道路面积（m²/辆）	＞8	6～8	4～6	2～4	＜2
饱和度（V/C）	＜0.5	0.5～0.7	0.7～0.8	0.8～0.9	＞0.9
停车延误时间（s）	＜30	30～40	40～60	60～90	＞90
路口停车率（%）	＜20	20～30	30～40	40～50	＞50
运行状态描述	车辆有较大的自由度，过交叉口方便，基本在本相位内通过	车辆自由度较大，过交叉口较容易，大部分车辆在本相位内通过	车辆处于队列××，过交叉口需等待较长的时间，部分车辆须等到下一个周期	车辆××的速度较低，骑车者随时准备下车推行，大部分车辆需等到下一个周期	车辆首尾相接，拥挤严重，大部分骑车人下车推行，有时停车等候绿灯，大部分车辆须等到下一个周期才能通过，甚至还不能通过

（4）行人交通设施服务水平

根据行人交通设施服务水平等级划分标准计算得到的现状年各进口人行横道服务水平，如表 9-57 所示。

行人交通设施服务水平等级划分 表 9-57

服务水平等级	A	B	C	D	E
行人占用面积（m²/人）	>3.0	2～3	1.2～2	0.5～1.2	<0.5
横向间距（m）	1.0	0.9	0.8	0.7	0.6
纵向间距（m）	3.0	2.4	1.8	1.4	1.0
步行速度（km/h）	1.2	1.1	1.0	0.8	0.6
通行能力［人/（h·m）］	1400	1830	2500	2940	3600
运行状态	可以完全自由行动	处于准自由状态，偶尔有降速	个人尚且舒适，部分行人行动受约束	行走不便，大部分处于受约束状态	完全处于排队××，个人无行动自由
行人自由度	有足够的空间供行人选择及超越他人，亦可横向穿越与选择行走路线	可以较为自由地选择步行速度、超越他人，反向与横穿要适当减速	选择步行速度与超越他人受限，反向与横穿常发生冲突，有时要变更步速和行走路线	正常步速受限，有时要调整布幅、速度与线路，超越、反向、横穿均有困难，有时产生阻塞或中断	所有步行速度、方向均受限制。经常发生阻塞、中断，反向与横穿绝不可能

（5）公共交通服务水平

公共交通服务水平由满载率来衡量。满载率是指公交运营线路高峰小时内，公交站点车辆单向载客量与额定载客量之比。一般认为，满载率在 50%～70% 显示公交服务水平良好；在 70%～90% 显示车内较为拥挤，服务水平较低；在 90% 以上则车内非常拥挤，接近服务水平的极限值。

9.6.3 交通影响显著性指标

伴随基地项目的建成，新生成交通量涌入区域道路，使评价范围内各类交通量增加，导致项目影响范围内交通服务水平发生变化，对该区域交通系统运行产生影响。为判定该项目对评价范围内交通整体运行水平影响程度，分别对各类交通负荷在基年与现状年进行对比，分析这两个阶段的影响显著性。

根据《建设项目交通影响评价技术标准》CJJ/T 141—2010，在评价范围内，建设项目新生成交通需求对交通系统的影响达到或超过下列任一款的规定时，为建设项目对评价范围内交通系统有显著影响。

（1）机动车交通

建设项目机动车交通对道路信号交叉口的交通影响达到如表 9-58 所示的规定。

信号交叉口机动车交通显著影响判定标准

表 9-58

背景交通服务水平	项目新生成交通加入后服务水平	背景交通服务水平	项目新生成交通加入后服务水平
A		D	E、F
B	D、E、F	E	F
C		F	F

建设项目机动车交通对道路无信号交叉口的交通影响达到如表 9-59 所示的规定。

无信号交叉口机动车交通显著影响判定标准

表 9-59

背景交通服务水平	项目新生成交通加入后的服务水平
一级	二级、三级
二级	三级

背景交通服务水平为三级的无信号交叉口，应首先进行信号灯设计，并按照信号交叉口交通影响判定标准重新进行判定。

（2）慢行交通

当建设项目新生成交通需求导致评价范围内公共交通、自行车或步行等交通设施需要改、扩建或新建时，应判定为有显著影响。

（3）公共交通

在项目建成后，建设项目出入口步行范围内的所有公交站点满载率增加超过 10%，应判定为有显著影响。

步行范围应根据实际在 200～500m 选取，对于城市中心区等公共交通覆盖率较高的区域，宜取步行范围的下限，对于城市外围区，宜取上限。

（4）停车及出入口

当建设项目新生成停车需求超过其配建停车设施能力时，应判定为有显著影响。

9.6.4 规划年主要路段交通影响分析

根据早、晚高峰两个时段预测的数据，获取规划年影响区域周边道路负荷状况，并与基年现状交通负荷对比，掌握各路段负荷变化程度。如表 9-60、表 9-61 所示。

规划年早高峰周边路段服务水平显著变化一览表

表 9-60

路段	方向	(V/C)		饱和度增长比例	显著性判断	服务水平	
		无项目	加入项目后			无项目	加入项目后
××街	由东向西	0.38	0.39	2%	不显著	A	A
(××路—××路)	由西向东	0.63	0.65	3%	不显著	C	C

规划年晚高峰周边路段服务水平显著变化一览表

表 9-61

路段	方向	(V/C)		饱和度增长比例	显著性判断	服务水平	
		无项目	加入项目后			无项目	加入项目后
××街	由东向西	0.37	0.38	2%	不显著	A	A
(××路—××路)	由西向东	0.63	0.65	3%	不显著	C	C

根据表9-60、表9-61显示，高峰时期，项目建成后对周边部分道路运行产生了很少的影响，路段影响不显著，路段服务等级较高，在人们可接受的范围之内。伴随该项目新增交通量能够满足未来年周边所有地块的交通需求，不需针对该项目进行道路大规模升级改造。

9.6.5　规划年交叉口交通影响分析

根据早、晚高峰两个时段预测的数据，对比分析评价范围内关键交叉口道路负荷状况、现状年与规划年的差异性，掌握该路口显著性变化水平。如表9-62～表9-64所示。

规划年××街与××路交叉口高峰小时交通负荷及服务水平等级　　表9-62

高峰时段	进口道方向	饱和度		服务水平		显著性
		无项目	加入项目	无项目	加入项目	
早高峰	东	0.58	0.60	B	B	不显著
	南	0.30	0.31	A	A	不显著
	西	0.63	0.65	C	C	不显著
	北	0.65	0.67	C	C	不显著
晚高峰	东	1.10	1.13	F	F	不显著
	南	0.21	0.22	A	A	不显著
	西	0.63	0.65	C	C	不显著
	北	0.65	0.67	C	C	不显著

该建设项目上行公交数据统计　　表9-63

站点路线	规划年满载率	显著性判断
25路/K25路	22%	不显著
K101路	45%	不显著
K24路	50%	不显著
K2路	31%	不显著

该建设项目下行公交数据统计　　表9-64

站点路线	规划年满载率	显著性判断
25路/K25路	20%	不显著
K101路	49%	不显著
K24路	26%	不显著
K2路	38%	不显著

预测结果显示，规划年高峰时期，公交运营线路满载率均在50%以下。公交线路高峰期内车内较为舒适，公交服务水平良好。

同现状相比，高峰期间，公交满载率虽有明显增加，但对公交服务水平影响不显著。

9.7　交通基础设施改善建议

合理的交通系统改善措施是降低拟建项目对研究范围路网影响的有效途径，尤其是交通系统改善，如项目影响范围内市政道路新建、改造等工程、公交系统、停车设施优化，与项目建设的同步进行，能够最大程度上发挥二者的综合优化效应，共同改善影响范围内交通系统运行质量。

（1）××街

××街是联系该项目区东西走向的交通通道。建议在××街建立线性信号协调控制设计，对流量较大路口进行交叉口拓宽设计。

（2）××路

××路是联系该项目区南北走向的交通通道。建议在××路上增加标志并完善标线。

9.8　交通组织方案

通过交通组织分析，即根据拟建项目所产生吸引的交通量及项目出入口的布置对周边路网的机动车及非机动车流线进行组织，确保其安全、有序，为未来逐渐增长的交通需求提供合理的分担方式。

9.8.1　交通组织原则

根据本项目开发用地规划情况以及周边道路设施的管理情况，对其周边地区提出了机动车系统及非机动车系统等的最优交通组织方案。对于本项目的车流组织，主要考虑进出项目的机动车车流尽可能应减少对周边道路影响以及保持车行流线畅通，并减少交织和冲突。在现有的建筑设计方案以及现有的交通管理措施的基础上，根据对周边道路设施的调查与分析，对项目周边道路交通进行合理的交通组织。交通组织方案的规划原则为：

1）局部服从整体原则，项目交通组织应服从外部路网的要求。

2）干路优先原则，保证干路交通流的连续性。

3）机动车系统要减少对周边道路干道及区域交通的影响，充分利用支路系统，出入口应尽量避免与干路直接相连，减少对邻接道路的交通干扰。

4）项目出入口的设置要有利于公共交通的使用；基地出入口的交通尽量实行"右进右出、先进后出"的原则，减少对外部道路的影响。

5）合理组织行人、非机动车和机动车流线，尽量做到机非分离、人车分离；合理配置停车设施。

6）人车分离，尽量减少相互干扰。

7）人行系统要体现以人为本的原则，便于行人和商业设施联系。

本着上述原则，应对项目交通流从外部路网的交通流线组织、合理使用内部停车场及进出通道等方面进行分析，并提出交通组织方案。

9.8.2　机动车交通组织

项目建成后，人流与车流将根据现有两个进出口，采取必要的各种措施，进而使现有道路资源的利用实现最大化。

（1）驶入路径（图9-7）

1）西北方向车辆驶入路径：××路→××路→本住宅小区。

2）东北方向车辆驶入路径：××路→××路→本住宅小区。

3）正东方向车辆驶入路径：××路→本住宅小区。

4）东南方向车辆驶入路径：G104→××路→××路→××路→本住宅小区。

（2）驶出路径

1）正东方向驶出路径：本住宅小区→××路→G104。

2）东北方向驶出路径：本住宅小区→××路→××路。

3）东南方向驶出路径：本住宅小区→××路→××路→××路。

4）西北方向驶出路径：本住宅小区→××路→××路。

5）西南方向驶出路径：本住宅小区→××路→G220。

图 9-7 机动车流线图

9.8.3 慢行交通组织

本项目区慢行交通组织主要为项目周边过境慢行交通组织、项目区对外慢行交通组织和项目区内部慢行交通组织。

1）项目周边过境慢行交通组织，主要是指慢行交通经过项目区；

2）项目区对外慢行交通组织，主要是指项目区周边的道路上的慢行交通与区域内部的慢行交通之间的联系；

3）项目区内部慢行交通组织，主要是指项目区内地下停车场与地上居民区、地上商业区的慢行交通组织和项目区内居民在项目区的慢行交通组织。

1. 项目周边过境慢行交通组织

项目区东侧有学校和超市，因步行经过该项目区人流量较少，进而对项目区的影响较小。居民区相隔较远，所以对过境慢行的交通影响较小。

2. 项目区对外慢行交通组织

建成后，项目区各个方向均有慢行出入口与道路直接相接。在项目区周围，××街、××路都有完善的慢行交通系统。

慢行交通的功能主要包括三个方面：首先是出行，解决日常近距离范围内的出行；其次是接驳，解决"最后一公里"的出行；同时慢行交通也是休闲、健身、游乐的重要方式。慢行交通出行的要求可以总结为：安全、连续、便捷、有效、多元、舒适。

慢行交通组织具体路线如图9-8所示。

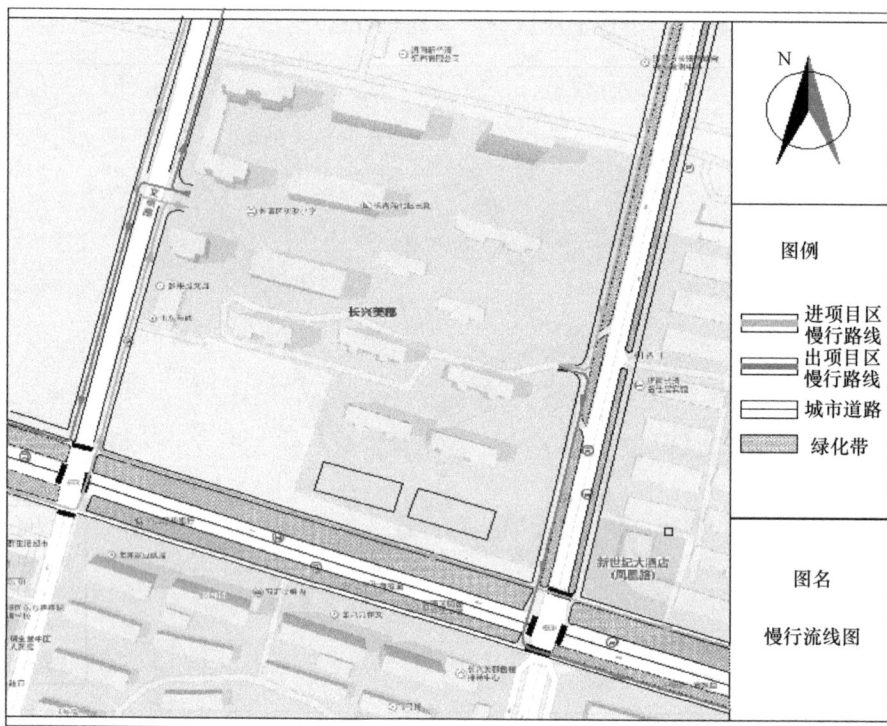

图 9-8 慢行流线图

9.8.4 交叉口管理与控制方案

根据流量流向分布，采用两相位控制方案，目标年交叉上的具体控制方案如表9-65所示。

目标年××街与××路交叉口×时段信号配时方案（单位：s）　表 9-65

相位序号	所含车流	绿灯时间	黄灯时间	红灯时间	周期
1	西向放行	37	3	70	
2	东向放行	37	3	70	110
3	南北混行	27	3	80	

9.9　结论与建议

9.9.1　结论

1）项目周边道路建设规模合理，路网较为完善，出入口安排合理，出入口通行能力能够满足高峰小时进出车辆的需求。随着周边规划道路及改扩建道路的相继建成，项目周边的路网结构将进一步得到优化。

2）周边路段服务水平基本能够满足要求，与现状相比，各路段，如××街、××路、××路、××街、××路等路段均未产生显著影响。各个交叉口机动车服务水平符合要求，影响不显著。规划实施以后，道路交通可以维持正常运行，项目建成后产生的交通量对周边路网上的交通负荷将会产生一定影响，产生的影响符合相关建设项目交通影响评价准则和要求。

3）各进口非机动车服务水平基本上达到 A 级，项目区对非机动车的影响不显著，故核心交叉口各进口非机动车服务水平满足要求。

4）慢行交通量增加，对慢行交通基础设施的要求有所提高。

5）根据××省的停车配建指标和××市的停车配建指标，项目区机动车停车位与停车需求指标能够满足规范值。本项目设计提供的机动车停车泊位数基本满足待建项目的停车需求。本项目小区内停车库出入口设置较为合理，有利于车辆快速安全出入小区，也有利于行人安全，充分体现了以人为本的原则。

6）现状公交线路基本满足项目建成后的需求。

总之，从交通的角度考虑，本项目的建设是可行的。项目建成后，周边道路仍可维持正常和良好的运行。

9.9.2　建议

交通影响分析的侧重点在于客观评价拟建项目对影响范围内交通系统的影响程度并提出切实可行的缓解对策和改善措施。通过对建设项目建成后对影响范围内交通影响程度的评价，提出以下相关建议。

1）建议在机动车入口处设置隔离墩及诱导实施，使进出车辆分道行驶，同时可设置限速标志。一方面可以增加出入口的通行能力，避免排队车辆的影响；另一方面则可以减少项目进出车辆之间的交通冲突。

2）建议工作人员加强出入口的交通组织与管理，以保障拟建项目出入口的交通畅通与安全，禁止车辆占用出入口道路。

3）在项目内部主要道路路段设置必要的安全标志、标线、标牌，保证机动车、自行车和行人交通的安全。

4）完善停车场的停车指引标志和停车标志，使车辆方便、快捷地进入停车场。在项目区地表停车场和地下停车场处设置醒目的指示标志，在出入口设置完善的标志标线，减少其他车辆的干扰，在项目区内设置停车指引、诱导系统，以便车主及时、准确地选择停车位置。

5）强化地下车库的停车管理，严格按照泊位设计方案停放车辆。停车库出入口应实行分道出入，并配备好必要的交通安全设施。加强对地下停车场的管理，保证在大型事件带来的交通流量不会影响周边道路的交通顺畅性。

6）建议在本项目周边的路段上设置路边禁停标志，保证项目建成后有一个较为通畅的外部交通环境，同时也避免了本项目产生的停车需求干扰相邻城市道路交通的正常运行。

第10章　某医院类建设项目交通影响评价案例分析

10.1　概述

10.1.1　研究背景和意义

1. 研究背景

某医院类建设项目位于××路以南、××路以西、××路以东区域，总用地面积为 9 万 m^2，项目区总建筑面积为 10.6 万 m^2（地上建筑面积约 8 万 m^2；地下总建筑面积为 2.6 万 m^2），用地性质为医疗用地。为保证该项目投入运营后的通行效率和交通安全，对项目区及周边区域进行交通影响评价，如图 10-1 所示。

图 10-1　项目区位图

2. 研究的目的和意义

通过进行交通影响评价促进城市交通与土地利用协调发展，实现建设项目交通组织与周边交通的协调运行。进行交通影响评价的意义在于：

（1）协调用地开发与交通发展之间的关系

从城市规划和交通发展的角度对开发项目进行交通影响评价，使土地开发强度与承载能力匹配，促进城市结构的合理发展。

（2）倡导土地利用规划与城市交通规划的整合

将城市规划、土地利用和交通规划联系起来，通过交通设施的建设和改良促进地区的开发和利用，实现土地利用规划与城市交通规划的有机整合。

10.1.2 研究目标和研究重点

交通影响评价主要是在对建设项目实施后可能造成的交通影响进行评估，根据城市交通发展政策和相关交通规划，提出改善对策和措施，消减建设项目对城市交通的过度影响，保障交通安全、有序运行。

交通影响评价的重点是根据建设项目的规模和性质评价其对外边交通的影响程度，根据建筑设计方案提出建设工程及周边合理的交通设施布局关系、交通组织方法和交通管理策略，并提出切合实际的改善措施与建议。

10.1.3 研究原则

（1）以人为本的原则

坚持以人为本的设计思想，统筹考虑各交通方式的出行需求，通过为公众提供优质、高效、便捷的交通设施和服务，达到社会资源的公平分配和交通方式结构的合理优化。

（2）协调性原则

贯彻落实我国的城市土地开发政策，合理制定建设项目的建筑密度、容积以及绿地率，协调集约用地与交通系统之间的关系，通过认真分析、科学论证建设项目新增交通需求对周边交通系统运行的影响程度，确保建设项目符合国家节约集约土地的要求，并与城市整体交通系统良好配合。

（3）社会公平性原则

建设项目的投入使用会产生社会效益，也会产生的新增交通需求，在某种程度上会加重周边区域的路网负荷。建设项目的投入运营不但应保证经济效益，也应保证建设项目建成后的交通服务水平不低于规定的水平。

10.1.4 研究依据

进行建设项目交通分析与组织设计工作所依据的标准和规范如下：
（1）《建设项目交通影响评价技术标准》CJJ/T 141—2010；
（2）《城市道路设计规范》CJJ 37—2016；
（3）《汽车库建筑设计规范》JGJ 100—2015；
（4）××市相关社会经济、交通和土地利用等规划相关资料；
（5）项目周边区域交通现状调查资料；
（6）其他城市规划及交通规则的有关规定及标准。

10.1.5 研究范围和期限

1. 研究范围

《建设项目交通影响评价技术标准》CJJ/T 141—2010 中列出了各类建设项目交通分析与组织设计启动阈值的取值范围，如表 10-1 所示。

住宅、服务、商业、办公类项目交通影响评价启动阈值　　　表 10-1

城市和镇人口规模（万人）	项目位置	建设项目新增建设面积（万 m²）	
		住宅类项目	商业、服务、办公类项目
≥200	城市中心区	3～8	1～3
	中心城区除中心区外的其他地区/卫星城中心区	5～10	2～5
	其他地区	10～20	4～10
100～200	城市中心区	2～5	1～2
	其他地区	3～8	2～5
<100	—	2～8	1～5

住宅（T01）、商业（T02）、服务（T03）、办公（T04）类建设项目，交通影响评价启动阈值的取值范围应符合上述规定。场馆与园林（T05）和医疗（T06）类建设项目的启动阈值应为：配建机动车停车泊位 100 个。

该项目的总建筑面积为 10.6 万 m²（地上建筑面积约 8 万 m²；地下总建筑面积为 2.6 万 m²），二期在建部分配建机动车停车泊位 550 个，在配建机动车停车泊位方面已经超过了启动阈值范围。因此，需要对该项目进行交通影响评价。

《建设项目交通影响评价技术标准》CJJ/T 141—2010 中给出了建设项目交通分析与组织设计范围确定方法，如表 10-2 所示。

建设项目交通影响评价范围　　　表 10-2

建设项目规模与启动阈值之比（R）	交通分析与组织设计范围
R<2	建设项目邻近的城市干路围合的范围
特大城市 2≤R<3	建设项目邻近的城市主干路或快速路围合的范围
特大城市 R≥5	建设项目邻近的第二条主干路或快速路围合的范围
其他城市和镇 R≥3	

《建设项目交通影响评价技术标准》CJJ/T 141—2010 规定医疗类建设项目的启动阈值应为：配建机动车停车泊位 100 个，该建设项目的 R 大于 5，因此，取建设项目邻近的第二条主干路或快速路围合的范围作为交通影响评价的范围。该项目的研究范围为东到××路，西到××路，南到××路，北到××路，其影响范围如图 10-2 所示。

2. 研究期限

根据《××市城市总体规划》，对比现状路网及区域背景资料与规划年路网、规划年区域发展状况之间的差异，应主要考虑以下内容来合理确定目标年：

1）研究区域内的现状道路网与规划道路网差别；

2）研究区域内非项目用地的用地性质变更情况；

3）研究区域内未来年是否有轨道交通经过或对项目及周围地区出行方式产生影响。

根据《建设项目交通影响评价技术标准》CJJ/T 141—2010 规定，有明确定量启动阈值的建设项目，其交通影响评价年限如表 10-3 所示。

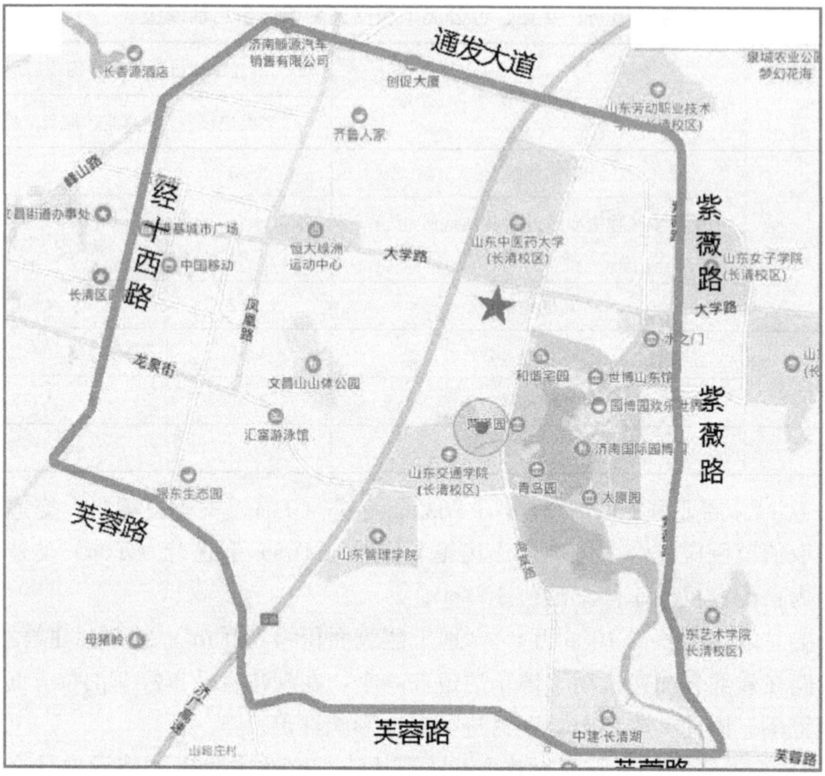

图 10-2　项目影响范围图

建设项目交通影响评价年限　　　　　　　　　　　　　表 10-3

序号	建设项目规模指标与启动阈值之比	交通分析与组织设计年限
1	特大城市＜5，其他城市和镇＜3	正常使用初年
2	特大城市≥5，其他城市和镇≥3	正常使用初年
		正常使用第五年

根据上述标准，综合项目规模和特点，并结合现状年的交通状况，将交通影响评价年限定为正常使用初年和正常使用第五年，具体年限取值如下：

基准年：2017 年；

建成年：2018 年；

规划年：2023 年。

10.1.6　研究方法与技术路线

交通分析与组织设计技术路线图如图 10-3 所示：

首先，搜集研究范围内的社会经济、土地利用等现状资料，开展系统地交通调查，研究区域用地特征及其周围道路交通状况，总结交通运行的规律与特征。

其次，对交通需求进行研究，预测背景和诱增的交通需求。

然后，根据交通需求预测结果，对基准年、规划年的交通影响程度进行分析，分析可能产生的交通问题，并给出相应的组织方案和解决措施。

最后，对关键节点进行交通组织设计，提出道路交通设施改善措施，主要结论与建议等。

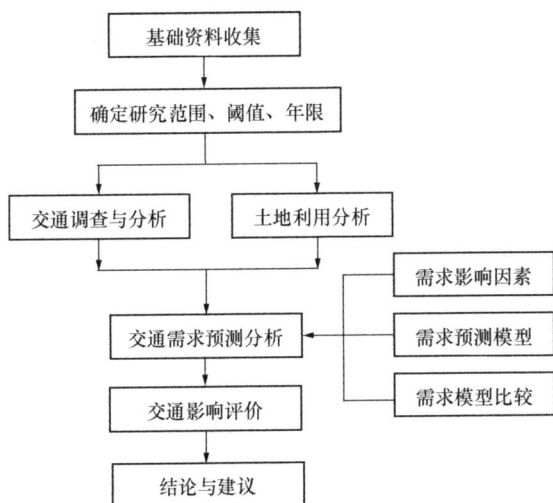

图 10-3　交通分析与组织设计技术路线图

10.2　项目概况与规划资料分析

10.2.1　项目概况

项目区位于××路以东、××路以西、××路以南区域，总用地面积为 9 万 m²，项目区总建筑面积为 10.6 万 m²（地上建筑面积约 8 万 m²；地下总建筑面积为 2.6 万 m²），用地性质为医疗用地。项目规划指标如表 10-4 所示。

规划指标　　　　　　　　　　　　　　　　　　　　　　　表 10-4

项目		单位	数量
规划用地面积		m²	9 万
总建筑面积		m²	10.6 万
其中	地上建筑面积	m²	8 万
	地下建筑面积	m²	2.6 万
容积率			1.00
停车位		辆	550

注：部分图表数据已省略，仅列出主要指标。

10.2.2　区位分析

该建设项目所在辖区面积 95km²，总人口 20 万人，地处黄金旅游线核心，京沪铁路、京福高速公路、济菏高速公路、104 国道纵贯南北，大学科技园内的 7 条道路和街道内的 12 条农路架构起城市道路交通网，轨道交通 R1 线北起××站，7 分钟即达大学科技园，区位和交通条件十分优越。

辖区内的该建设项目，位于××路与××路交叉口西南角，西临××路，东临××

路，北临××路等主干路。区域主次路网较为成熟，随着项目周边支路的建成通车，整个区域内部与外部的交通功能将大大加强。

项目影响范围路网如图 10-4 所示。

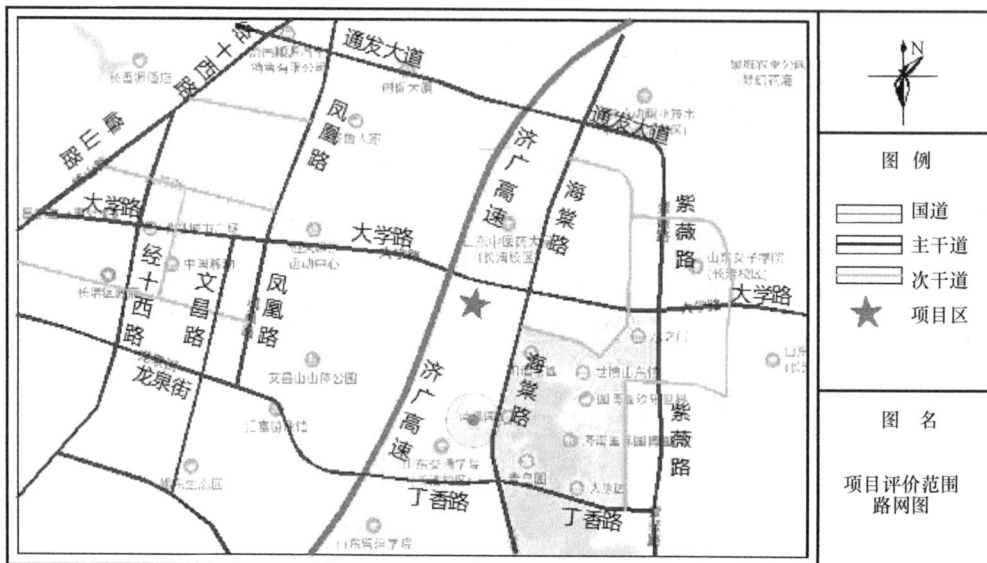

图 10-4　项目评价范围路网图

10.2.3　土地利用分析

从用地功能的分布、土地使用强度看，项目周边土地利用基本上以民用住宅区用地和教育用地为主。

根据《××市城市总体规划(2006～2020 年)》，该项目区为医疗用地。从用地功能的分布、土地使用强度来看，项目周边土地利用基本上以民用住宅区用地和教育用地为主。从用地分布来看，该区域医疗服务针对的对象不仅仅包括周边区域，更包括××市其他区域。可见，在交通影响分析中，应该考虑该项目的对外交通生成和分布。

10.3　交通调查与分析

10.3.1　调查的目的与意义

交通调查是一种用客观手段测定道路交通量以及与其有关现象的数据，并进行分析，从而了解与掌握交通量的规律，其目的是准确掌握交通现状及其变化规律、预测未来交通量、向交通城建规划与环保以及公安交通管理等部门提供改善、优化道路交通的实际参考资料和数据。

本次交通调查主要针对该建设项目区现状周边的机动车需求预测、慢行交通需求、道路交通运行水平、道路交通流、道路交通系统、公共交通系统、交通环境、交通事故及其关联设施调查分析。为后续的交通影响分析提供可靠的依据，为规划年交通需求预测及规划设计方案的制定提供强有力的数据支撑以及对相关政策及建议提供切实可行的依据。

10.3.2　交通调查实施过程

1. 规划调查内容

本项目对交通调查的内容涵盖了道路基础设施以及交通基础数据的调查，具体内容有以下几个方面：

1) 道路基础设施；

2) 交通流量调查；

3) 公交线路调查；

4) 停车设施及其利用状况调查；

5) 交通控制调查。

2. 调查实施方法

本调查采取实地调查的方式，利用人工计数和现场测绘的手段，重点调查了区域影响范围内的道路基础设施、交通流量、公交线路、停车设施及利用状况、交通控制方案等内容。

调查共历时 7 天（20××年××月××日～20××年××月××日），总投入人员 15人。其中道路基础设施调查及控制设施调查 3 天，交通流量和公交线路调查 6 天。在交通流量调查时，为保证调查的交通数据的可靠性和科学性，调查时间选择覆盖整周，以区分周末流量及工作日流量，具体时间段为 6：00～18：00，调查结果符合交通需求预测的要求。

10.3.3　道路基础设施调查

区域内有××路等 7 条主干路、××路等 6 条次干路。道路基础设施调查是为了了解现状区域内主要道路设施的实际情况。道路基本信息如表 10-5 所示。

道路属性一览表　　　　　　　　　　　　　　　　　　　表 10-5

道路编号	道路名称	道路等级	车道数	横断面形式	交通组织形式
1	××路	主干路	6	四块板	机非分离
2	××路	次干路	4	三块板	机非分离
3	××路	次干路	6	四块板	机非分离
4	××路	主干路	6	四块板	机非分离
5	××路	主干路	6	三块板	机非分离

10.3.4　交通流量调查

交通运行水平调查是为了通过搜集道路交通量资料，了解现有交通量在时间和空间上的分布规律，为道路通行能力、交叉口管理和控制、道路交通状况评价提供基础数据。

1. 机动车流量调查

采取人工计数的方式对机动车的流量进行全日调查，地点选择了区域影响范围内的××路与××路交叉口等 19 个交叉口。将所调查的车辆分为大型车、中型车、小型车，通过调查道路交叉口入口各个方向上三种类型机动车的数量，进而可以计算推导出区域内每个交叉口及路段的交通流量，具体情况如表 10-6、表 10-7 所示。

××路与××路交叉口机动车早高峰流量表（单位：pcu/h）　　　表 10-6

OD	东出口	西出口	南出口	北出口	入口总流量
东进口	0	662	305	150	1117
西进口	586	0	183	181	950
南进口	131	286	0	418	835
北进口	134	125	225	0	484
出口总流量	851	1073	713	749	3386

××路与××路交叉口机动车晚高峰流量表（单位：pcu/h）　　　表 10-7

OD	东出口	西出口	南出口	北出口	入口总流量
东进口	0	681	257	121	1059
西进口	601	0	210	225	1036
南进口	186	272	0	293	751
北进口	178	45	357	0	580
出口总流量	965	998	824	639	3426

注：因篇幅所限，其他交叉口的高峰流量表格在此省略。

本次调查共涵盖了研究范围内所有信号交叉口，各个交叉口的流量流向如图 10-5 所示。

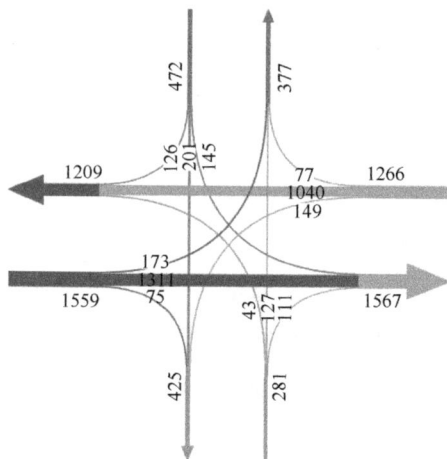

图 10-5　现状年××路与××路交叉口机动车工作日高峰分方向流量图
注：因篇幅所限，其他交叉口的流量图在此省略。

本次调查共涵盖了研究范围内所有重要路段，项目影响范围内相关路段高峰流量统计如表 10-8 所示。

项目影响范围相关路段早晚高峰流量表（单位：pcu/h）　　　表 10-8

序号	路段名称（早高峰）	方向	早高峰	晚高峰
1	××路(××路—公交运营中心)	由东向西	1298	954
		由西向东	871	293
		合计	2169	1247
2	××路(公交运营中心—××路)	由东向西	720	1441
		由西向东	1304	816
		合计	2024	2257

2. 慢行交通流量调查

慢行包括非机动车和行人，采用人工计数的方法进行交通流量调查。经过调查分析可知，项目区交叉口早高峰时段为 7：30～8：30，晚高峰时间段为 17：30～18：30。通过调查得到慢行交通量调查数值，如表 10-9、表 10-10 所示。

<table>
<tr><td colspan="3">××路与××路交叉口早高峰慢行流量</td><td>表 10-9</td></tr>
<tr><td>进口道</td><td>流量</td><td>非机动车（pcu/h）</td><td>行人（人/h）</td></tr>
<tr><td colspan="2">东进口</td><td>364</td><td>252</td></tr>
<tr><td colspan="2">西进口</td><td>252</td><td>184</td></tr>
<tr><td colspan="2">南进口</td><td>204</td><td>272</td></tr>
<tr><td colspan="2">北进口</td><td>184</td><td>388</td></tr>
</table>

<table>
<tr><td colspan="3">××路与××路交叉口晚高峰慢行流量</td><td>表 10-10</td></tr>
<tr><td>进口道</td><td>流量</td><td>非机动车（pcu/h）</td><td>行人（人/h）</td></tr>
<tr><td colspan="2">东进口</td><td>276</td><td>160</td></tr>
<tr><td colspan="2">西进口</td><td>300</td><td>116</td></tr>
<tr><td colspan="2">南进口</td><td>252</td><td>232</td></tr>
<tr><td colspan="2">北进口</td><td>184</td><td>324</td></tr>
</table>

注：其他交叉口的慢行流量表格在此省略。

10.3.5　交通控制调查

交通控制调查主要是调查区域内道路交通组织状况及交叉口管制方式，经调查，项目区域内主要交叉口为××路与××路交叉口等，共 10 处交叉口，均为信号灯控制交叉口。其中，部分交叉口相位控制及信号配时情况统计如图 10-6 所示。

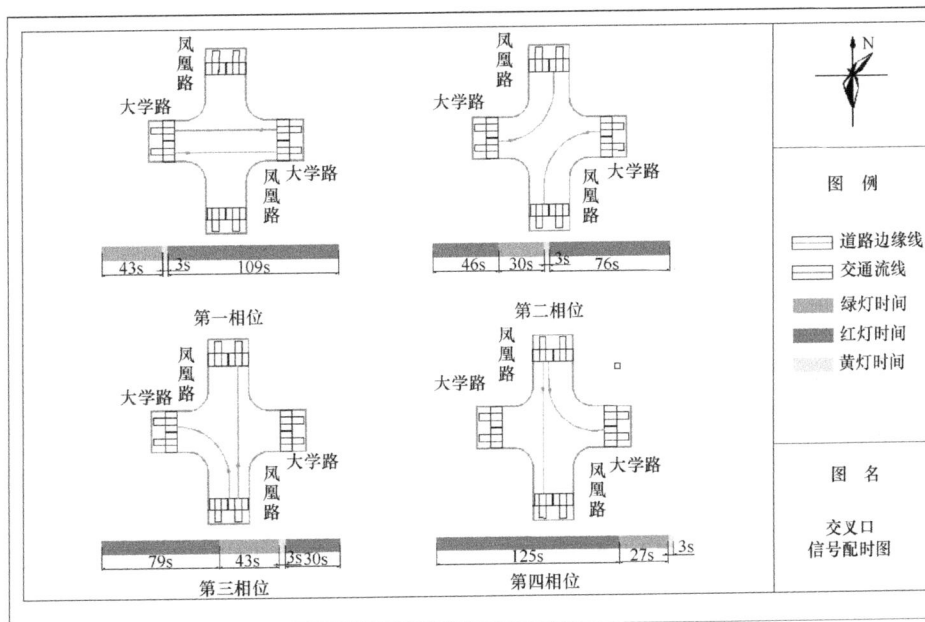

图 10-6　××路与××路交叉口信号配时图

10.3.6 公交系统调查

该主要区域有公交服务线路 13 条、公交站点 11 处及一处公交营运中心，具体统计如表 10-11、图 10-7 所示。

项目影响范围内公交线路统计表　　　　　　表 10-11

站点编号	站点名称	公交线路名称
1	××大学	25 路、K134 路、K141 路、K22 路、K301 路、K302 路、K102 路、3 路、K104
2	公交营运中心	24 路、25 路、K134 路、K20 路、K22 路、K301 路、K302 路、K104 路、K141 路
3	××小区	24 路、25 路、K141 路、K20 路、K102 路北线
4	××小区	K101 路、2 路
5	××小区	24 路、K101 路、2 路

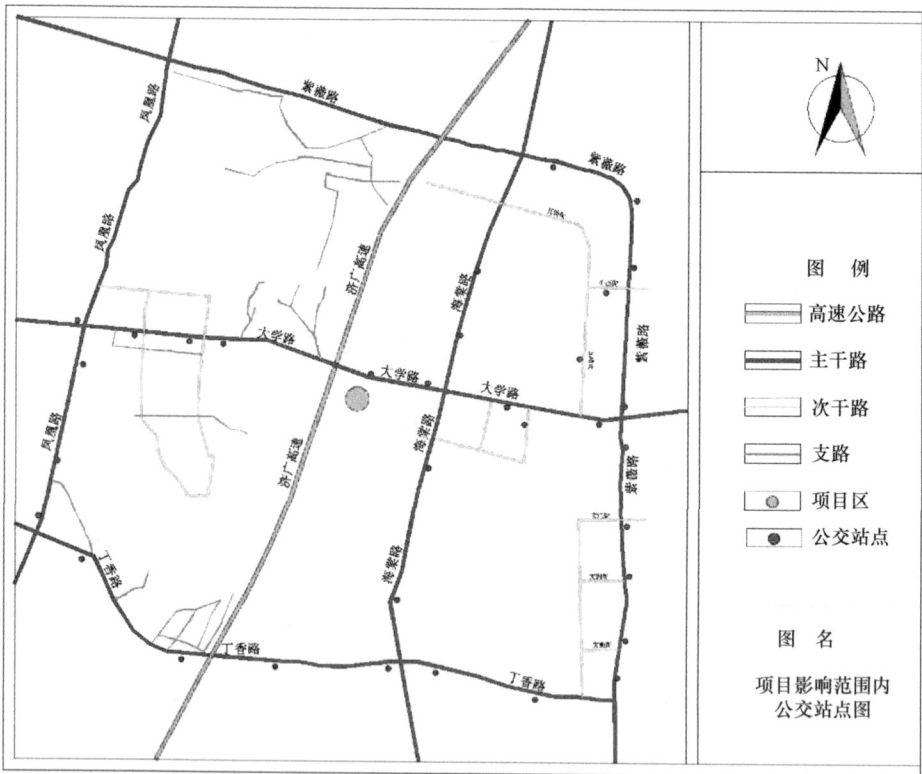

图 10-7　项目影响范围内公交站点分布图

高峰时段对主要线路的发车间隔、满载率、最大承载能力以及剩余承载能力等基本情况进行调查，调查统计如表 10-12、表 10-13 所示。

项目影响范围内公交线路服务情况统计表　　　　　　表 10-12

公交线路	发车间隔 （min）	首末站点	运营时间
K22	25	公交营运中心—××街	06：30～19：00

公交线路	发车间隔 （min）	首末站点	运营时间
25/K25	30	公交营运中心—幼儿师范	08：00~18：00
K102	20	××路—方特东方神话	06：00~20：00
K104	30	公交营运中心—市立医院	05：45~19：00
K301	20	公交营运中心—火车站	06：00~18：30

建设项目公交上行/下行满载数据　　　　　　　表 10-13

线路	满载率	
	上行	下行
K22	40%	20%
25/K25	35%	30%
K102	32%	42%
K104	37%	34%
K301	33%	43%

10.3.7　周边同类性质项目调查

为了掌握拟建项目的交通特征，可以在同一区域寻找与所研究项目相类似的其他已建项目，借用周边同类性质项目的交通变化规律类比研究项目的交通变化规律。要求所类比的已建项目与所研究的项目必须具有相同的建筑性质和相当的建筑规模，项目周边的道路交通设施和用地模式也要求基本相当。通过调查获取调查对象的建筑物功能布局、出入口分布、人（车）流量高峰时段基本范围等数据，为后续调查制定时间和调查员配置方案提供基础数据；通过获取调查对象的建筑物土地利用强度、功能类型、人员规模等方面的具体数据，为类比拟建项目客流吸引强度和时空分布提供基础数据。如表 10-14 所示。

该建设项目早晚高峰流量表　　　　　　　　表 10-14

指标		机动车交通量(pcu/h)	非机动车(辆/h)	出行人次(人/h)
早高峰	进建设项目	146	153	405
	出建设项目	44	39	186
晚高峰	进建设项目	60	84	261
	出建设项目	161	186	327

10.4　交通承载力分析

10.4.1　分析思路与方法

交通承载力是指在研究范围和研究时段内，城市交通设施能够实现的人或物的最大移动量，它取决于交通设施的总资源和交通个体的时空消耗需求。根据服务对象，交通设施的总资源分为道路设施时空资源和公共设施服务能力两个方面。

分析以交通小区（地块或者具体建设项目）为研究对象，通过静态交通设施时空资源的分析确定各项目在空间上的交通资源条件，通过中微层面的模型仿真分析确定不同项目生成交通个体的交通时空需求特征，通过交通系统适应度评估在空间上定位交通需求与设施资源存在不适应性的区域，通过动态交通网络测试、分析、寻找资源配置优化与协调方案，从土地开发和交通设施供给两个方面制定缓解策略。

10.4.2 路段机动车承载力

单向路段的设计通行能力由式（10-1）确定：

$$C_a = C_0 \times \gamma \times \eta \times \alpha \times \beta \tag{10-1}$$

式中 C_a ——单向路段的设计通行能力（pcu/h）；

C_0 ——单车道的理论通行能力（pcu/h）；

γ ——自行车影响修正系数；

η ——车道宽度影响修正系数；

α ——交叉口影响修正系数；

β ——车道数修正系数。

其中，单车道的理论通行能力 C_0 由式（10-2）确定：

$$C_0 = 3600/h = 1000v/L \tag{10-2}$$

式中 C_0 ——单车道的理论通行能力（pcu/h）；

h ——饱和连续车流的平均车头时距（s）；

v ——行驶车速（km/h）；

L ——连续车流的车头间距（m）。

其中，我国《城市道路工程设计规范》（2016 年版）CJJ 37—2012 建议单条车道理论通行能力如表 10-15 所示。

建议的单车道理论通行能力 表 10-15

V(km/h)	20	30	40	50	60
C_0 (pcu/h)	1400	1600	1650	1700	1800

经调查显示，车头时距在 1.8～3.6s 范围内居多，经过拟合分析取车头时距为 2.3s，则单条车道通行能力为 1565 pcu/h。

修正系数 γ、η、α、β 确定如下：

（1）非机动车道修正系数 γ

1）非机动车道修正系数应考虑有无隔离带及非机动车道交通负荷的大小。

2）机动车与非机动车道之间有分隔带时，路段上自行车对机动车几乎没有影响，取 $\gamma = 1$。

3）机动车与非机动车之间无分隔带时，但非机动车道不饱和，对机动车正常运行几乎没有影响，取 $\gamma = 0.8$。

4）机动车与非机动车道之间无分隔带时，但非机动车道超饱和负荷，自行车将侵入机动车道，会影响机动车正常运行。此时，γ 取值：

$$\gamma = 0.8 - (Q_b/[Q_b] + 0.5 - W_2)/W_1 \tag{10-3}$$

式中　Q_b——自行车交通量（辆/h）；

　　　$[Q_b]$——每米宽非机动车道的实际通行能力（辆/h）；

　　　W_2——单向非机动车道宽度（m）；

　　　W_1——单向机动车道宽度（m）。

（2）车道宽度影响修正系数 η

车道宽度对行车速度有很大的影响，在城市道路设计中，取标准车道宽度为 3.5m。当宽度大于此值，有利于车道行驶，车速略有提高；当宽度小于此值，车辆行驶自由度受到影响，速度降低。其中，车道宽度影响修正系数 η，一般由下式确定。

$$\eta = \begin{cases} 50(W_0 - 1.5) & (\%) \quad W_0 \leqslant 3.5\text{m} \\ -54 + 188W_0/3 - 16W_0^2 & (\%) \quad W_0 > 3.5\text{m} \end{cases} \tag{10-4}$$

式中　W_0——单条机动车道宽度（m）；

当车道宽为标准宽度时，$\eta = 100\%$，车道宽度与影响系数之间的变化关系如表 10-16 所示。

η 与 W_0 关系表　　　　　表 10-16

W_0 (m)	2.5	3	3.5	4	4.5	5
$\eta(\%)$	50	75	100	111	120	126

（3）交叉口影响系数 α

交叉口影响修正系数，主要取决于交叉口控制方式及交叉口间距。间距过小，不利于路段通行能力发挥及车速提高；间距增大能够充分利用道路空间，提高路段运行速度。其中，交叉口影响系数一般由式（10-5）确定：

$$\alpha = \begin{cases} \alpha_0, & s \leqslant 200\text{m} \\ \alpha_0(0.0013s + 0.73), & s > 200\text{m} \end{cases} \tag{10-5}$$

式中　s——交叉口间距（m）；

　　　α_0——绿信比。

如果由上式计算得到的 $\alpha > 1$，则取 $\alpha = 1$。

（4）车道数修正系数 β

我国一般采用车道利用系数来表征车道修正系数，其采用值如表 10-17 所示。

车道数修正系数采用值　　　　　表 10-17

车道数	1	2	3	4	5
修正系数	1	1.87	2.6	3.2	3.61

通过计算各修正因子，得出项目区周边路段现状与规划年机动车通行能力，具体如表 10-18、表 10-19 所示。

周边路段机动车早晚高峰通行能力一览表　　　　　表 10-18

主要路段	由东向西(pcu/h)	由西向东(pcu/h)
××路(××路—公交运营中心)	4498	4498
××路(公交运营中心—××路)	3689	3689

主要路段	由东向西（pcu/h）	由西向东（pcu/h）
××路（××路—家居广场）	2491	2491
××路（××路—××路）	4086	2994
××路（家居广场—××路）	1688	1688

周边路段机动车晚高峰通行能力一览表（单位：pcu/h）　　**表 10-19**

主要路段	由东向西	由西向东
××路（××路—公交运营中心）	4498	4498
××路（公交运营中心—××路）	3926	3926
××路（××路—家居广场）	2652	2652
××路（××路—××路）	3287	2994
××路（家居广场—××路）	1788	1788

10.4.3　交叉口机动车承载力

交叉口通行能力 CAP 由式（10-6）确定：

$$CAP = \sum_i CAP_i = \sum_i S_i \cdot \lambda_i \tag{10-6}$$

式中　CAP_i——第 i 条入口车道的通行能力（pcu/h）；

　　　S_i——第 i 条入口车道的饱和流量（pcu/h）；

　　　λ_i——第 i 条入口车道信号相位的绿信比。

由上式可得影响范围内交叉口各个方向进口道机动车通行能力。具体如表 10-20、表 10-21 所示。

××路与××路交叉口现状年早高峰时段机动车通行能力一览表（单位：pcu/h）　　**表 10-20**

进口道	东进口	西进口	南进口	北进口
通行能力	1998	1998	663	663

××路与××路交叉口现状年晚高峰时段机动车通行能力一览表（单位：pcu/h）　　**表 10-21**

进口道	东进口	西进口	南进口	北进口
通行能力	2203	2203	750	750

注：信号交叉口通行能力受到信号的影响，所以此处应按照不同信号控制方案分别分析。

10.4.4　交叉口非机动车承载力

非机动车道路交叉口的交通设施即为交叉口的非机动车道，其通行能力主要受到车道宽度及交通流组成的影响。

$$C_{非} = W \times \eta_1 \times f_1 \times f_2 \tag{10-7}$$

式中　W——非机动车道宽度（m）；

　　　η_1——非机动车道某服务水平下的通行能力因子；

　　　f_1——混合交通修正系数；

f_2——交叉口段的折减系数。

具体建议值如表 10-22 所示。

建议的非机动车道通行能力（单位：pcu/h）　表 10-22

分割情况	不受平交路口影响路段	受平交路口影响路段	交叉口入口路段
栅栏隔离	2100	1000~1200	800~1000
标线分离	1800	800~1000	500~1000

经实地调查，得到项目影响范围各个交叉口的各个方向入口处人行横道宽度，由此计算得到交叉口各个方向进口道非机动车通行能力，见表 10-23、表 10-24。

××路与××路早高峰非机动车通行能力一览表（单位：pcu/h）　表 10-23

进口道	东进口	西进口	南进口	北进口
通行能力	1632	1632	1632	1632

××路与××路晚高峰非机动车通行能力一览表（单位：pcu/h）　表 10-24

进口道	东进口	西进口	南进口	北进口
通行能力	1730	1730	1730	1730

10.4.5　交叉口行人承载力

人行横道的设计通行能力（表 10-25）：

$$N_{bc} = \frac{3600 V_{pc}}{S_p b_p} t_{gh} \times r_1 \times r_2 \tag{10-8}$$

式中　N_{bc}——单位宽度人行横道的基本通行能力[人/（h·m）]；

V_{pc}——行人过街步行速度（m/s），一般采用 1~1.2m；

t_{gh}——1h 内允许行人过街时的信号绿灯时间（s）；

S_p——行人行走时纵向间距（m），采用 1m；

b_p——一条步行带上每个行人占用的横向宽度（m），采用 0.75m；

r_1——综合折减系数，取 0.5；

r_2——设计通行能力折减系数。

步行设施的设计通行能力宽度因子　表 10-25

步道类型	折减系数（反应服务水平）			
	0.75	0.8	0.85	0.9
人行道	1800	1900	2000	2100
人行横道	2000	2100	2300	2400
人行天桥、人行地道	1800	1900	2000	2100
车站码头的人行天桥、人行横道	1400	1500	1600	1700

经实地调查，项目影响范围交叉口的各个方向入口处人行道横道宽度均为 6m，由此计算得到交叉口各个方向进口处人行道通行能力如表 10-26、表 10-27 所示。

××路与××路早高峰时段行人通行能力一览表（单位：人/h）　　表 10-26

进口道	东进口	西进口	南进口	北进口
通行能力	2939	2939	2939	2939

××路与××路晚高峰时段行人通行能力一览表（单位：人/h）　　表 10-27

进口道	东进口	西进口	南进口	北进口
通行能力	3115	3115	3115	3115

10.5　交通需求预测

对项目影响区域的交通需求预测包括两个方面：背景交通量的预测和建设项目新生成交通量预测，两个方面预测量叠加得到影响项目区域的交通需求预测。

10.5.1　交通需求预测的目的

通过预测未来年的交通需求状况，通过定量分析的方法研究项目建设所带来的交通影响及其程度，判断这种影响是否在未来交通网络承载能力可以接受的范围内，以便合理地制定交通组织方案。交通需求预测即对项目交通量进行预测，是建设项目交通影响分析的核心及前提。

10.5.2　交通需求预测的方法和步骤

本项目的交通需求预测包括背景交通需求预测和项目建设项目新生成交通分析需求预测两部分，具体方法与步骤如下：

1) 背景交通量的需求预测，即根据实际调查的交通流量预测项目建成年和规划年的背景交通流量。背景交通需求量主要考虑交通需求的自然增长，可以根据城市的经济增长指标和社会发展水平等因素综合确定项目建成年的背景交通需求量；

2) 建设项目新生成交通量的需求预测，建设项目新生成交通需求量是指由于项目建设，新增的交通产生量和吸引量，可以根据项目的性质和建设规模，确定其吸引率，最终得到建设项目新生成交通需求量；

3) 将两部分交通需求预测量分配并叠加到路网上，并据此计算该项目影响区域路网的负荷度等指标，进而评价对路网的影响程度。

对于交通需求预测，可以采取相应的交通规划软件进行四阶段预测得到。为使科研人员更好地理解交通影响评价数据预测的原理，本书主要采用计算方法进行交通需求数据的预测。

10.5.3　背景交通需求预测

进行交通影响评价时，背景交通量的变化对研究范围内道路交通带来的影响往往不低于新增交通量的影响。因此，背景交通量预测是决定道路交通改善方案的关键因素之一，必须对其进行准确预测。背景交通量预测是指根据研究范围内的土地开发现状和相关资料的收集情况，选择预测方法中的一种或几种，对规划年及远期分析年的背景交通量进行预测。国内外交通影响评价背景交通预测方法，常用的预测方法主要有弹性系数法、基于土地利用的交通预测模型法、叠加法、趋势分析法、交通规划法、类比法六种。

对背景交通量采用弹性系数法进行预测，建立的预测模型为：

$$q_i = q_0(1 + \mu\gamma)^i \tag{10-9}$$

式中　q_i——未来年背景交通量；

　　　q_0——基准时间背景交通量；

　　　i——项目建成时间；

　　　μ——国民经济增长率；

　　　γ——弹性系数。

根据以上模型，综合考虑项目建成期××市的经济增长情况、土地利用情况、居民出行率等因素，确定模型中的具体参数如下：模型中的项目建成时间是一年，经查阅统计年鉴等数据，××市近几年国民经济增长率约为8.5%，考虑到经济放缓趋势，取国民经济增长率为7.5%，弹性系数为0.4。由此，可以预测出项目建成年区域内的背景交通量。

1. 建成年背景交通需求预测

建成年背景交通需求预测结果如表10-28～表10-33所示。

××路与××路交叉口早高峰建成年背景交通量表（单位：pcu/h）　表10-28

OD	东出口	西出口	南出口	北出口	入口总流量
东进口	0	682	314	155	1151
西进口	604	0	188	186	979
南进口	135	295	0	431	860
北进口	138	129	232	0	499
出口总流量	877	1105	734	771	3488

××路与××路交叉口晚高峰建成年背景交通量表（单位：pcu/h）　表10-29

OD	东出口	西出口	南出口	北出口	入口总流量
东进口	0	701	265	125	1091
西进口	619	0	216	232	1067
南进口	192	280	0	302	774
北进口	183	46	368	0	597
出口总流量	994	1028	849	658	3529

项目影响范围相关路段早高峰建成年背景交通量表　表10-30

序号	路段名称	方向	流量(pcu/h)
1	××路(××路—公交运营中心)	由东向西	754
		由西向东	1337
		合计	2091
2	××路(公交运营中心—××路)	由东向西	742
		由西向东	1405
		合计	2147

<table>
<tr><td colspan="5" align="center">项目影响范围相关路段晚高峰建成年背景交通量表</td><td>表 10-31</td></tr>
</table>

序号	路段名称	方向	流量(pcu/h)
1	××路(××路—公交运营中心)	由东向西	1137
		由西向东	983
		合计	2120
2	××路(公交运营中心—××路)	由东向西	1471
		由西向东	1108
		合计	2579

<table>
<tr><td colspan="2" align="center">××路与××路交叉口早高峰慢行建成年背景交通量表</td><td>表 10-32</td></tr>
</table>

进口道 ＼ 流量	非机动车(pcu/h)	行人(人/h)
东进口	378	325
西进口	21	122
南进口	221	147
北进口	306	284

<table>
<tr><td colspan="2" align="center">××路与××路交叉口晚高峰慢行建成年背景交通量表</td><td>表 10-33</td></tr>
</table>

进口道 ＼ 流量	非机动车(pcu/h)	行人(人/h)
东进口	298	342
西进口	188	122
南进口	158	147
北进口	325	284

2. 规划年背景交通需求预测

规划年背景交通需求预测如表 10-34～表 10-39 所示。

<table>
<tr><td colspan="5" align="center">××路与××路交叉口早高峰规划年背景交通量表（单位：pcu/h）</td><td>表 10-34</td></tr>
</table>

OD	东出口	西出口	南出口	北出口	入口总流量
东进口	0	767	354	174	1295
西进口	679	0	212	210	1101
南进口	152	332	0	485	968
北进口	155	145	261	0	561
出口总流量	987	1244	827	868	3925

<table>
<tr><td colspan="5" align="center">××路与××路交叉口晚高峰规划年背景交通量表（单位：pcu/h）</td><td>表 10-35</td></tr>
</table>

OD	东出口	西出口	南出口	北出口	入口总流量
东进口	0	789	298	140	1228
西进口	697	0	243	261	1201
南进口	216	315	0	340	871
北进口	206	52	414	0	672
出口总流量	1119	1157	955	741	3972

项目影响范围相关路段早高峰规划年背景交通量表　表 10-36

序号	路段名称	方向	流量(pcu/h)
1	××路(××路—公交运营中心)	由东向西	849
		由西向东	1505
		合计	2353
2	××路(公交运营中心—××路)	由东向西	835
		由西向东	1581
		合计	2416

项目影响范围相关路段晚高峰规划年背景交通量表　表 10-37

序号	路段名称	方向	流量(pcu/h)
1	××路(××路—公交运营中心)	由东向西	1280
		由西向东	1106
		合计	2386
2	××路(公交运营中心—××路)	由东向西	1655
		由西向东	1247
		合计	2903

××路与××路交叉口早高峰慢行规划年背景交通量表　表 10-38

进口道 \ 流量	非机动车(pcu/h)	行人(人/h)
东进口	425	366
西进口	23	137
南进口	249	166
北进口	344	320

××路与××路交叉口晚高峰慢行规划年背景交通量表　表 10-39

进口道 \ 流量	非机动车(pcu/h)	行人(人/h)
东进口	335	385
西进口	212	137
南进口	177	166
北进口	366	320

10.5.4　建设项目新生成交通需求预测

1. 建设项目新生成交通量预测

城市的交通状况同城市的土地利用模式密切相关。城市各类用地往往是交通产生的源头，城市内不同的用地布局，决定了不同的城市交通流量与流向。不同的土地利用布局、不同的土地利用性质和不同的土地利用强度都会引发不同的交通需求。

建设项目新生成交通量是指由于本项目的建设而带来的发生、吸引交通量。主要是根据项目的建设性质及规模，预测规划年的项目交通生成量，即交通产生量与吸引量。在此基础上进一步对其进行方式划分和交通分配，将因项目而产生的交通量分配到周边道路上，得到项目相关交通量。

本项目为医疗类用地，出行高峰一般发生在早高峰和晚间，项目出行高峰期与早高峰高度重合，与晚高峰重合不明显。建设项目高峰期新生成出行人次和建设项目高峰期新生成出行流量见表 10-40、表 10-41：

$$T_1 = T_0 \Big(\sum_{i=1}^{n} \sqrt{A_1/A_0} \sqrt{N_1/N_0} \Big/ n \Big) \tag{10-10}$$

式中　T_0 和 T_1——调查的类比小区和建设项目的交通产生量（pcu/h）；

　　　A_0 和 A_1——调查的类比小区和建设项目的建筑面积（m²）；

　　　N_0 和 N_1——现状年和预测年服务区域的人口（人）。

经查阅历年统计年鉴，得出××市人口增长率约为 1.421%，经计算如表 10-40、表 10-41 所示。

建成年建设项目新生成出行人次预测　　　　　　　　　　表 10-40

指标	机动车交通量（pcu/h）	非机动车（辆/h）	出行人次（人/h）
早高峰进该建设项目流量	286	300	794
早高峰出该建设项目流量	86	76	364
晚高峰进该建设项目流量	118	165	511
晚高峰出该建设项目流量	315	364	641

规划年建设项目新生成出行流量预测　　　　　　　　　　表 10-41

指标	机动车交通量（pcu/h）	非机动车（辆/h）	出行人次（人/h）
早高峰进该建设项目流量	294	308	816
早高峰出该建设项目流量	89	79	375
晚高峰进该建设项目流量	121	169	526
晚高峰出该建设项目流量	325	375	659

2. 建设项目新生成交通分布预测

根据××市城市总体规划用地类型情况、各类规划用地面积以及××市城区的人口分布情况，对高峰建设项目新生成出行进行了交通分布预测，具体如表 10-42 所示。

高峰建设项目新生成出行量分布　　　　　　　　　　表 10-42

流向	沿××路向东	沿××路向西
比例	35%	65%

3. 建设项目区行人交通方式划分

进出该建设项目的行人交通量主要来源有三部分：一部分为一次步行到达或离开的交通形式；一部分为乘坐出租到达或离开的方式，一部分为乘坐公共交通工具加步行到达或离开的交通形式。借鉴类似项目区域的交通出行方式比例，并结合 2016 年××市居民出行调查以及《××市城市综合交通规划（2006～2020 年)》，确定目标年进出项目区行人交通量在两种交通方式的分担率，如表 10-43 所示。

进出建设项目行人交通量在项目影响区域交通方式划分　　表 10-43

出行方式	出租车	仅步行	公共交通
分担率	40%	20%	40%

4. 交通需求预测结果

（1）路组函数选择

本项目采用路组函数模型确定机动车交通量的分配，具体函数模型：

$$t = t_0[1 + \alpha(V/C)^\beta] \tag{10-11}$$

式中　t——路段行驶时间（min）；

　　　t_0——路段之间的行驶时间（min）；

　　　V——路段机动车交通量（辆/h）；

　　　C——路段实用通行能力（辆/h）；

　　　α——一般取 0.15；

　　　β——一般取 4。

（2）机动车建设项目新生成交通流量分配

通过计算车流不同交通分布方向的路阻函数，结合实际交通与建设状况，将机动车建设项目新生成交通流量分配到路网上，得到项目影响范围内各交叉口及主要路段的建设项目新生成交通流量分配如下。

1）建成年新生成机动车预测结果（表 10-44～表 10-47）。

××路与××路交叉口早高峰建设项目新生成交通流量（单位：pcu/h）　表 10-44

OD	东出口	西出口	南出口	北出口	入口总流量
东进口	0	17	0	0	17
西进口	6	0	8	6	20
南进口	0	23	0	0	23
北进口	0	17	0	0	17
出口总流量	6	58	8	6	78

××路与××路交叉口晚高峰建设项目新生成交通流量（单位：pcu/h）　表 10-45

OD	东出口	西出口	南出口	北出口	入口总流量
东进口	0	8	0	0	8
西进口	7	0	9	7	23
南进口	0	11	0	0	11
北进口	0	8	0	0	8
出口总流量	7	28	9	7	50

项目影响范围相关路段早高峰建设项目新生成流量表　　表 10-46

序号	路段名称	方向	流量（pcu/h）
1	××路(公交运营中心—××路)	由东向西	194
		由西向东	145
		合计	339

序号	路段名称	方向	流量(pcu/h)
2	××路(××路—公交运营中心)	由东向西	94
		由西向东	268
		合计	362

项目影响范围相关路段晚高峰建设项目新生成流量表　　　　表10-47

序号	路段名称	方向	流量(pcu/h)
1	××路(公交运营中心—××路)	由东向西	146
		由西向东	161
		合计	307
2	××路(××路—公交运营中心)	由东向西	105
		由西向东	130
		合计	234

2）规划年新生成机动车预测结果（表10-48～表10-51）。

××路与××路交叉口早高峰建设项目新生成交通流量（单位：pcu/h）　　表10-48

OD	东出口	西出口	南出口	北出口	入口总流量
东进口	0	33	1	1	35
西进口	120	0	0	0	120
南进口	5	0	0	0	5
北进口	5	0	0	0	5
出口总流量	130	33	1	1	165

××路与××路交叉口晚高峰建设项目新生成交通流量（单位：pcu/h）　　表10-49

OD	东出口	西出口	南出口	北出口	入口总流量
东进口	0	24	1	1	26
西进口	35	0	0	0	35
南进口	14	0	0	0	14
北进口	14	0	0	0	14
出口总流量	63	24	1	1	89

项目影响范围相关路段早高峰建设项目新生成流量表　　　　表10-50

序号	路段名称	方向	流量(pcu/h)
1	××路(公交运营中心—××路)	由东向西	200
		由西向东	149
		合计	348
2	××路(××路—公交运营中心)	由东向西	97
		由西向东	276
		合计	373

项目影响范围相关路段晚高峰建设项目新生成流量表　　表 10-51

序号	路段名称	方向	流量(pcu/h)
1	××路(公交运营中心—××路)	由东向西	147
		由西向东	161
		合计	308
2	××路(××路—公交运营中心)	由东向西	105
		由西向东	133
		合计	238

（3）慢行建设项目新生成交通流量分配

慢行流量包括非机动车出行方式和步行出行方式，其具体的预测结果如下。

建成年新生成慢行交通预测结果，如表 10-52、表 10-53 所示。

××路与××路交叉口早高峰慢行建设项目新生成流量　　表 10-52

进口道 ＼ 流量	非机动车(pcu/h)	行人(人/h)
东进口	3	3
西进口	13	7
南进口	11	10
北进口	13	7

××路与××路交叉口晚高峰慢行建设项目新生成流量　　表 10-53

进口道 ＼ 流量	非机动车(pcu/h)	行人(人/h)
东进口	26	9
西进口	7	4
南进口	15	5
北进口	7	4

同理，可得到规划年预测数据。

10.5.5　交通需求预测结果

1. 建成年交通需求预测结果

根据预测的背景交通量和建设项目新生成交通量，对其进行相应的叠加，得到建成年机动车、非机动车和行人的流量表，如表 10-54～表 10-59 所示。

××路与××路交叉口早高峰建成年交通需求量（单位：pcu/h）　　表 10-54

OD	东出口	西出口	南出口	北出口	入口总流量
东进口	0	699	314	155	1168
西进口	610	0	197	193	999
南进口	135	318	0	431	883
北进口	138	146	232	0	516
出口总流量	883	1163	742	778	3566

××路与××路交叉口晚高峰建成年交通需求量（单位：pcu/h） 表 10-55

OD	东出口	西出口	南出口	北出口	入口总流量
东进口	0	710	265	125	1099
西进口	626	0	225	239	1090
南进口	192	291	0	302	785
北进口	183	55	368	0	606
出口总流量	1001	1056	858	665	3579

项目影响范围相关路段早高峰建成年交通需求量表 表 10-56

序号	路段名称	方向	流量（pcu/h）
1	××路（××路—公交运营中心）	由东向西	948
		由西向东	1481
		合计	2430
2	××路（公交运营中心—××路）	由东向西	836
		由西向东	1673
		合计	2509

项目影响范围相关路段晚高峰建成年交通需求量表 表 10-57

序号	路段名称	方向	流量（pcu/h）
1	××路（××路—公交运营中心）	由东向西	1283
		由西向东	1144
		合计	2427
2	××路（公交运营中心—××路）	由东向西	1575
		由西向东	1238
		合计	2813

××路与××路交叉口早高峰慢行建成年交通需求量 表 10-58

进口道 　　　　流量	非机动车（pcu/h）	行人（人/h）
东进口	381	329
西进口	33	128
南进口	232	157
北进口	319	291

××路与××路交叉口晚高峰慢行建成年交通需求量 表 10-59

进口道 　　　　流量	非机动车（pcu/h）	行人（人/h）
东进口	323	351
西进口	195	126
南进口	173	153
北进口	332	289

2. 规划年交通需求预测结果

根据预测的背景交通量和建设项目新生成交通量，对其进行相应的叠加，得到规划年机动车、非机动车和行人的流量表，如表 10-60～表 10-65 所示。

×× 路与 ×× 路交叉口早高峰规划年交通需求量（单位：pcu/h）　　表 10-60

OD	东出口	西出口	南出口	北出口	入口总流量
东进口	0	785	354	174	1313
西进口	686	0	220	216	1122
南进口	152	355	0	485	992
北进口	155	163	261	0	579
出口总流量	993	1303	835	875	4006

×× 路与 ×× 路交叉口晚高峰规划年交通需求量（单位：pcu/h）　　表 10-61

OD	东出口	西出口	南出口	北出口	入口总流量
东进口	0	798	298	140	1236
西进口	703	0	252	268	1224
南进口	216	327	0	340	882
北进口	206	61	414	0	681
出口总流量	1125	1186	964	748	4023

项目影响范围相关路段早高峰规划年交通需求量表　　表 10-62

序号	路段名称	方向	流量（pcu/h）
1	×× 路（×× 路—公交运营中心）	由东向西	1048
		由西向东	1653
		合计	2702
2	×× 路（公交运营中心—×× 路）	由东向西	931
		由西向东	1857
		合计	2789

项目影响范围相关路段晚高峰规划年交通需求量表　　表 10-63

序号	路段名称	方向	流量（pcu/h）
1	×× 路（×× 路—公交运营中心）	由东向西	1427
		由西向东	1267
		合计	2694
2	×× 路（公交运营中心—×× 路）	由东向西	1760
		由西向东	1381
		合计	3141

×× 路与 ×× 路交叉口早高峰慢行规划年交通需求量　　表 10-64

进口道	流量	非机动车（pcu/h）	行人（人/h）
东进口		429	369
西进口		36	144
南进口		260	176
北进口		357	327

××路与××路交叉口晚高峰慢行规划年交通需求量　　　表 10-65

流量 进口道	非机动车(pcu/h)	行人(人/h)
东进口	361	394
西进口	219	141
南进口	193	171
北进口	373	324

10.6　交通影响分析

交通影响分析作为城市交通与微观土地利用协调发展的控制手段，对背景交通服务水平较高的地区可鼓励其开发，对背景交通服务水平交通较低的地区可限制其开发，从而可以避免城市交通需求过于集中，确保城市的健康、有序发展。

10.6.1　交通影响分析内容

1）路段交通影响分析与评价；

2）交叉口交通影响分析与评价；

3）停车及出入口交通影响分析与评价；

4）慢行交通影响分析与评价；

5）公共交通影响分析与评价。

10.6.2　服务水平分析指标

（1）道路路段机动车服务水平

城市道路路段的服务水平参照美国道路通行能力手册，采用饱和度指标表示，依照饱和度的不同将服务水平划分为 6 个等级，如表 10-66 所示。

城市道路基本路段服务水平划分标准　　　表 10-66

服务水平	饱和度(V/C)	交通状况
A	<0.4	畅行车流，基本上无延误
B	0.4～0.6	稳定车流，有少量延误
C	0.6～0.75	稳定车流，有一定延误，但司机可以接受
D	0.75～0.9	接近不稳定车流，有较大延误，但司机还能忍受
E	0.9～1.0	不稳定车流，交通拥挤延误很大，司机无法忍受
F	>1.0	强制车流，交通严重阻塞，车辆时开时停

（2）信号交叉口机动车服务水平

《建设项目交通影响评价技术标准》CJJ/T 141—2010 规定，信号交叉口的机动车服务水平确定，应符合如表 10-67 所示的规定。当交叉口现状的饱和度大于 0.85，必须计算延误指标；当延误饱和度对应的服务水平不一致时，则应以延误对应的服务水平为准。计算规划年交叉口服务水平时，信号周期的时长不得大于 150s。

信号交叉口机动车服务水平　　　　　　　表 10-67

服务水平	交叉口饱和度 S	每车信控延误 $T(s)$
A	$S \leqslant 0.25$	$T \leqslant 10$
B	$0.25 < S \leqslant 0.50$	$10 < T \leqslant 20$
C	$0.50 < S \leqslant 0.70$	$21 < T \leqslant 35$
D	$0.70 < S \leqslant 0.85$	$36 < T \leqslant 55$
E	$0.85 < S \leqslant 0.95$	$56 < T \leqslant 80$
F	$0.95 < S$	$80 < T$

（3）非机动车车道交叉口服务水平

我国建议的非机动车车道交叉口服务水平标准如表 10-68 所示。

建议的非机动车车道交叉口服务水平标准　　　　　　　表 10-68

服务水平等级	A	B	C	D	E
过交叉口行驶速度(km/h)	>16	13~16	9~13	6~9	4~6
占用道路面积(m²/辆)	>8	6~8	4~6	2~4	<2
饱和度(V/C)	<0.5	0.5~0.7	0.7~0.8	0.8~0.9	>0.9
停车延误时间(s)	<30	30~40	40~60	60~90	>90
路口停车率(%)	<20	20~30	30~40	40~50	>50
运行状态描述	车辆有较大的自由度，过交叉口方便，基本上在本相位内通过	车辆自由度较大，过交叉口较容易，大部分车辆在本相位内通过	车辆成队列前进，过交叉口需等待较长的时间，部分车辆需等到下一个周期	车辆前进的速度较低，骑车者随时准备下车推行，大部分车辆需等到下一个周期	车辆首尾相接，拥挤严重，大部分骑车人下车推行，有时停车等候绿灯，大部分车辆需等到下一周期才能通过，甚至还不能通过

（4）行人交通设施服务水平

根据行人交通设施服务水平等级划分标准计算得到的现状年各入口人行横道服务水平，如表 10-69 所示。

行人交通设施服务水平等级划分　　　　　　　表 10-69

服务水平等级	A	B	C	D	E
行人占用面积(m²/人)	>3.0	2~3	1.2~2	0.5~1.2	<0.5
横向间距(m)	1.0	0.9	0.8	0.7	0.6
纵向间距(m)	3.0	2.4	1.8	1.4	1.0
步行速度(km/h)	1.2	1.1	1.0	0.8	0.6
通行能力[人/(h·m)]	1400	1830	2500	2940	3600
运行状态	可以完全自由行动	处于准自由状态，偶尔有降速	个人较舒适，部分行人行动受约束	行走不便，大部分处于受约束状态	完全处于排队前进，个人无行动自由

服务水平等级	A	B	C	D	E
行人自由度	有足够的空间供行人选择及超越他人,亦可横向穿越与选择行走路线	可以较自由地选择步行速度、超越他人,反向与横穿要适当减速	选择步行速度与超越他人受限,反向与横穿常发生冲突,有时要变更步速和行走路线	正常步速受限,有时要调整布幅、速度与线路,超越、反向、横穿均有困难,有时产生阻塞或中断	所有步行速度、方向均受限制。经常发生阻塞、中断,反向与横穿绝不可能

(5) 公共交通服务水平

公共交通服务水平由满载率来衡量。满载率是指公交运营线路高峰内,公交站点车辆单向载客量与额定载客量之比。一般认为,满载率在 50%～70% 之间显示公交服务水平良好;在 70%～90% 之间显示车内较为拥挤,服务水平较低;在 90% 以上则车内非常拥挤,接近服务水平的极限值。

10.6.3 交通影响显著性指标

伴随基地项目建成,新生成交通量涌入区域道路,使评价范围内各类交通量增加,导致项目影响范围内交通服务水平发生变化,对该区域交通系统运行产生影响。为判定该项目对评价范围内交通整体运行水平影响程度,分别对各类交通负荷在基年与现状年进行对比,分析这两个阶段的影响显著性。

根据《建设项目交通影响评价技术标准》CJJ/T 141—2010,在评价范围内,建设项目新生成交通需求对交通系统的影响达到或超过下列任一款的规定时,为建设项目对评价范围内交通系统有显著影响。

(1) 机动车交通

建设项目机动车交通对道路信号交叉口的交通影响达到如表 10-70 所示的规定。

信号交叉口机动车交通显著影响判定标准   表 10-70

背景交通服务水平	项目新生成交通加入后服务水平	背景交通服务水平	项目新生成交通加入后服务水平
A	D、E、F	D	E、F
B		E	F
C		F	F

建设项目机动车交通对道路无信号交叉口的交通影响达到如表 10-71 所示的规定。

无信号交叉口机动车交通显著影响判定标准   表 10-71

背景交通服务水平	项目新生成交通加入后的服务水平
一级	二级、三级
二级	三级

背景交通服务水平为三级的无信号交叉口,应首先进行信号灯设计,并按照信号交叉

口交通影响判定标准重新计算后判定。

（2）慢行交通

当建设项目新生成交通需求导致评价范围内公共交通、自行车或步行等交通设施需要改、扩建或新建时，应判定为有显著影响。

（3）公共交通

当建设项目出入口步行范围内的所有公交站点，在项目建成后，满载率增加超过10%，应判定为有显著影响。

步行范围应根据实际在 200～500m 之间选取，对于城市中心区等公共交通覆盖率较高的区域，宜取步行范围的下限，对于城市外围区，宜取上限。

（4）停车及出入口

当建设项目新生成停车需求超过其配建停车设施能力时，应判定为有显著影响。

10.6.4　建成年交通影响分析

1. 建成年主要路段交通影响分析

根据在早、晚高峰两个时段预测数据，获取建成年影响区域周边道路负荷状况，并与基年现状交通负荷对比，掌握各路段负荷变化程度，如表 10-72 所示。

建成年早晚高峰周边路段服务水平显著变化一览表　　表 10-72

路段	方向	(V/C)		饱和度增长比例	显著性判断	服务水平	
		无项目	加入项目后			无项目	加入项目后
××路(××路—公交运营中心)	由东向西	0.16	0.21	30%	不显著	A	A
	由西向东	0.29	0.33	14%	不显著	A	A
××路(公交运营中心—××路)	由东向西	0.20	0.23	16%	不显著	A	A
	由西向东	0.37	0.45	23%	不显著	A	B

根据表 10-72 显示，高峰时期，项目建成后对于除相邻路段外周边大部分道路运行产生了很少的影响，路段影响不显著，路段服务等级较高，在人们可接受范围之内。伴随该项目新增交通量能满足未来年周边所有地块的交通需求，没有必要专门针对该项目进行道路大规模升级改造。

2. 建成年交叉口交通影响分析

根据在早、晚高峰两个时段的预测数据，对比分析评价范围内关键交叉口道路负荷状况、现状年与建成年差异性，掌握该路口显著性变化水平，如表 10-73 所示。

建成年××路与××路交叉口高峰交通负荷及服务水平等级　　表 10-73

高峰时段	进口道方向	饱和度		服务水平		显著性
		无项目	加入项目	无项目	加入项目	
早高峰	东	0.42	0.44	B	B	不显著
	西	0.35	0.37	B	B	不显著
	南	0.41	0.44	B	B	不显著
	北	0.24	0.26	A	B	不显著

高峰时段	进口道方向	饱和度		服务水平		显著性
		无项目	加入项目	无项目	加入项目	
晚高峰	东	0.40	0.41	B	B	不显著
	西	0.39	0.41	B	B	不显著
	南	0.37	0.39	B	B	不显著
	北	0.29	0.30	B	B	不显著

3. 建成年慢行交通影响评价

（1）非机动车交通影响显著性判断

非机动车交通显著性判断如表 10-74 所示。

建成年××路与××路交叉口早晚高峰非机动车交通影响显著性判断 表 10-74

高峰时段	进口道方向	饱和度		服务水平		显著性
		无项目	加入项目	无项目	加入项目	
早高峰	东	0.21	0.22	A	A	不显著
	西	0.01	0.02	A	A	不显著
	南	0.12	0.13	A	A	不显著
	北	0.17	0.18	A	A	不显著
晚高峰	东	0.17	0.19	A	A	不显著
	西	0.11	0.11	A	A	不显著
	南	0.09	0.10	A	A	不显著
	北	0.18	0.19	A	A	不显著

（2）行人交通影响显著性判断

通过行人交通影响显著性判断可得行人人均面积较大，影响不显著，如表 10-75 所示。

建成年××路与××路交叉口行人交通影响显著性判断 表 10-75

高峰时段	进口道方向	人均占地面积		服务水平		显著性
		无项目	加入项目	无项目	加入项目	
早高峰	东	9.86	9.48	A	A	不显著
	西	26.40	24.30	A	A	不显著
	南	21.78	19.78	A	A	不显著
	北	11.29	10.71	A	A	不显著
晚高峰	东	9.38	8.88	A	A	不显著
	西	26.40	24.75	A	A	不显著
	南	21.78	20.40	A	A	不显著
	北	11.29	10.79	A	A	不显著

10.6.5 规划年交通影响分析

1. 规划年主要路段交通影响分析

根据早晚高峰两个时段的预测数据，获取规划年影响区域周边道路负荷状况，并与基年现状交通负荷对比，掌握各路段负荷变化程度。如表 10-76 所示。

规划年早晚高峰周边路段服务水平显著变化一览表　　　　表 10-76

路段	方向	(V/C)		饱和度增长比例	显著性判断	服务水平	
		无项目	加入项目后			无项目	加入项目后
××路(××路—公交运营中心)	由东向西	0.16	0.23	43%	不显著	A	A
	由西向东	0.29	0.37	27%	不显著	A	A
××路(公交运营中心—××路)	由东向西	0.20	0.25	29%	不显著	A	A
	由西向东	0.37	0.50	36%	不显著	A	B

根据表 10-76 显示，高峰时期，项目建成后对除相邻路段外周边大部分道路运行产生了很少的影响，路段影响不显著，路段服务等级较高，在人们可接受范围之内。伴随该项目的新增交通量能够满足未来年周边所有地块的交通需求，没有必要专门针对该项目进行道路大规模升级改造。

2. 规划年交叉口交通影响分析

根据早晚高峰两个时段的预测数据，对比分析评价范围内关键交叉口道路负荷状况、现状年与规划年差异性，掌握该路口的显著性变化水平，如表 10-77 所示。

规划年××路与××路交叉口高峰交通负荷及服务水平等级　　　　表 10-77

高峰时段	进口道方向	饱和度		服务水平		显著性
		无项目	加入项目	无项目	加入项目	
早高峰	东	0.42	0.49	B	B	不显著
	西	0.35	0.42	B	B	不显著
	南	0.41	0.49	B	B	不显著
	北	0.24	0.29	A	A	不显著
晚高峰	东	0.40	0.46	B	B	不显著
	西	0.39	0.46	B	B	不显著
	南	0.37	0.44	B	B	不显著
	北	0.29	0.34	B	B	不显著

3. 规划年慢行交通交通影响评价

（1）非机动车交通影响显著性判断

非机动车交通显著性判断如表 10-78 所示。

规划年××路与××路交叉口高峰非机动车交通影响显著性判断　　　　表 10-78

高峰时段	进口道方向	饱和度		服务水平		显著性
		无项目	加入项目	无项目	加入项目	
早高峰	东	0.21	0.25	A	A	不显著
	西	0.01	0.02	A	A	不显著
	南	0.12	0.15	A	A	不显著
	北	0.17	0.21	A	A	不显著

高峰时段	进口道方向	饱和度		服务水平		显著性
		无项目	加入项目	无项目	加入项目	
晚高峰	东	0.17	0.21	A	A	不显著
	西	0.11	0.13	A	A	不显著
	南	0.09	0.11	A	A	不显著
	北	0.18	0.22	A	A	不显著

（2）行人交通影响显著性判断

通过行人交通影响显著性判断可以得出，行人人均面积较大，影响不显著，如表10-79所示。

规划年××路与××路交叉口行人交通影响显著性判断 表10-79

高峰时段	进口道方向	人均占地面积		服务水平		显著性
		无项目	加入项目	无项目	加入项目	
早高峰	东	9.86	8.43	A	A	不显著
	西	26.40	21.68	A	A	不显著
	南	21.78	17.67	A	A	不显著
	北	11.29	9.53	A	A	不显著
晚高峰	东	9.38	7.90	A	A	不显著
	西	26.40	22.06	A	A	不显著
	南	21.78	18.18	A	A	不显著
	北	11.29	9.60	A	A	不显著

10.6.6 项目出入口交通影响分析

随着项目的建成，判断出入口通行能力能否满足早晚高峰时段该片区诱增交通量的要求，并确定相应服务水平。根据对该建设项目现址实地调查显示，进口单车道机动车服务时间在3～8s范围内波动，取6s计算，出口单车道机动车服务时间在3～14s范围内波动，取10s计算，即该片区出入口单车道最大通行能力为360 pcu/h。设计建成后进出均为四车道，如表10-80所示。

预测年早、晚高峰出入口流量、通行能力对应表（单位：pcu/h） 表10-80

出入口名称	类型	通行能力	早高峰流量	早高峰通行率	晚高峰流量	晚高峰通行率
建成后	入口	1200	294	25%	121	10%
	出口	720	89	12%	325	45%

从表10-80中可以看出，方案中车行出入口通行能力大于实际通行量，均能满足区域

车辆的进出需求。

10.6.7　预测年公共交通影响分析

公共交通服务水平由满载率来衡量。建成年和规划年项目周边公交线路满载率统计及显著性判断，如表 10-81 所示。

该建设项目上/下行公交数据统计　　　　　　　　　　　　　　表 10-81

路线　　　　站点	规划年满载率	显著性判断
K22	32%	不显著
25/K25	42%	不显著
K102	49%	不显著
K104	36%	不显著

预测结果显示，规划年高峰时期，公交运营线路满载率均在 50% 以下。公交线路高峰期内车内较为舒适，公交服务水平良好。

同现状相比，高峰期间公交满载率虽有明显增加，但对公交服务水平的影响不显著。

10.6.8　交通影响评价结论

经交通影响评价测算，各个路口基本满足需求，其中××路与公交运营中心交叉口、××路与××路交叉口、××路与家居广场交叉口因道路未进行拓宽，故服务水平较低，建议对此进行合理拓宽，预计改进后服务水平能有较大提高，满足交通需求。

10.7　道路交通改善措施与评价

通过交通组织分析，即根据拟建项目所产生吸引的交通量及项目出入口的布置对周边路网的机动车及非机动车流线进行组织，确保其安全、有序，为未来逐渐增长的交通需求提供合理的分担方式。

10.7.1　交通组织原则

交通组织一般应遵循以下原则：

1）局部服从整体原则，公共建筑交通组织应服从外部路网的要求；

2）干路优先原则，保证干路交通流的连续性；

3）公共建筑物出入口应尽量避免与干路直接相连，减少对邻接道路的交通干扰；

4）公共建筑出入口的设置要有利于公共交通的使用；

5）合理组织行人、非机动车和机动车流线，尽量做到机非分离、人车分离；合理配置停车设施。

本着上述原则，对项目交通流从外部路网的交通流线组织、合理使用内部停车场及进出通道等方面进行分析，并提出交通组织方案。

10.7.2　机动车道路交通组织

项目建成后将进一步提高周围居民的生活条件，人流量与车流量较大，因此有必要进行采取的各种措施，进而使现有道路资源的得到与利用最大化。其流线图如图 10-8 所示。

图 10-8　机动车流线图

10.7.3　慢行交通组织

本项目区慢行交通组织主要为项目周边过境慢行交通组织、项目区对外慢行交通组织和项目区内部慢行交通组织。项目周边过境交通组织主要是指慢行交通经过项目区；对外慢行交通组织主要是指项目区周边的道路上的慢行交通与区域内部的慢行交通之间的联系；项目区内部的交通组织主要是指项目区内地下停车场与地上居民区、地上商业区的慢行交通组织和项目区内居民在项目区的慢行交通组织。

（1）过境慢行交通组织

项目区北侧有一个学校，西侧有一个公交营运中心，因学校及公交营运中心步行经过该项目区人流量较少，进而对项目区的影响较小。居民区相隔较远，所以对过境慢行的交通影响较小。

（2）项目区外部慢行交通组织

建成后，项目区各个方向均有慢行出入口与道路直接相接。在项目区周围、××路、××路都有完善的慢行交通系统。在项目区的北侧，可通过××路慢行专用道抵达公交营运中心。

慢行交通的功能主要包括三个方面，首先是出行，解决日常近距离范围内的出行；其次是接驳，解决"最后一公里"的出行；同时慢行交通也是休闲、健身、游乐的重要方式。慢行交通出行的要求可以总结为：安全、连续、便捷、有效、多元、舒适。

10.7.4　交叉口管理与绿波信号控制方案

前期交通流量较小时可不用打开中央护栏。在后期流量较大时，打开中央护栏。现根据中央护栏打开方案进行相邻交叉口信号配时设计，并进行绿波协调，改善道路交通情况。

利用 Synchro 进行信号配时设计，具体路网如图 10-9 所示，信号配时效果如图 10-10 所示，相关数据如表 10-82 所示。

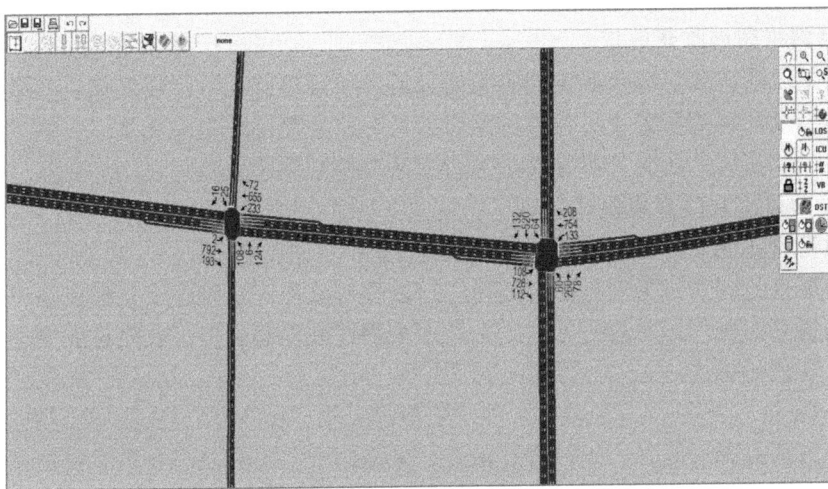

图 10-9　Synchro 路网图

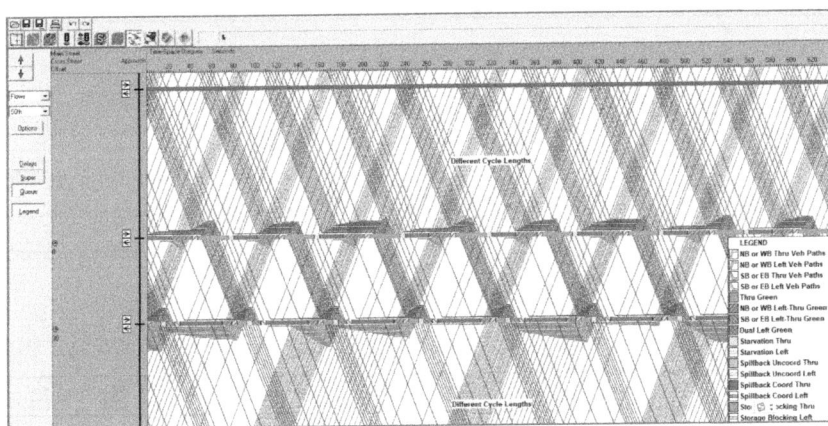

图 10-10　Synchro 线控效果图

××路与该建设项目交叉口××时段信号配时方案（单位：s）　　表 10-82

相位序号	所含车流	绿灯时间	黄灯时间	全红时间	周期	相位差
1	东西直行	77	3	0		
2	东西左转	22	3	0	135	33
3	南北直行	27	3	0		

注：在有条件的情况下应根据不同时段提供分时段信号的配时方案。

10.7.5　交通基础设施改善建议

合理的交通系统改善措施是降低拟建项目对研究范围路网影响的有效途径，尤其是交通系统改善，如项目影响范围内市政道路新建、改造等工程、公交系统、停车设施优化，与项目建设的同步进行，能够最大程度上发挥二者的综合优化效应，共同改善影响范围内的交通系统运行质量。

1. 道路网络布局改善建议

××路是联系该项目区东西走向的交通通道。项目建成之后，建议在××路建立线性信号协调控制设计，对服务水平较差的路口如××路公交运营中心交叉口、××路××路交叉口、××路家居广场交叉口等路口进行交叉口拓宽设计。

2. 建设项目出入口方案设计

（1）项目紧邻交叉口区域交通一体化设计

该建设项目北侧开口为项目的主要出入口，故对此出入口设计了几种道路出入口的设计方案。为提高安全性，所有行人过街到达中央护栏处均需设置带有竖桩的安全岛，防止车辆掉头。

方案一：

此方案以少改动为原则，无须打开护栏，无须拓宽，因开口会对原非机动车道造成影响，需移动至人行道西侧，相应两个方向的停止线及其他标线需跟随移动。公交站受影响，按照规范要求需移动至开口处的东向，并距离开口处50m（图10-11）。

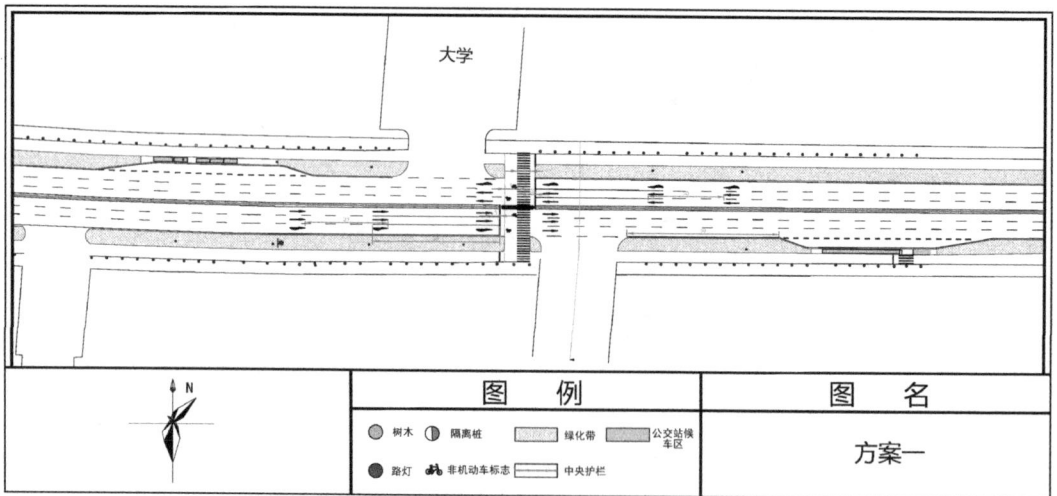

图 10-11　方案一道路设计图

此方案在路经该建设项目进出口处时没有拓宽，故对此处的交通造成了较大压力；由于没有打开护栏，出该建设项目的西行车辆需由东前往下一路口处绕行，这会增加下一路口掉头车流的流量，考虑到下一路口交通压力较大，经计算，××路与公交运营中心交叉口东进口、××路与××路西进口因新增交通量导致服务水平较低。高峰期可能会超出道路承载能力，对原有道路交通影响较大。

方案二：

此方案在方案一的基础上将该建设项目入口西进口的道路进行了拓宽（图10-12）。

此方案进入该建设项目车辆会增加下一路口掉头车辆数，并对交通流影响较大，相邻交叉口服务水平较低，缺点与方案一相同；此方案的优点为进入该建设项目有专用右转车

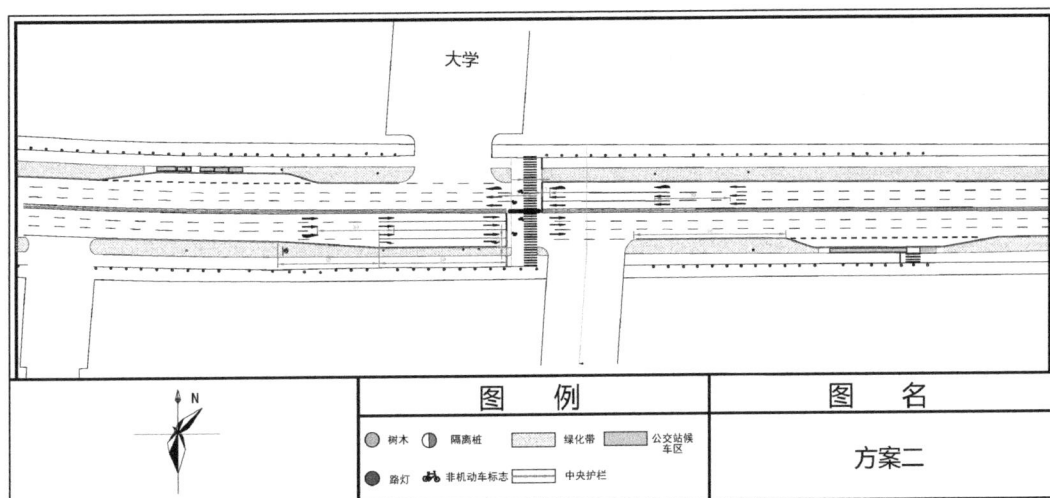

图 10-12　方案二道路设计图

道，可减少进入该建设项目车流对直行车流的影响。

方案三：

此方案将该建设项目门口前中央护栏处打开，左右入口都将进行拓宽，经计算服务水平满足要求，后期实施效果较好（图 10-13）。

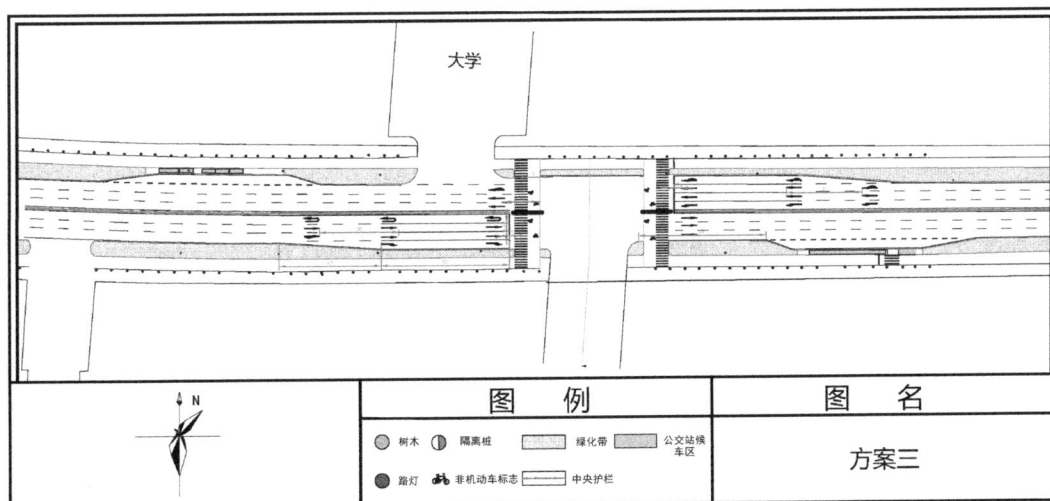

图 10-13　方案三道路设计图

此方案对于进出该建设项目车辆提供了较大的便利，配合绿波设计，服务水平也满足标准，相邻交叉口服务水平较之不打开中央护栏设计方案有较大提高。此方案改造花费较大，标线、信号灯都需要改造。

方案四：

此方案将该建设项目和××大学门口前中央护栏都打开了，左右入口都进行了拓宽，经计算，服务水平满足要求（图 10-14）。

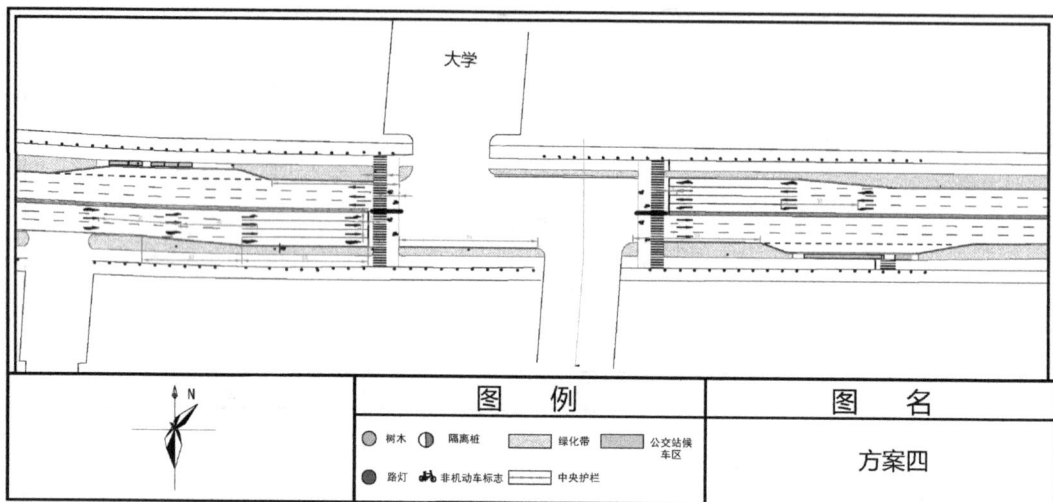

图 10-14 方案四道路设计图

此方案对于进出该建设项目和对面大学进出车辆提供较大便利，配合绿波设计，服务水平也满足标准。此方案改造花费较大，标线、信号灯都需要改造。此方案路口宽度较大，会降低通行效率，进而降低交叉口通行能力。

方案五：

此方案在方案四的基础上中央添加二次停止线，经计算服务水平满足要求（图 10-15）。

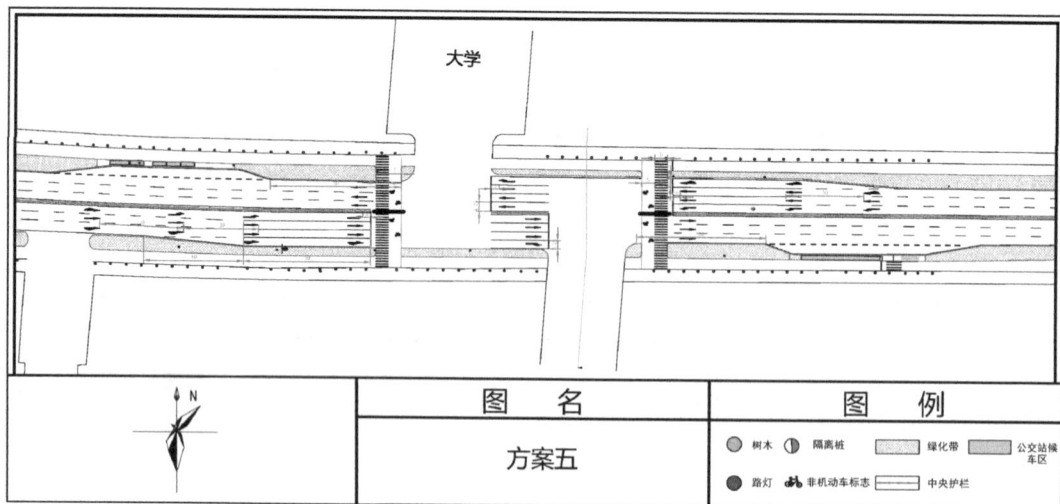

图 10-15 方案五道路设计图

此方案对于进出该建设项目和中医药车辆提供较大便利，配合绿波设计，服务水平也满足标准。此方案改造花费较大，标线、信号灯都需要改造，改造费用大于方案四。此方案路口宽度较大，会降低通行效率，进而降低交叉口的通行能力，相对于方案四，交叉口通行能力有所提高。

　　为了对各种设计方案进行更好的评价，本书选用 VISSIM 微观交通仿真方法进行仿真，并得到了延误数据。其仿真效果图如图 10-16 所示。

图 10-16　仿真效果图

　　本书将上述五种方案进行交通仿真，将该建设项目出入口、交叉口各设计方案的交通仿真延误指标进行对比，相关指标如表 10-83 所示。

该建设项目出入口交叉口各设计方案交通仿真延误指标对比　　　　表 10-83

方案	上行延误(s)	下行延误(s)	服务水平
方案一	16	17	B
方案二	15	16	B
方案三	23	23	C
方案四	28	29	C
方案五	33	35	C

　　综合考虑以上方案，建议前期实行方案二，后期根据交通量变化情况进行方案改造。

　　（2）建成后道路安全标志设置示例

　　为提高出入口的安全性，建议设置以下标志，以方案一为例，如图 10-17 所示。

　　如果以上道路交通标志缺失，可适当补齐交通标志，以利于车流顺畅、安全地行驶以及方便群众更好地进出该建设项目。

　　（3）该建设项目出入口设计

　　由于现在的开口处为该建设项目的主要出入口，应对其出入口进行合理化设置，现设计以下参考方案。

　　方案一：若不打开中央护栏，则出口道均为右转设计，如图 10-18 所示。

　　方案二：若建成后流量较大，需打开中央护栏，则出口左侧第一条车道采用专用左转

237

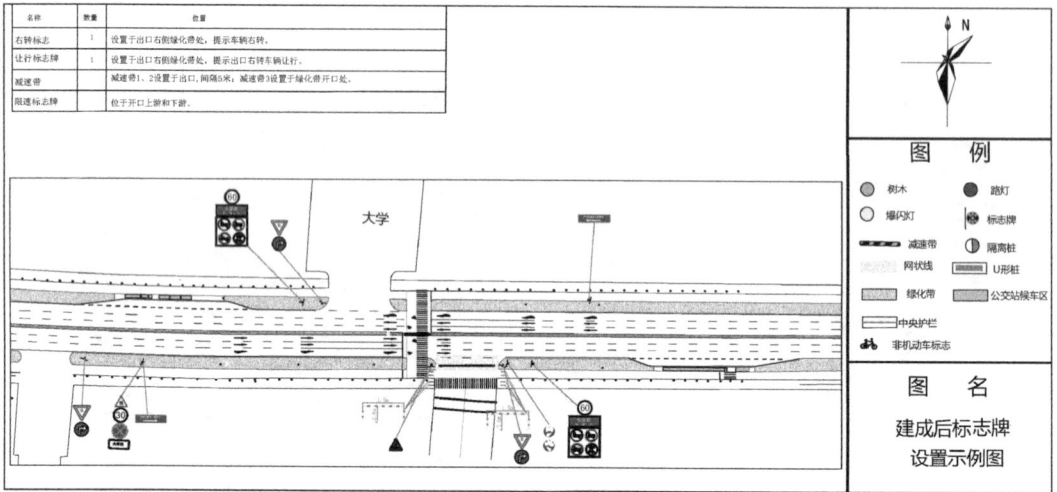

图 10-17　道路安全标志设置示例图

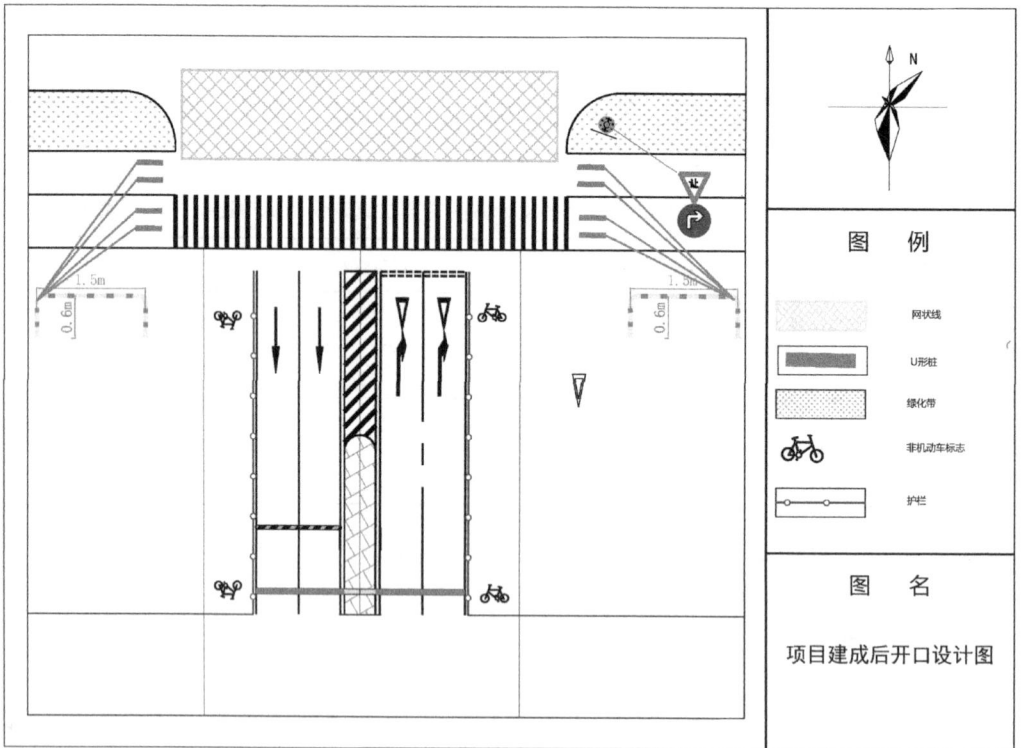

图 10-18　项目建成后开口设计图（不开护栏）

设计，第二条车道采用左右合用设计，如图 10-19 所示。

中央设置岗亭一处，岗亭根据需要设置宽度。机动车道采用双向四车道设计，单向两车道皆为右转车道设计，每条车道宽度可为 3.25～3.5m，其余为自行车和人行道。

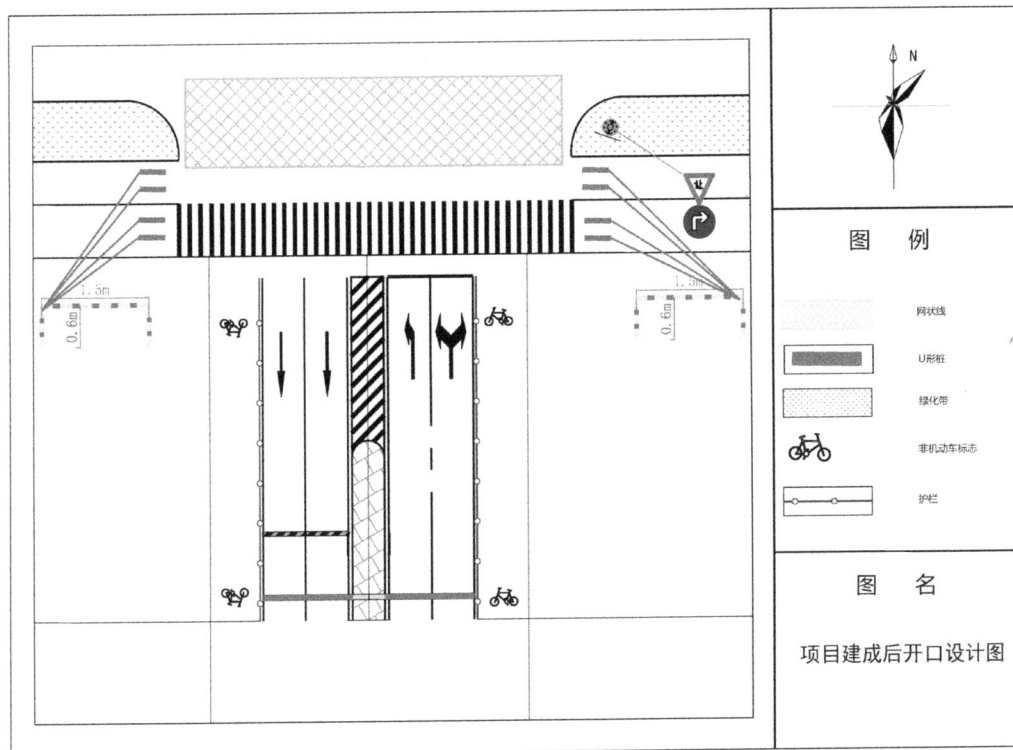

图 10-19　项目建成后开口设计图（打开护栏）

10.8　结论与建议

10.8.1　结论

1）项目建成之后，周边路段服务水平基本能够满足要求，与现状相比，各路段，如××路等路段均未产生显著影响；

2）项目建成之后，各个交叉口机动车服务水平符合要求，影响不显著；

3）项目建成之后，各交叉口非机动车服务水平基本上达到 A 级，项目区对非机动车的影响不显著，故核心交叉口和各入口非机动车服务水平满足要求；

4）项目建成之后，核心交叉口处因修建轻轨，人流量较大、服务水平有所变动，与现状相比，均不产生显著影响；

5）根据××省的停车配建指标和××市的停车配建指标，项目区机动车停车位与停车需求指标能够满足规范值；

6）项目区内部各出入口和区域出入口的转弯半径均满足要求；

7）项目建成之后，西侧车辆可以选择××路直行到公交营运中心调头驶入项目区，东侧车辆从××路驶入项目区；

8）项目建成之后，慢行交通量增加，对慢行交通基础设施的要求提高；

9）项目规划年交通服务水平部分路口未达到要求，建议进行拓宽。

10.8.2 建议

1. 必要性措施

项目施工阶段交通安全措施：

1）项目前期施工阶段，施工区出口处××路仍保留中央隔离设施，施工车辆采取右进右出的方式进出项目区，减少车辆冲突；

2）完善出口处道路标志标线设计，项目区出口西侧增设减速震荡标线 6 条，施工区出入口减速慢行提示牌两块；

3）完善出入口安全设施配置，中央隔离栏及非机动车道两侧增设爆闪灯三处；

4）项目前期施工阶段，如存在夜间光照不足的问题，建议在出口处增设照明设施，为夜间进出施工区的机动车以及过往的行人、非机动车提供良好的安全通行条件；

5）为防止车辆违规行驶，打乱交通秩序，建议施工区出入口处增设违规监控抓拍设施；

6）施工期间，在施工区出入口安排安全人员轮流值班，指挥车辆进出，运输车辆一律不得在出口处道路逗留影响交通，确保通行安全；

7）施工期间，严禁一切机动车驶入非机动车道及人行道路行驶；

8）早晚交通高峰期，除特殊情况持特许通行证外，限行车辆一律不得进出；

9）对于进出施工区车辆的驾驶人员应提前进行详细的交通路线交底，加强安全教育，提高安全守法意识；

10）对进出施工区违规、违章的驾驶人员，支持交通部门的处罚，并进行严肃的批评教育，服从交警指挥，需要时协助配合交通及行政管理部门做好相关工作；

项目建成后交通安全措施：

1）在项目区地上停车场和地下停车场处设置醒目的指示标志，在出入口设置"右进右出"的标志标线，减少其他车辆的干扰；

2）在项目区内设置停车指引、诱导系统，以便车主及时准确地选择停车位置；

3）强化地下车库内停车管理，严格按照泊位设计方案停放车辆；

4）应对××路人行道和非机动车处设置隔离桩，防止机动车驶入慢行区；

5）应加强进出车辆的管理，禁止车辆占用进出口的道路；

6）应及时去除施工阶段的相关交通标志。

2. 建议性措施

1）建议对区域内车行出入口采用右进右出的形式，保证车辆进出项目区安全、有序；

2）为避免项目区周边交叉口拥堵，建议可根据实际交通需求对××路与××路交叉口进行渠化或拓宽，以便提高交叉口的通行能力；

3）为保证项目区周边交叉口运行的畅通，建议在项目区周边出入口处增设黄色网格线；

4）建议完善项目区周边道路标志标线，以保证车辆的正常运行；

5）建议对出口西侧增设行人过街通道，并进行合理的信号配时，以保障周边的交通安全与畅通；

6）区域会吸引一定的慢行流量，建议完善项目区周边道路慢行标志标线和机非分隔设施，保证慢行交通安全有序，建议对项目区与公共营运中心路段慢行路线进行合理的规划和改造，以便缓解由项目区吸引慢行交通量带来的压力；

7）建议对该区域机动车、非机动车、慢行道、公交车及公交车做出合理的交通组织，以便缓解由项目区吸引交通量带来的压力；

8）为防止车辆违规行驶，打乱交通秩序，建议在××路与公交营运中心交叉口以及各车行出入口、地库出入口处增设违规监控设施；

9）该建设项目区道路宜采用 30km/h 的限制速度。同时，设置减速标线；

10）该建设项目门口至上游 100m 范围内应禁止路内停车，特殊情况下，应进行该建设项目区交通组织方案设计；

11）应加强前来就医机动车的路外停车诱导。宜在该建设项目周边建设路外停车场，在该建设项目周边路网设置停车交通标志，宜采用 LED 动态信息屏标示空余停车位数量等信息；

12）应为前来就医的非机动车就近提供停车位，优先选择路外非机动车公共停车场，如无法提供，可利用宽度为 1.5m 以上的机非隔离带、人行道、行道树间隙等空间设置非机动车停车位。利用人行道设置非机动车停车位时，应保证行人通行道宽度不小于 1.5m；

13）统一规划设计××路的出入口的具体形式，规划完善与××大学南门出入口的交叉口设置形式；并实行信号协调控制措施提高路段和交叉口的通行效率。

参 考 文 献

[1] CJJ/T 141—2010 建设项目交通影响评价技术标准[S]. 北京：中国建筑工业出版社，2010.

[2] CJJ 37—2012 城市道路工程设计规范[S]. 北京：中国建筑工业出版社，2012.

[3] JGJ 100—2015. 车库建筑设计规范[S]. 北京：中国建筑工业出版社，2015.

[4] 建设项目交通影响评价课题组. 建设项目交通影响评价[M]. 北京：中国建筑工业出版社，2007.

[5] 建设项目交通影响评价技术标准编制组. 建设项目交通影响评价技术手册[M]. 北京：中国建筑工业出版社，2011.

[6] 曹国华，王树盛.《江苏省建设项目交通影响评价编制要点》关键点解析[J]. 规划师，2013(S2)：100-104.

[7] 交通出行率指标研究课题组. 交通出行率手册[M]. 北京：中国建筑工业出版社，2009.

[8] 过秀成. 建设项目交通影响分析方法[M]. 北京：中国铁道出版社，2008.

[9] 马昌喜，马超群. 交通影响评价[M]. 北京：机械工业出版社，2014.

[10] 郑连勇. 城市交通影响评价[M]. 北京：中国建筑工业出版社，2006.

[11] 美国交通研究委员会，任福田等译. 道路通行能力手册[M]. 北京：人民交通出版社，2007.

[12] 任福田，刘小明，孙立山等. 交通工程学(第三版)[M]. 北京：人民交通出版社，2017.

[13] 徐吉谦，陈学武. 交通工程总论(第三版)[M]. 北京：人民交通出版社，2008.

[14] 邵春福. 交通规划原理[M]. 北京：中国铁道出版社，2006.

[15] 杨晓光，城市道路交通设计指南[M]. 北京：人民交通出版社，2003.

[16] 过秀成. 城市停车场规划与设计[M]. 北京：中国铁道出版社，2008.

[17] 杨晓光，白玉. 交通设计[M]. 北京：人民交通出版社，2010.

[18] 王建军，严宝杰. 交通调查与分析[M]. 北京：人民交通出版社，2004.

[19] 王丽. 大城市交通影响分析体系研究[D]. 北京：北京工业大学，2001.

[20] 王根城. 大城市区域交通影响分析方法研究[D]. 北京：北京工业大学，2007.

[21] 林航飞. 交通影响程度评价指标及方法研究[D]. 上海：同济大学，2008.

[22] 雷蕾，杨孝宽，熊辉等. 交通影响评价标准的定量化研究[J]. 交通运输系统工程与信息，2009(6)：32-41.

[23] 黄良会. 香港城市交通影响评价实践及启示[J]. 城市交通，2008(6)：64-70.

[24] 王根城，叶曾. 交通影响评价研究方法及其应用综述[J]. 交通运输系统工程与信息，2009(6)：14-20.